NOUVELLES RÉALISTES ET NATURALISTES
DE BALZAC À ZOLA

ÉTUDE DES ŒUVRES PAR
MARC SAVOIE

COLLECTION
PARCOURS D'UN GENRE

SOUS LA DIRECTION DE MICHEL LAURIN

Bea

CHE___ __E ÉDUCATION

Nouvelles réalistes et naturalistes : de Balzac à Zola

Choix de textes

Édition présentée, annotée et commentée par Marc Savoie, enseignant au Collège Ahuntsic

Collection «Parcours d'un genre»

Sous la direction de Michel Laurin

© 2014 TC Média Livres Inc.

Conception éditoriale : France Vandal
Édition et coordination : Johanne Losier
Révision linguistique : Josée Dufour
Correction d'épreuves : Catherine Baron
Conception graphique : Josée Bégin

Œuvre de la couverture :

Les Canotiers de la Meurthe (détail), Émile Friant, 1888.

Le matériel complémentaire mis en ligne dans notre site Web est réservé aux résidants du Canada, et ce, à des fins d'enseignement uniquement.

L'achat en ligne est réservé aux résidants du Canada.

**Catalogage avant publication
de Bibliothèque et Archives nationales du Québec
et Bibliothèque et Archives Canada**

Vedette principale au titre :

Nouvelles réalistes et naturalistes

(Collection Parcours d'une œuvre)
Comprend des références bibliographiques.

Pour les étudiants du niveau collégial.

ISBN 978-2-7616-6122-5

1. Nouvelles françaises – 19e siècle. 2. Réalisme dans la littérature.
3. Naturalisme dans la littérature. I. Savoie, Marc, 1966-   .
II. Collection : Collection Parcours d'une œuvre.

PQ1275.N68 2013   843'.010807   C2013-942168-8

Beauchemin

CHENELIÈRE ÉDUCATION

5800, rue Saint-Denis, bureau 900
Montréal (Québec) H2S 3L5 Canada
Téléphone : 514 273-1066
Télécopieur : 514 276-0324 ou 1 800 814-0324
info@cheneliere.ca

ISBN 978-2-7616-6122-5

Dépôt légal : 1er trimestre 2014
Bibliothèque et Archives nationales du Québec
Bibliothèque et Archives Canada

Imprimé au Canada

1 2 3 4 5 M 17 16 15 14 13

Nous reconnaissons l'aide financière du gouvernement du Canada par l'entremise du Fonds du livre du Canada (FLC) pour nos activités d'édition.

Gouvernement du Québec – Programme de crédit d'impôt pour l'édition de livres – Gestion SODEC.

À mes amis fidèles.

TABLE DES MATIÈRES

ÉMILE ZOLA

Émile Zola devant un buste de Balzac, André Gill, 1878.

INTRODUCTION

Du réalisme au naturalisme

Un recueil qui commence par une filature dans le Paris menaçant de la Terreur et se termine par l'histoire d'un homme enterré vivant : cette petite anthologie surprendra d'abord le lecteur par l'intensité de ses récits. De Balzac à Zola, les auteurs se succèdent pour dresser un portrait aussi sombre que juste d'un monde en marche vers la modernité et déjà bien semblable au nôtre.

Amour meurtrier, crime commis au nom de l'honneur, viol et assassinat d'une jeune fille, misère et cruauté des paysans, hypocrisie de la bourgeoisie, bêtise de la guerre, solitude d'une pauvre servante : autant de fils conducteurs qui rompent avec l'idéalisme romantique et tracent de ce fait l'histoire d'un courant : le réalisme.

Prenant forme avec Balzac et se radicalisant avec Zola, difficile à définir et à circonscrire et mieux représenté par ses membres les plus délinquants que par ses véritables défenseurs, le réalisme est avant tout une manière décapante d'utiliser les armes de la bourgeoisie pour les retourner contre elle. En mettant leur sensibilité d'artistes écorchés au service d'une approche plus objective, plus scientifique et plus pragmatique de la littérature, en ayant recours au savoir encyclopédique, à l'œil impartial de la caméra et à la plume du reporter pour renouveler l'écriture romanesque, les écrivains de ce courant se livrent en effet à un formidable procès : celui de la société de leur temps. Les onze récits de ce recueil en sont l'éloquent témoignage.

HONORÉ DE BALZAC

(1799-1850)

UN ÉPISODE SOUS LA TERREUR

À Monsieur Guyonnet-Merville.

Le 22 janvier 1793[1], vers huit heures du soir, une vieille dame
descendait, à Paris, l'éminence rapide[2] qui finit devant l'église Saint-
10 Laurent, dans le faubourg Saint-Martin[3]. Il avait tant neigé pendant
toute la journée, que les pas s'entendaient à peine. Les rues étaient
désertes. La crainte assez naturelle qu'inspirait le silence s'augmentait de toute la terreur qui faisait alors gémir la France; aussi la
vieille dame n'avait-elle encore rencontré personne; sa vue affaiblie

---

N.B.: Les trois extraits des nouvelles qui font l'objet d'une analyse approfondie sont indiqués par
une trame superposée au texte. Les mots suivis d'un astérisque sont définis dans le glossaire, à la
page 299.

1. 22 janvier 1793: le lendemain de l'exécution du roi Louis XVI (1754-1793), pendant la Terreur.
2. Éminence rapide: monticule à la pente aiguë.
3. Faubourg Saint-Martin: quartier de Paris.

15 depuis longtemps ne lui permettait pas d'ailleurs d'apercevoir dans
le lointain, à la lueur des lanternes, quelques passants clairsemés
comme des ombres dans l'immense voie de ce faubourg. Elle allait
courageusement seule à travers cette solitude, comme si son âge était
un talisman qui dût la préserver de tout malheur. Quand elle eut
20 dépassé la rue des Morts, elle crut distinguer le pas lourd et ferme
d'un homme qui marchait derrière elle. Elle s'imagina qu'elle n'entendait pas ce bruit pour la première fois ; elle s'effraya d'avoir été
suivie, et tenta d'aller plus vite encore afin d'atteindre à une boutique
assez bien éclairée, espérant pouvoir vérifier à la lumière les soupçons
25 dont elle était saisie. Aussitôt qu'elle se trouva dans le rayon de lueur
horizontale qui partait de cette boutique, elle retourna brusquement
la tête, et entrevit une forme humaine dans le brouillard ; cette indis-
tincte vision lui suffit, elle chancela un moment sous le poids de la
terreur dont elle fut accablée, car elle ne douta plus alors qu'elle n'eût
30 été escortée par l'inconnu depuis le premier pas qu'elle avait fait hors
de chez elle, et le désir d'échapper à un espion lui prêta des forces.
Incapable de raisonner, elle doubla le pas, comme si elle pouvait se
soustraire à un homme nécessairement plus agile qu'elle. Après avoir
couru pendant quelques minutes, elle parvint à la boutique d'un
35 pâtissier, y entra et tomba, plutôt qu'elle ne s'assit, sur une chaise
placée devant le comptoir. Au moment où elle fit crier le loquet de la
porte, une jeune femme occupée à broder leva les yeux, reconnut, à
travers les carreaux du vitrage, la mante[1] de forme antique et de soie
violette[2] dans laquelle la vieille dame était enveloppée, et s'empressa
40 d'ouvrir un tiroir comme pour y prendre une chose qu'elle devait lui
remettre. Non seulement le geste et la physionomie de la jeune femme
exprimèrent le désir de se débarrasser promptement de l'inconnue,
comme si c'eût été une de ces personnes qu'on ne voit pas avec plaisir,
mais encore elle laissa échapper une expression d'impatience en trou-
45 vant le tiroir vide ; puis, sans regarder la dame elle sortit précipitamment du comptoir, alla vers l'arrière-boutique, et appela son mari,
qui parut tout à coup.

---

1. Mante : manteau ample et sans manches.
2. Soie violette : le violet est la couleur du deuil royal.

— Où donc as-tu mis… ? lui demanda-t-elle d'un air de mystère en lui désignant la vieille dame par un coup d'œil et sans achever sa 50 phrase.

Quoique le pâtissier ne pût voir que l'immense bonnet de soie noire environné de nœuds en rubans violets qui servait de coiffure à l'inconnue, il disparut après avoir jeté à sa femme un regard qui semblait dire : — Crois-tu que je vais laisser cela dans ton comptoir ?… 55 Étonnée du silence et de l'immobilité de la vieille dame, la marchande revint auprès d'elle ; et, en la voyant, elle se sentit saisie d'un mouvement de compassion ou peut-être aussi de curiosité. Quoique le teint de cette femme fût naturellement livide comme celui d'une personne vouée à des austérités secrètes, il était facile de reconnaître qu'une 60 émotion récente y répandait une pâleur extraordinaire. Sa coiffure était disposée de manière à cacher ses cheveux, sans doute blanchis par l'âge ; car la propreté du collet de sa robe annonçait qu'elle ne portait pas de poudre. Ce manque d'ornement faisait contracter à sa figure une sorte de sévérité religieuse. Ses traits étaient graves et fiers. 65 Autrefois les manières et les habitudes des gens de qualité étaient si différentes de celles des gens appartenant aux autres classes, qu'on devinait facilement une personne noble. Aussi la jeune femme était-elle persuadée que l'inconnue était une *ci-devant*[1], et qu'elle avait appartenu à la cour.

70   — Madame ?…. lui dit-elle involontairement et avec respect en oubliant que ce titre était proscrit.

La vieille dame ne répondit pas. Elle tenait ses yeux fixés sur le vitrage de la boutique, comme si un objet effrayant y eût été dessiné.

— Qu'as-tu, citoyenne ? demanda le maître du logis qui reparut 75 aussitôt.

Le citoyen pâtissier tira la dame de sa rêverie en lui tendant une petite boite de carton couverte en papier bleu.

— Rien, rien, mes amis, répondit-elle d'une voix douce.

---

1. Ci-devant : pendant la période révolutionnaire, l'expression « ci-devant » (qui veut dire « avant », « auparavant ») désignait toute personne liée à l'Ancien Régime et à ses privilèges.

Elle leva les yeux sur le pâtissier comme pour lui jeter un regard de
80 remerciement ; mais en lui voyant un bonnet rouge[1] sur la tête, elle
laissa échapper un cri.

— Ah !... vous m'avez trahie ?...

La jeune femme et son mari répondirent par un geste d'horreur
qui fit rougir l'inconnue, soit de les avoir soupçonnés, soit de plaisir.

85 — Excusez-moi, dit-elle alors avec une douceur enfantine. Puis,
tirant un louis d'or de sa poche, elle le présenta au pâtissier : — Voici
le prix convenu, ajouta-t-elle.

Il y a une indigence[2] que les indigents savent deviner. Le pâtissier
et sa femme se regardèrent et se montrèrent la vieille femme en se
90 communiquant une même pensée. Ce louis d'or devait être le dernier. Les mains de la dame tremblaient en offrant cette pièce, qu'elle
contemplait avec douleur et sans avarice ; mais elle semblait connaître
toute l'étendue du sacrifice. Le jeûne et la misère étaient gravés sur
cette figure en traits aussi lisibles que ceux de la peur et des habitudes
95 ascétiques[3]. Il y avait dans ses vêtements des vestiges de magnificence. C'était de la soie usée, une mante* propre, quoique passée,
des dentelles soigneusement raccommodées ; enfin les haillons de
l'opulence[4] ! Les marchands, placés entre la pitié et l'intérêt, commencèrent par soulager leur conscience en paroles.

100 — Mais, citoyenne, tu parais bien faible.

— Madame aurait-elle besoin de prendre quelque chose ? reprit la
femme en coupant la parole à son mari.

— Nous avons de bien bon bouillon, dit le pâtissier.

— Il fait si froid, madame aura peut-être été saisie en marchant ;
105 mais vous pouvez vous reposer ici et vous chauffer un peu.

— Nous ne sommes pas aussi noirs que le diable, s'écria le pâtissier.

Gagnée par l'accent de bienveillance qui animait les paroles des
charitables boutiquiers, la dame avoua qu'elle avait été suivie par un
homme, et qu'elle avait peur de revenir seule chez elle.

---

1. Bonnet rouge : bonnet phrygien des révolutionnaires.
2. Indigence : pauvreté.
3. Ascétiques : austères.
4. Les haillons de l'opulence : les guenilles de la richesse.

110 — Ce n'est que cela ? reprit l'homme au bonnet rouge. Attends-moi, citoyenne.

Il donna le louis à sa femme. Puis, mû par cette espèce de reconnaissance qui se glisse dans l'âme d'un marchand quand il reçoit un prix exorbitant d'une marchandise de médiocre valeur, il alla mettre
115 son uniforme de garde national[1], prit son chapeau, passa son briquet[2] et reparut sous les armes ; mais sa femme avait eu le temps de réfléchir. Comme dans bien d'autres cœurs, la Réflexion ferma la main ouverte de la Bienfaisance. Inquiète et craignant de voir son mari dans quelque mauvaise affaire, la femme du pâtissier essaya de
120 le tirer par le pan de son habit pour l'arrêter ; mais, obéissant à un sentiment de charité, le brave homme offrit sur-le-champ à la vieille dame de l'escorter.

— Il paraît que l'homme dont a peur la citoyenne est encore à rôder devant la boutique, dit vivement la jeune femme.
125 — Je le crains, dit naïvement la dame.

— Si c'était un espion ? si c'était une conspiration ? N'y va pas, et reprends-lui la boîte…

Ces paroles, soufflées à l'oreille du pâtissier par sa femme, glacèrent le courage impromptu dont il était possédé.
130 — Eh ! je m'en vais lui dire deux mots, et vous en débarrasser sur-le-champ, s'écria le pâtissier en ouvrant la porte et sortant avec précipitation.

La vieille dame, passive comme un enfant et presque hébétée, se rassit sur sa chaise. L'honnête marchand ne tarda pas à reparaître, son
135 visage, assez rouge de son naturel et enluminé d'ailleurs par le feu du four, était subitement devenu blême ; une si grande frayeur l'agitait que ses jambes tremblaient et que ses yeux ressemblaient à ceux d'un homme ivre.

— Veux-tu nous faire couper le cou, misérable aristocrate ?…
140 s'écria-t-il avec fureur. Songe à nous montrer les talons, ne reparais jamais ici, et ne compte pas sur moi pour te fournir des éléments de conspiration !

---

1. Garde national : membre de la milice de citoyens pendant la Révolution.
2. Briquet : sabre à lame courte.

En achevant ces mots, le pâtissier essaya de reprendre à la vieille dame la petite boîte qu'elle avait mise dans une de ses poches. À peine
145 les mains hardies du pâtissier touchèrent-elles ses vêtements, que l'inconnue, préférant se livrer aux dangers de la route sans autre défenseur que Dieu, plutôt que de perdre ce qu'elle venait d'acheter, retrouva l'agilité de sa jeunesse; elle s'élança vers la porte, l'ouvrit brusquement, et disparut aux yeux de la femme et du mari stupéfaits et tremblants.
150 Aussitôt que l'inconnue se trouva dehors, elle se mit à marcher avec vitesse; mais ses forces la trahirent bientôt, car elle entendit l'espion par lequel elle était impitoyablement suivie, faisant crier la neige qu'il pressait de son pas pesant; elle fut obligée de s'arrêter, il s'arrêta; elle n'osait ni lui parler, ni le regarder, soit par suite de la peur dont elle
155 était saisie, soit par manque d'intelligence. Elle continua son chemin en allant lentement, l'homme ralentit alors son pas de manière à rester à une distance qui lui permettait de veiller sur elle. L'inconnu semblait être l'ombre même de cette vieille femme. Neuf heures sonnèrent quand le couple silencieux repassa devant l'église de Saint-Laurent. Il
160 est dans la nature de toutes les âmes, même la plus infirme, qu'un sentiment de calme succède à une agitation violente, car, si les sentiments sont infinis, nos organes sont bornés. Aussi l'inconnue n'éprouvant aucun mal de son prétendu persécuteur, voulut-elle voir en lui un ami secret empressé de la protéger; elle réunit toutes les circonstances
165 qui avaient accompagné les apparitions de l'étranger comme pour trouver des motifs plausibles à cette consolante opinion, et il lui plut alors de reconnaître en lui plutôt de bonnes que de mauvaises intentions. Oubliant l'effroi que cet homme venait d'inspirer au pâtissier, elle avança donc d'un pas ferme dans les régions supérieures
170 du faubourg Saint-Martin. Après une demi-heure de marche, elle parvint à une maison située auprès de l'embranchement formé par la rue principale du faubourg et par celle qui mène à la barrière de Pantin[1]. Ce lieu est encore aujourd'hui un des plus déserts de tout Paris. La bise, passant sur les buttes Saint-Chaumont et de Belleville,
175 sifflait à travers les maisons, ou plutôt les chaumières, semées dans

---

1. Barrière de Pantin : lieu où résidait le bourreau de Louis XVI, Charles-Henri Sanson (1739-1806).

ILLUSTRATION D'EUGÈNE LAMPSONIUS, DANS UNE
ÉDITION DE 1851 D'*UN ÉPISODE SOUS LA TERREUR*.

ce vallon presque inhabité où les clôtures sont en murailles[1] faites
avec de la terre et des os. Cet endroit désolé semblait être l'asile[2]
naturel de la misère et du désespoir. L'homme qui s'acharnait à la
poursuite de la pauvre créature assez hardie pour traverser nuitam-
180 ment ces rues silencieuses, parut frappé du spectacle qui s'offrait à
ses regards. Il resta pensif, debout et dans une attitude d'hésitation,
faiblement éclairé par un réverbère dont la lueur indécise perçait à
peine le brouillard. La peur donna des yeux à la vieille femme, qui
crut apercevoir quelque chose de sinistre dans les traits de l'inconnu ;
185 elle sentit ses terreurs se réveiller, et profita de l'espèce d'incertitude
qui arrêtait cet homme pour se glisser dans l'ombre vers la porte de la
maison solitaire ; elle fit jouer un ressort, et disparut avec une rapidité

---

1. Murailles : murs épais servant de fortification.
2. Asile : refuge.

fantasmagorique. Le passant, immobile, contemplait cette maison, qui
présentait en quelque sorte le type des misérables habitations de ce
190 faubourg. Cette chancelante bicoque bâtie en moellons était revêtue
d'une couche de plâtre jauni, si fortement lézardée, qu'on craignait
de la voir tomber au moindre effort du vent. Le toit de tuiles brunes
et couvert de mousse s'affaissait en plusieurs endroits de manière à
faire croire qu'il allait céder sous le poids de la neige. Chaque étage
195 avait trois fenêtres dont les châssis, pourris par l'humidité et disjoints
par l'action du soleil, annonçaient que le froid devait pénétrer dans
les chambres. Cette maison isolée ressemblait à une vieille tour que le
temps oubliait de détruire. Une faible lumière éclairait les croisées[1] qui
coupaient irrégulièrement la mansarde par laquelle ce pauvre édifice
200 était terminé ; tandis que le reste de la maison se trouvait dans une
obscurité complète. La vieille femme ne monta pas sans peine l'escalier
rude et grossier, le long duquel on s'appuyait sur une corde en guise
de rampe, elle frappa mystérieusement à la porte du logement qui se
trouvait dans la mansarde, et s'assit avec précipitation sur une chaise
205 que lui présenta un vieillard.

— Cachez-vous, cachez-vous ! lui dit-elle. Quoique nous ne
sortions que bien rarement, nos démarches sont connues, nos pas
sont épiés.

— Qu'y a-t-il de nouveau ? demanda une autre vieille femme
210 assise auprès du feu.

— L'homme qui rôde autour de la maison depuis hier m'a
suivie ce soir.

À ces mots, les trois habitants de ce taudis se regardèrent en laissant paraître sur leurs visages les signes d'une terreur profonde.
215 Le vieillard fut le moins agité des trois, peut-être parce qu'il était le
plus en danger. Sous le poids d'un grand malheur ou sous le joug[2] de
la persécution, un homme courageux commence pour ainsi dire par
faire le sacrifice de lui-même, il ne considère ses jours que comme
autant de victoires remportées sur le Sort. Les regards des deux
220 femmes, attachés sur ce vieillard, laissaient facilement deviner qu'il
était l'unique objet de leur vive sollicitude.

---

1. Croisées : fenêtres.
2. Joug : oppression, contrainte.

— Pourquoi désespérer de Dieu, mes sœurs ? dit-il d'une voix sourde[1] mais onctueuse, nous chantions ses louanges au milieu des cris que poussaient les assassins et les mourants au couvent des
225 Carmes[2]. S'il a voulu que je fusse sauvé de cette boucherie, c'est sans doute pour me réserver à une destinée que je dois accepter sans murmure. Dieu protège les siens, il peut en disposer à son gré. C'est de vous, et non de moi qu'il faut s'occuper.

— Non, dit l'une des deux vieilles femmes, qu'est-ce que notre vie
230 en comparaison de celle d'un prêtre ?

— Une fois que je me suis vue hors de l'abbaye de Chelles[3], je me suis considérée comme morte, s'écria celle des deux religieuses qui n'était pas sortie.

— Voici, reprit celle qui arrivait en tendant la petite boîte au prêtre,
235 voici les hosties. Mais, s'écria-t-elle, j'entends monter les degrés.

À ces mots, tous trois ils se mirent à écouter. Le bruit cessa.

« Ne vous effrayez pas, dit le prêtre, si quelqu'un essaie de parvenir jusqu'à vous. Une personne sur la fidélité de laquelle nous pouvons compter a dû prendre toutes ses mesures pour passer la frontière, et
240 viendra chercher les lettres que j'ai écrites au duc de Langeais et au marquis de Beauséant[4], afin qu'ils puissent aviser aux moyens de vous arracher à cet affreux pays, à la mort ou à la misère qui vous y attendent.

— Vous ne nous suivrez donc pas ? s'écrièrent doucement les deux religieuses en manifestant une sorte de désespoir.

245 — Ma place est là où il y a des victimes », dit le prêtre avec simplicité.

Elles se turent et regardèrent leur hôte avec une sainte admiration.

« Sœur Marthe, dit-il en s'adressant à la religieuse qui était allée chercher les hosties, cet envoyé devra répondre *Fiat voluntas*[5], au mot
250 *Hosanna.*

---

1. Sourde : étouffée.
2. Couvent des Carmes : plus de 100 prêtres qui refusèrent de prêter serment à la Constitution civile du clergé y furent tués par les révolutionnaires le 2 septembre 1792.
3. Abbaye de Chelles : abbaye prestigieuse dirigée de nombreuses fois par des membres de la royauté. Elle fut fermée en 1790.
4. Duc de Langeais et marquis de Beauséant : personnages aristocratiques de *La Comédie humaine* de Balzac.
5. *Fiat voluntas* : de *Fiat voluntas tua*, expression latine signifiant « Que ta volonté soit faite ».

— Il y a quelqu'un dans l'escalier! s'écria l'autre religieuse en ouvrant une cachette pratiquée sous le toit.

Cette fois, il fut facile d'entendre, au milieu du plus profond silence, les pas d'un homme qui faisait retentir les marches couvertes
255 de callosités[1] produites par de la boue durcie. Le prêtre se coula péniblement dans une espèce d'armoire, et la religieuse jeta quelques hardes[2] sur lui.

— Vous pouvez fermer, sœur Agathe, dit-il d'une voix étouffée.

À peine le prêtre était-il caché, que trois coups frappés sur la porte
260 firent tressaillir les deux saintes filles, qui se consultèrent des yeux sans oser prononcer une seule parole. Elles paraissaient avoir toutes deux une soixantaine d'années. Séparées du monde depuis quarante ans, elles étaient comme des plantes habituées à l'air d'une serre, et qui meurent si on les en sort. Accoutumées à la vie du couvent, elles
265 n'en pouvaient plus concevoir d'autre. Un matin, leurs grilles ayant été brisées, elles avaient frémi de se trouver libres. On peut aisément se figurer l'espèce d'imbécillité factice que les événements de la Révolution avaient produite dans leurs âmes innocentes. Incapables d'accorder leurs idées claustrales[3] avec les difficultés de la vie, et
270 ne comprenant même pas leur situation, elles ressemblaient à des enfants dont on avait pris soin jusqu'alors, et qui, abandonnés par leur providence maternelle, priaient au lieu de crier. Aussi, devant le danger qu'elles prévoyaient en ce moment, demeurèrent-elles muettes et passives, ne connaissant d'autre défense que la résignation
275 chrétienne. L'homme qui demandait à entrer interpréta ce silence à sa manière, il ouvrit la porte et se montra tout à coup. Les deux religieuses frémirent en reconnaissant le personnage qui, depuis quelque temps, rôdait autour de leur maison et prenait des informations sur leur compte; elles restèrent immobiles en le contemplant avec une
280 curiosité inquiète, à la manière des enfants sauvages, qui examinent silencieusement les étrangers. Cet homme était de haute taille et gros; mais rien dans sa démarche, dans son air ni dans sa physionomie,

---

1. Callosités: couches épaisses et dures.
2. Hardes: guenilles, vêtements usés et de piètre qualité.
3. Claustrales: monastiques.

n'indiquait un méchant homme. Il imita l'immobilité des religieuses, et promena lentement ses regards sur la chambre où il se trouvait.

285   Deux nattes de paille, posées sur des planches, servaient de lit aux deux religieuses. Une seule table était au milieu de la chambre, et il y avait dessus un chandelier de cuivre, quelques assiettes, trois couteaux et un pain rond. Le feu de la cheminée était modeste. Quelques morceaux de bois, entassés dans un coin, attestaient d'ailleurs la pau-
290 vreté des deux recluses[1]. Les murs, enduits d'une couche de peinture très ancienne, prouvaient le mauvais état de la toiture, où des taches, semblables à des filets bruns, indiquaient les infiltrations des eaux pluviales. Une relique[2], sans doute sauvée du pillage de l'abbaye de Chelles, ornait le manteau de la cheminée. Trois chaises, deux coffres
295 et une mauvaise commode complétaient l'ameublement de cette pièce. Une porte pratiquée auprès de la cheminée faisait conjecturer qu'il existait une seconde chambre.

L'inventaire de cette cellule fut bientôt fait par le personnage qui s'était introduit sous de si terribles auspices au sein de ce ménage.
300 Un sentiment de commisération[3] se peignit sur sa figure, et il jeta un regard de bienveillance sur les deux filles, au moins aussi embarrassé qu'elles. L'étrange silence dans lequel ils demeurèrent tous trois dura peu, car l'inconnu finit par deviner la faiblesse morale et l'inexpérience des deux pauvres créatures, et il leur dit alors d'une voix qu'il
305 essaya d'adoucir : — Je ne viens point ici en ennemi, citoyennes… Il s'arrêta et se reprit pour dire : Mes sœurs, s'il vous arrivait quelque malheur, croyez que je n'y aurais pas contribué. J'ai une grâce à réclamer de vous….

Elles gardèrent toujours le silence.

310   — Si je vous importunais, si… je vous gênais, parlez librement… je me retirerais ; mais sachez que je vous suis tout dévoué ; que, s'il est quelque bon office[4] que je puisse vous rendre, vous pouvez m'employer sans crainte, et que moi seul, peut-être, suis au-dessus de la Loi, puisqu'il n'y a plus de Roi…

---

1. Recluses : religieuses cloîtrées.
2. Relique : partie des restes du corps ou objet ayant appartenu à un saint ou à un martyr.
3. Commisération : compassion.
4. Office : service.

315   Il y avait un tel accent de vérité dans ces paroles, que la sœur Agathe, celle des deux religieuses qui appartenait à la maison de Langeais, et dont les manières semblaient annoncer qu'elle avait autrefois connu l'éclat des fêtes et respiré l'air de la cour, s'empressa d'indiquer une des chaises comme pour prier leur hôte de s'asseoir.

320   L'inconnu manifesta une sorte de joie mêlée de tristesse en comprenant ce geste, et attendit pour prendre place que les deux respectables filles fussent assises.

—Vous avez donné asile*, reprit-il, à un vénérable prêtre non assermenté, qui a miraculeusement échappé aux massacres des Carmes[1].

325   —*Hosanna!...* dit la sœur Agathe en interrompant l'étranger et le regardant avec une inquiète curiosité.

—Il ne se nomme pas ainsi, je crois, répondit-il.

—Mais, monsieur, dit vivement la sœur Marthe, nous n'avons pas de prêtre ici, et...

330   —Il faudrait alors avoir plus de soin et de prévoyance, répliqua doucement l'étranger en avançant le bras vers la table et y prenant un bréviaire[2]. Je ne pense pas que vous sachiez le latin, et...

Il ne continua pas, car l'émotion extraordinaire qui se peignit sur les figures des deux pauvres religieuses lui fit craindre d'être 335 allé trop loin, elles étaient tremblantes et leurs yeux s'emplirent de larmes.

—Rassurez-vous, leur dit-il d'une voix franche, je sais le nom de votre hôte et les vôtres, et depuis trois jours je suis instruit de votre détresse et de votre dévouement pour le vénérable abbé de...

340   —Chut! dit naïvement sœur Agathe en mettant un doigt sur ses lèvres.

—Vous voyez, mes sœurs, que, si j'avais conçu l'horrible dessein de vous trahir, j'aurais déjà pu l'accomplir plus d'une fois....

En entendant ces paroles, le prêtre se dégagea de sa prison et 345 reparut au milieu de la chambre.

—Je ne saurais croire, monsieur, dit-il à l'inconnu, que vous soyez un de nos persécuteurs, et je me fie à vous. Que voulez-vous de moi?

---

1. Massacres des Carmes : en septembre 1792, exécution sauvage de 191 religieux dans l'abbaye de Carmes, transformée en prison pendant la Révolution.

2. Bréviaire : livre de prières.

La sainte confiance du prêtre, la noblesse répandue dans tous ses traits auraient désarmé des assassins. Le mystérieux personnage qui
350 était venu animer cette scène de misère et de résignation contempla pendant un moment le groupe formé par ces trois êtres ; puis, il prit un ton de confidence, s'adressa au prêtre en ces termes : — Mon père, je venais vous supplier de célébrer une messe mortuaire pour le repos de l'âme…. d'un…. d'une personne sacrée[1] et dont le corps ne repo-
355 sera jamais dans la terre sainte…

Le prêtre frissonna involontairement. Les deux religieuses, ne comprenant pas encore de qui l'inconnu voulait parler, restèrent le cou tendu, le visage tourné vers les deux interlocuteurs, et dans une attitude de curiosité. L'ecclésiastique[2] examina l'étranger : une anxiété
360 non équivoque était peinte sur sa figure et ses regards exprimaient d'ardentes supplications.

— Eh bien ! répondit le prêtre, ce soir, à minuit, revenez, et je serai prêt à célébrer le seul service funèbre que nous puissions offrir en expiation[3] du crime dont vous parlez…
365 L'inconnu tressaillit, mais une satisfaction tout à la fois douce et grave parut triompher d'une douleur secrète. Après avoir respectueusement salué le prêtre et les deux saintes filles, il disparut en témoignant une sorte de reconnaissance muette qui fut comprise par ces trois âmes généreuses. Environ deux heures après cette scène, l'inconnu revint, frappa
370 discrètement à la porte du grenier, et fut introduit par Mlle de Beauséant, qui le conduisit dans la seconde chambre de ce modeste réduit, où tout avait été préparé pour la cérémonie. Entre deux tuyaux de la cheminée, les deux religieuses avaient apporté la vieille commode dont les contours antiques étaient ensevelis sous un magnifique devant d'autel[4] en moire[5]
375 verte. Un grand crucifix d'ébène et d'ivoire attaché sur le mur jaune en faisait ressortir la nudité et attirait nécessairement les regards. Quatre petits cierges fluets[6] que les sœurs avaient réussi à fixer sur cet autel

---

1. Personne sacrée : allusion au roi Louis XVI. Avant la Révolution française, on considérait que le roi tenait son pouvoir directement de Dieu.
2. Ecclésiastique : religieux.
3. En expiation : en guise de réparation.
4. Autel : table sacrée, derrière laquelle le prêtre célèbre la messe.
5. Moire : tissu aux reflets changeants.
6. Fluets : délicats, minces.

improvisé en les scellant dans de la cire à cacheter, jetaient une lueur pâle
et mal réfléchie par le mur. Cette faible lumière éclairait à peine le reste
380 de la chambre ; mais, en ne donnant son éclat qu'aux choses saintes, elle
ressemblait à un rayon tombé du ciel sur cet autel sans ornement. Le
carreau était humide. Le toit, qui, des deux côtés, s'abaissait rapidement,
comme dans les greniers, avait quelques lézardes par lesquelles passait
un vent glacial. Rien n'était moins pompeux, et cependant rien peut-être
385 ne fut plus solennel que cette cérémonie lugubre. Un profond silence,
qui aurait permis d'entendre le plus léger cri proféré sur la route d'Allemagne, répandait une sorte de majesté sombre sur cette scène nocturne.
Enfin la grandeur de l'action contrastait si fortement avec la pauvreté
des choses, qu'il en résultait un sentiment d'effroi religieux. De chaque
390 côté de l'autel, les deux vieilles recluses*, agenouillées sur la tuile du plancher sans s'inquiéter de son humidité mortelle, priaient de concert avec le
prêtre, qui, revêtu de ses habits pontificaux[1], disposait un calice d'or orné
de pierres précieuses, vase sacré sauvé sans doute du pillage de l'abbaye
de Chelles. Auprès de ce ciboire[2], monument d'une royale magnificence,
395 l'eau et le vin destinés au saint sacrifice étaient contenus dans deux verres
à peine dignes du dernier cabaret[3]. Faute de missel[4], le prêtre avait posé
son bréviaire* sur un coin de l'autel. Une assiette commune était préparée pour le lavement des mains innocentes et pures de sang. Tout était
immense mais petit ; pauvre, mais noble ; profane et saint tout à la fois.
400 L'inconnu vint pieusement s'agenouiller entre les deux religieuses. Mais
tout à coup, en apercevant un crêpe[5] au calice et au crucifix, car, n'ayant
rien pour annoncer la destination de cette messe funèbre, le prêtre avait
mis Dieu lui-même en deuil, il fut assailli d'un souvenir si puissant que
des gouttes de sueur se formèrent sur son large front. Les quatre silen-
405 cieux acteurs de cette scène se regardèrent alors mystérieusement ; puis

---

1. Habits pontificaux : habits du pape et de la papauté. Balzac utilise improprement cette
   expression pour désigner la tunique du prêtre catholique. On écrirait aujourd'hui :
   sacerdotaux.

2. Auprès de ce ciboire : Balzac semble confondre le « ciboire » (contenant dans lequel
   on conserve les hosties) et le « calice » (coupe dans laquelle on verse le vin).

3. Cabaret : bar.

4. Missel : livre servant à suivre la messe.

5. Crêpe : étoffe noire marquant le deuil.

leurs âmes, agissant à l'envi[1] les unes sur les autres, se communiquèrent ainsi leurs sentiments et se confondirent dans une commisération* religieuse, il semblait que leur pensée eût évoqué le martyr dont les restes avaient été dévorés par de la chaux vive, et que son ombre fût devant

410 eux dans toute sa royale majesté. Ils célébraient un *obit*[2] sans le corps du défunt. Sous ces tuiles et ces lattes disjointes, quatre chrétiens allaient intercéder auprès de Dieu pour un Roi de France, et faire son convoi sans cercueil. C'était le plus pur de tous les dévouements, un acte étonnant de fidélité accompli sans arrière-pensée. Ce fut sans doute, aux yeux de

415 Dieu, comme le verre d'eau qui balance les plus grandes vertus. Toute la Monarchie était là, dans les prières d'un prêtre et de deux pauvres filles ; mais peut-être aussi la Révolution était-elle représentée par cet homme dont la figure trahissait trop de remords pour ne pas croire qu'il accomplissait les vœux d'un immense repentir.

420   Au lieu de prononcer les paroles latines : «*Introïbo ad altare Deï*[3], etc.» le prêtre, par une inspiration divine, regarda les trois assistants qui figuraient la France chrétienne, et leur dit, pour effacer les misères de ce taudis : — Nous allons entrer dans le sanctuaire de Dieu !

    À ces paroles jetées avec une onction[4] pénétrante, une sainte

425 frayeur saisit l'assistant et les deux religieuses. Sous les voûtes de Saint-Pierre de Rome, Dieu ne se serait pas montré plus majestueux qu'il le fut alors dans cet asile* de l'indigence* aux yeux de ces chrétiens : tant il est vrai qu'entre l'homme et lui tout intermédiaire semble inutile, et qu'il ne tire sa grandeur que de lui-même. La ferveur de l'inconnu était

430 vraie. Aussi le sentiment qui unissait les prières de ces quatre serviteurs de Dieu et du Roi fut-il unanime. Les paroles saintes retentissaient comme une musique céleste au milieu du silence. Il y eut un moment où les pleurs gagnèrent l'inconnu, ce fut au *Pater Noster*[5]. Le prêtre y ajouta cette prière latine, qui fut sans doute comprise par l'étranger :

---

1. À l'envi : en s'encourageant les uns les autres.
2. *Obit* : messe célébrée pour l'anniversaire d'un défunt.
3. *Introïbo ad Altare Deï* : «Je monterai à l'autel de Dieu», prière marquant le début de la messe.
4. Onction : dévotion.
5. *Pater Noster* : la prière «Notre Père».

435 *Et remitte scelus regicidis sicut Ludovicus eis remisit semetipse.* (Et pardonnez aux régicides [1] comme Louis XVI leur a pardonné lui-même.) Les deux religieuses virent deux grosses larmes traçant un chemin humide le long des joues mâles de l'inconnu et tombant sur le plancher. L'office [2] des Morts fut récité. Le *Domine salvum fac regem* [3],
440 chanté à voix basse, attendrit ces fidèles royalistes qui pensèrent que l'enfant-roi [4], pour lequel ils suppliaient en ce moment le Très-Haut, était captif entre les mains de ses ennemis. L'inconnu frissonna en songeant qu'il pouvait encore se commettre un nouveau crime auquel il serait sans doute forcé de participer. Quand le service funèbre fut
445 terminé, le prêtre fit un signe aux deux religieuses, qui se retirèrent. Aussitôt qu'il se trouva seul avec l'inconnu, il alla vers lui d'un air doux et triste ; puis il lui dit d'une voix paternelle : — Mon fils, si vous avez trempé vos mains dans le sang du Roi martyr [5], confiez-vous à moi. Il n'est pas de faute qui, aux yeux de Dieu, ne soit effacée par un
450 repentir aussi touchant et aussi sincère que le vôtre paraît l'être.

Aux premiers mots prononcés par l'ecclésiastique*, l'étranger laissa échapper un mouvement de terreur involontaire ; mais il reprit une contenance calme, et regarda avec assurance le prêtre étonné : — Mon père, lui dit-il d'une voix visiblement altérée, nul n'est plus
455 innocent que moi du sang versé…

— Je dois vous croire, dit le prêtre….

Il fit une pause pendant laquelle il examina derechef [6] son pénitent ; puis, persistant à le prendre pour un de ces peureux Conventionnels [7] qui livrèrent une tête inviolable et sacrée afin de conserver la leur, il
460 reprit d'une voix grave : — Songez, mon fils, qu'il ne suffit pas pour être absous de ce grand crime, de n'y avoir pas coopéré. Ceux qui, pouvant défendre le Roi, ont laissé leur épée dans le fourreau, auront

---

1. Régicides : assassins d'un roi ; le prêtre s'inspire de « Pardonne-nous nos offenses comme nous pardonnons à ceux qui nous ont offensés », passage du « Notre Père ».
2. Office : prière.
3. *Domine salvum fac regem* : « Seigneur, sauve le roi », prière de l'Ancien Régime.
4. L'enfant-roi : Louis-Charles de France (1785-1795), fils de Louis XVI.
5. Le Roi martyr : Louis XVI.
6. Derechef : de nouveau.
7. Conventionnels : membres de la Convention nationale, qui gouverne la France de 1792 à 1795.

un compte bien lourd à rendre devant le Roi des cieux… Oh! oui,
ajouta le vieux prêtre en agitant la tête de droite à gauche par un
465 mouvement expressif, oui, bien lourd!… car, en restant oisifs, ils sont
devenus les complices involontaires de cet épouvantable forfait…

— Vous croyez, demanda l'inconnu stupéfait, qu'une participation
indirecte sera punie… Le soldat qui a été commandé pour former la
haie[1] est-il donc coupable?…

470 Le prêtre demeura indécis. Heureux de l'embarras dans lequel il
mettait ce puritain de la royauté en le plaçant entre le dogme[2] de
l'obéissance passive qui doit, selon les partisans de la monarchie,
dominer les codes militaires, et le dogme tout aussi important qui
consacre le respect dû à la personne des rois, l'étranger s'empressa de
475 voir dans l'hésitation du prêtre une solution favorable à des doutes
par lesquels il paraissait tourmenté. Puis, pour ne pas laisser le vénérable janséniste[3] réfléchir plus longtemps, il lui dit: — Je rougirais
de vous offrir un salaire quelconque du service funéraire que vous
venez de célébrer pour le repos de l'âme du Roi et pour l'acquit de
480 ma conscience. On ne peut payer une chose inestimable que par une
offrande qui soit aussi hors de prix. Daignez donc accepter, monsieur,
le don que je vous fais d'une sainte relique*… Un jour viendra peut-
être où vous en comprendrez la valeur.

En achevant ces mots, l'étranger présentait à l'ecclésiastique* une
485 petite boîte extrêmement légère, le prêtre la prit involontairement
pour ainsi dire, car la solennité des paroles de cet homme, le ton qu'il
y mit, le respect avec lequel il tenait cette boîte l'avaient plongé dans
une profonde surprise. Ils rentrèrent alors dans la pièce où les deux
religieuses les attendaient.

490 — Vous êtes, leur dit l'inconnu, dans une maison dont le propriétaire, Mucius Scævola[4], ce plâtrier qui habite le premier étage, est

---

1. Former la haie: former une file, aligner les soldats ou les spectateurs lors d'un événement.

2. Dogme: règle.

3. Janséniste: partisan de la doctrine religieuse du jansénisme; par extension, religieux austère
   et rigoureux.

4. Mucius Scævola: le plâtrier créé par Balzac aurait pris le nom d'un jeune héros de la République
   romaine pour mieux signifier son appartenance au mouvement républicain de son époque
   (la nouvelle de Balzac se déroule pendant la Première République; *voir la page 215*).

célèbre dans la section par son patriotisme ; mais il est secrètement attaché aux Bourbons[1]. Jadis il était piqueur[2] de Monseigneur le prince de Conti[3], et il lui doit sa fortune. En ne sortant pas de chez
495 lui, vous êtes plus en sûreté ici qu'en aucun lieu de la France. Restez-y. Des âmes pieuses veilleront à vos besoins, et vous pourrez attendre sans danger des temps moins mauvais. Dans un an, au 21 janvier… (en prononçant ces derniers mots, il ne put dissimuler un mouvement involontaire), si vous adoptez ce triste lieu pour asile*, je reviendrai
500 célébrer avec vous la messe expiatoire[4]…

Il n'acheva pas. Il salua les muets habitants du grenier, jeta un dernier regard sur les symptômes qui déposaient[5] de leur indigence*, et il disparut.

Pour les deux innocentes religieuses, une semblable aventure
505 avait tout l'intérêt d'un roman ; aussi, dès que le vénérable abbé les instruisit du mystérieux présent si solennellement fait par cet homme, la boîte fut-elle placée par elles sur la table, et les trois figures inquiètes, faiblement éclairées par la chandelle, trahirent-elles une indescriptible curiosité. Mlle de Langeais ouvrit la boîte, y trouva un
510 mouchoir de batiste[6] très fine, souillé de sueur ; et en le dépliant, ils y reconnurent des taches.

— C'est du sang !… dit le prêtre.

— Il est marqué de la couronne royale ! s'écria l'autre sœur.

Les deux sœurs laissèrent tomber la précieuse relique avec horreur.
515 Pour ces deux âmes naïves, le mystère dont s'enveloppait l'étranger devint inexplicable ; et, quant au prêtre, dès ce jour il ne tenta même pas de se l'expliquer.

Les trois prisonniers ne tardèrent pas à s'apercevoir, malgré la Terreur, qu'une main puissante était étendue sur eux. D'abord,

---

1. Bourbons : une des grandes familles royales de France, à laquelle appartenait Louis XVI.
2. Piqueur : valet employé dans la chasse à courre pour suivre la proie ou guider les chiens.
3. Louis François de Bourbon-Conti : célèbre courtisan du siècle des Lumières, membre de la famille royale (1717-1776).
4. Messe expiatoire : messe célébrée pour demander le pardon pour une faute, un péché.
5. Déposaient : témoignaient.
6. Batiste : délicate toile de lin.

520 ils reçurent du bois et des provisions ; puis, les deux religieuses
devinèrent qu'une femme était associée à leur protecteur, quand on
leur envoya du linge et des vêtements qui pouvaient leur permettre de
sortir sans être remarquées par les modes aristocratiques des habits
qu'elles avaient été forcées de conserver ; enfin Mucius Scævola leur
525 donna deux cartes civiques[1]. Souvent des avis nécessaires à la sûreté
du prêtre lui parvinrent par des voies détournées ; et il reconnut une
telle opportunité dans ces conseils, qu'ils ne pouvaient être donnés
que par une personne initiée aux secrets de l'État. Malgré la famine
qui pesa sur Paris, les proscrits trouvèrent à la porte de leur taudis
530 des rations de pain blanc qui y étaient régulièrement apportées par
des mains invisibles ; néanmoins ils crurent reconnaître dans Mucius
Scævola le mystérieux agent de cette bienfaisance toujours aussi ingénieuse qu'intelligente. Les nobles habitants du grenier ne pouvaient
pas douter que leur protecteur ne fût le personnage qui était venu
535 faire célébrer la messe expiatoire dans la nuit du 22 janvier 1793 ; aussi
devint-il l'objet d'un culte tout particulier pour ces trois êtres qui n'espéraient qu'en lui et ne vivaient que par lui. Ils avaient ajouté pour lui
des prières spéciales dans leurs prières ; soir et matin, ces âmes pieuses
formaient des vœux pour son bonheur, pour sa prospérité, pour son
540 salut ; elles suppliaient Dieu d'éloigner de lui toutes embûches, de le
délivrer de ses ennemis et de lui accorder une vie longue et paisible.
Leur reconnaissance, étant pour ainsi dire renouvelée tous les jours,
s'allia nécessairement à un sentiment de curiosité qui devint plus vif
de jour en jour. Les circonstances qui avaient accompagné l'appari-
545 tion de l'étranger étaient l'objet de leurs conversations, ils formaient
mille conjectures sur lui, et c'était un bienfait d'un nouveau genre
que la distraction dont il était le sujet pour eux. Ils se promettaient
bien de ne pas laisser échapper l'étranger à leur amitié le soir où il
reviendrait, selon sa promesse, célébrer le triste anniversaire de la
550 mort de Louis XVI. Cette nuit, si impatiemment attendue, arriva
enfin. À minuit, le bruit des pas pesants de l'inconnu retentit dans le
vieil escalier de bois, la chambre avait été parée pour le recevoir,

---

1. Cartes civiques : cartes de citoyens de la Première République.

l'autel* était dressé. Cette fois, les sœurs ouvrirent la porte d'avance, et toutes deux s'empressèrent d'éclairer l'escalier. Mlle de Langeais
555 descendit même quelques marches pour voir plus tôt son bienfaiteur.

— Venez, lui dit-elle d'une voix émue et affectueuse, venez... l'on vous attend.

L'homme leva la tête, jeta un regard sombre sur la religieuse, et ne répondit pas ; elle sentit comme un vêtement de glace tom-
560 bant sur elle, et garda le silence ; à son aspect, la reconnaissance et la curiosité expirèrent dans tous les cœurs. Il était peut-être moins froid, moins taciturne, moins terrible qu'il le parut à ces âmes que l'exaltation de leurs sentiments disposait aux épanche-ments de l'amitié. Les trois pauvres prisonniers, qui comprirent
565 que cet homme voulait rester un étranger pour eux, se résignèrent. Le prêtre crut remarquer sur les lèvres de l'inconnu un sourire promptement réprimé au moment où il s'aperçut des apprêts[1] qui avaient été faits pour le recevoir, il entendit la messe et pria ; mais il disparut, après avoir répondu par quelques mots de politesse
570 négative à l'invitation que lui fit Mlle de Langeais de partager la petite collation préparée.

Après le 9 thermidor[2], les religieuses et l'abbé de Marolles purent aller dans Paris, sans y courir le moindre danger. La première sortie du vieux prêtre fut pour un magasin de parfumerie, à l'enseigne de
575 *La Reine des Fleurs,* tenu par les citoyen et citoyenne Ragon, anciens parfumeurs de la cour, restés fidèles à la famille royale, et dont se ser-vaient les Vendéens[3] pour correspondre avec les princes et le comité royaliste de Paris. L'abbé, mis comme le voulait cette époque, se trou-vait sur le pas de la porte de cette boutique, située entre Saint-Roch
580 et la rue des Frondeurs, quand une foule, qui remplissait la rue Saint-Honoré, l'empêcha de sortir.

— Qu'est-ce ? dit-il à Mme Ragon.

---

1. Apprêts : préparatifs.
2. 9 thermidor : le 9 août 1794, jour de la chute de Robespierre et, par conséquent, de la fin de la Terreur.
3. Vendéens : habitants de la Vendée, région de France où de nombreux paysans fidèles à la monarchie se sont révoltés contre les représentants de la République.

— Ce n'est rien, reprit-elle, c'est la charrette et le bourreau qui vont à la place Louis XV[1]. Ah ! nous l'avons vu bien souvent l'année dernière ; mais aujourd'hui, quatre jours après l'anniversaire du 21 janvier, on peut regarder cet affreux cortège sans chagrin.

— Pourquoi, dit l'abbé, ce n'est pas chrétien, ce que vous dites.

— Eh ! c'est l'exécution des complices de Robespierre, ils se sont défendus tant qu'ils ont pu ; mais ils vont à leur tour là où ils ont envoyé tant d'innocents.

Une foule qui remplissait la rue Saint-Honoré passa comme un flot. Au-dessus des têtes, l'abbé de Marolles, cédant à un mouvement de curiosité, vit debout, sur la charrette, celui qui, trois jours auparavant, écoutait sa messe.

— Qui est-ce ?… dit-il, celui qui…

— C'est le bourreau, répondit M. Ragon en nommant l'exécuteur des hautes œuvres par son nom monarchique.

— Mon ami ! mon ami ! cria Mᵐᵉ Ragon, M. l'abbé se meurt.

Et la vieille dame prit un flacon de vinaigre pour faire revenir le vieux prêtre évanoui.

— Il m'a sans doute donné, dit-il, le mouchoir avec lequel le Roi s'est essuyé le front, en allant au martyre… Pauvre homme !… le couteau d'acier[2] a eu du cœur quand toute la France en manquait !…

Les parfumeurs crurent que le pauvre prêtre avait le délire.

Paris, janvier 1831

---

1. Louis XV : (1710-1774), roi de France (1715-1774).
2. Le couteau d'acier : la lame de la guillotine ; par extension ici, le bourreau.

ÉTUDE DE FEMME

Dédié au Marquis Jean-Charles di Negro.

La marquise de Listomère est une de ces jeunes femmes élevées dans l'esprit de la Restauration[1]. Elle a des principes, elle fait maigre, elle communie, et va très parée au bal, aux Bouffons[2], à l'Opéra; 5 son directeur lui permet d'allier le profane et le sacré. Toujours en règle avec l'Église et avec le monde, elle offre une image du temps présent, qui semble avoir pris le mot de *Légalité* pour épigraphe[3]. La conduite de la marquise comporte précisément assez de dévotion pour pouvoir arriver sous une nouvelle Maintenon[4] à la sombre 10 piété des derniers jours de Louis XIV[5], et assez de mondanité pour adopter également les mœurs galantes des premiers jours de ce règne, s'il revenait. En ce moment, elle est vertueuse par calcul, ou par goût peut-être. Mariée depuis sept ans au marquis de Listomère, un de ces députés qui attendent la pairie[6], elle croit peut-être aussi servir par sa 15 conduite l'ambition de sa famille. Quelques femmes attendent pour la juger le moment où monsieur de Listomère sera pair de France, et où elle aura trente-six ans, époque de la vie où la plupart des femmes s'aperçoivent qu'elles sont dupes des lois sociales. Le marquis est un homme assez insignifiant: il est bien en cour, ses qualités sont néga- 20 tives comme ses défauts; les unes ne peuvent pas plus lui faire une réputation de vertu que les autres ne lui donnent l'espèce d'éclat jeté par les vices. Député, il ne parle jamais, mais il vote *bien*; il se comporte dans son ménage comme à la Chambre[7]. Aussi passe-t-il pour être le meilleur mari de France. S'il n'est pas susceptible de s'exalter, 25 il ne gronde jamais, à moins qu'on ne le fasse attendre. Ses amis l'ont nommé *le temps couvert.* Il ne se rencontre en effet chez lui ni lumière

---

1. Restauration: période de l'histoire de France (1814-1830) qui marque un retour à la monarchie.
2. Théâtre des bouffons: au théâtre des Italiens, où l'on présentait des spectacles dans la tradition de la commedia dell'arte (comédie populaire italienne).
3. Épigraphe: citation placée en tête d'un livre et qui en annonce l'esprit.
4. Françoise d'Aubigné, dite Mme de Maintenon (1635-1719): seconde épouse du roi Louis XIV qui contribua à créer à la cour une atmosphère austère et pieuse.
5. Louis XIV, dit le Roi-Soleil: (1638-1715), roi de France.
6. Pairie: poste prestigieux à l'Assemblée nationale.
7. La Chambre: la chambre des députés, ancien nom de l'Assemblée nationale.

trop vive, ni obscurité complète. Il ressemble à tous les ministères qui se sont succédé en France depuis la Charte[1]. Pour une femme à principes, il était difficile de tomber en de meilleures mains. N'est-ce pas
30 beaucoup pour une femme vertueuse que d'avoir épousé un homme incapable de faire des sottises ? Il s'est rencontré des dandies[2] qui ont eu l'impertinence de presser légèrement la main de la marquise en dansant avec elle, ils n'ont recueilli que des regards de mépris, et tous ont éprouvé cette indifférence insultante qui, semblable aux gelées
35 du printemps, détruit le germe des plus belles espérances. Les beaux, les spirituels, les fats[3], les hommes à sentiment qui se nourrissent en tétant leurs cannes, ceux à grand nom ou à grosse renommée, les gens de haute et petite volée[4], auprès d'elle tout a blanchi. Elle a conquis le droit de causer aussi longtemps et aussi souvent qu'elle le veut
40 avec les hommes qui lui semblent spirituels, sans qu'elle soit couchée sur l'album de la médisance. Certaines femmes coquettes sont capables de suivre ce plan-là pendant sept ans pour satisfaire plus tard leurs fantaisies ; mais supposer cette arrière-pensée à la marquise de Listomère serait la calomnier. J'ai eu le bonheur de voir ce phénix[5]
45 des marquises : elle cause bien, je sais écouter, je lui ai plu, je vais à ses soirées. Tel était le but de mon ambition. Ni laide ni jolie, madame de Listomère a des dents blanches, le teint éclatant et les lèvres très rouges ; elle est grande et bien faite ; elle a le pied petit, fluet, et ne l'avance pas ; ses yeux, loin d'être éteints, comme le sont presque
50 tous les yeux parisiens, ont un éclat doux qui devient magique si par hasard elle s'anime. On devine une âme à travers cette forme indécise. Si elle s'intéresse à la conversation, elle y déploie une grâce ensevelie sous les précautions d'un maintien froid, et alors elle est charmante. Elle ne veut pas de succès et en obtient. On trouve toujours ce qu'on
55 ne cherche pas. Cette phrase est trop souvent vraie pour ne pas se changer un jour en proverbe. Ce sera la moralité de cette aventure,

---

1. La Charte : la charte de 1814, document qui établissait la limite du pouvoir royal pendant la Restauration.
2. Dandies : hommes élégants et raffinés, soigneusement excentriques et contestataires.
3. Fats : prétentieux.
4. De haute et petite volée : de la haute et de la petite noblesse.
5. Phénix : oiseau légendaire capable de renaître de ses cendres.

que je ne me permettrais pas de raconter, si elle ne retentissait en ce moment dans tous les salons de Paris.

La marquise de Listomère a dansé, il y a un mois environ, avec un
60 jeune homme aussi modeste qu'il est étourdi, plein de bonnes qualités, et ne laissant voir que ses défauts ; il est passionné et se moque des passions ; il a du talent et il le cache ; il fait le savant avec les aristocrates et fait de l'aristocratie avec les savants. Eugène de Rastignac est un de ces jeunes gens très sensés qui essaient de tout et semblent tâter les hommes
65 pour savoir ce que porte l'avenir. En attendant l'âge de l'ambition, il se moque de tout ; il a de la grâce et de l'originalité, deux qualités rares parce qu'elles s'excluent l'une l'autre. Il a causé sans préméditation de succès avec la marquise de Listomère, pendant une demi-heure environ. En se jouant des caprices d'une conversation qui, après avoir commencé
70 à l'opéra de *Guillaume Tell*[1], en était venue aux devoirs des femmes, il avait plus d'une fois regardé la marquise de manière à l'embrasser ; puis il la quitta et ne lui parla plus de toute la soirée ; il dansa, se mit à l'écarté, perdit quelque argent, et s'en alla se coucher. J'ai l'honneur de vous affirmer que tout se passa ainsi. Je n'ajoute, je ne retranche rien.

75 Le lendemain matin Rastignac se réveilla tard, resta dans son lit, où il se livra sans doute à quelques-unes de ces rêveries matinales pendant lesquelles un jeune homme se glisse comme un sylphe[2] sous plus d'une courtine[3] de soie, de cachemire ou de coton. En ces moments, plus le corps est lourd de sommeil, plus l'esprit est agile.
80 Enfin Rastignac se leva sans trop bâiller, comme font tant de gens malappris, sonna son valet de chambre, se fit apprêter du thé, en but immodérément, ce qui ne paraîtra pas extraordinaire aux personnes qui aiment le thé ; mais pour expliquer cette circonstance aux gens qui ne l'acceptent que comme la panacée[4] des indigestions, j'ajouterai
85 qu'Eugène écrivait : il était commodément assis, et avait les pieds plus souvent sur ses chenets[5] que dans sa chancelière[6]. Oh ! avoir les pieds

---

1. *Guillaume Tell* : célèbre opéra de Gioacchino Rossini (1792-1868).
2. Sylphe : créature mythologique aérienne d'une grande beauté ; au sens figuré : homme idéal, qui inspire désir et amour.
3. Courtine : rideau de lit à baldaquin.
4. Panacée : remède universel.
5. Chenets : les deux supports de métal d'un foyer qui permettent de surélever les bûches.
6. Chancelière : sac rembourré servant à réchauffer les pieds.

sur la barre polie qui réunit les deux griffons d'un garde-cendre[1], et penser à ses amours quand on se lève et qu'on est en robe de chambre, est chose si délicieuse, que je regrette infiniment de n'avoir ni maî-
90 tresse, ni chenets*, ni robe de chambre. Quand j'aurai tout cela, je ne raconterai pas mes observations, j'en profiterai.

La première lettre qu'Eugène écrivit fut achevée en un quart d'heure ; il la plia, la cacheta et la laissa devant lui sans y mettre l'adresse. La seconde lettre, commencée à onze heures, ne fut finie
95 qu'à midi. Les quatre pages étaient pleines.

— Cette femme me trotte dans la tête, dit-il en pliant cette seconde épître[2], qu'il laissa devant lui, comptant y mettre l'adresse après avoir achevé sa rêverie involontaire. Il croisa les deux pans de sa robe de chambre à ramages[3], posa ses pieds sur un tabouret, coula ses
100 mains dans les goussets[4] de son pantalon de cachemire rouge, et se renversa dans une délicieuse bergère à oreilles[5] dont le siège et le dossier décrivaient l'angle confortable de cent vingt degrés. Il ne prit plus de thé et resta immobile, les yeux attachés sur la main dorée qui couronnaient sa pelle, sans voir ni main, ni pelle, ni dorure. Il ne tisonna même pas.
105 Faute immense ! N'est-ce pas un plaisir bien vif que de tracasser le feu quand on pense aux femmes ? Notre esprit prête des phrases aux petites langues bleues qui se dégagent soudain et babillent[6] dans le foyer. On interprète le langage puissant et brusque d'un *bourguignon*.

À ce mot arrêtons-nous, et plaçons ici pour les ignorants une explica-
110 tion due à un étymologiste très distingué qui a désiré garder l'anonyme. *Bourguignon* est le nom populaire et symbolique donné, depuis le règne de Charles VI[7], à ces détonations bruyantes dont l'effet est d'envoyer sur un tapis ou sur une robe un petit charbon, léger principe d'incendie. Le feu dégage, dit-on, une bulle d'air qu'un ver rongeur a laissée dans

---

1. Deux griffons d'un garde-cendre : deux figures sculptées à l'image du griffon (animal fantastique) qui ornent les extrémités de la barrière d'un foyer, servant à retenir la cendre.
2. Épître : lettre.
3. Ramages : motif de branches, de fleurs et de feuilles entrecroisées.
4. Goussets : poches.
5. Bergère à oreilles : fauteuil large et profond dont l'extrémité du dossier est garni de deux rebords.
6. Babillent : jacassent, bavardent.
7. Charles VI : (1368-1422), roi de France.

115 le cœur du bois. *Inde amor, inde burgundus*[1]. L'on tremble en voyant
rouler comme une avalanche le charbon qu'on avait si industrieuse-
ment essayé de poser entre deux bûches flamboyantes. Oh! tisonner
quand on aime, n'est-ce pas développer matériellement sa pensée?

Ce fut en ce moment que j'entrai chez Eugène, il fit un soubresaut
120 et me dit : – Ah! te voilà, mon cher Horace[2]. Depuis quand es-tu là?

— J'arrive.

— Ah!

Il prit les deux lettres, y mit les adresses et sonna son domestique.

— Porte cela en ville.

125 Et Joseph y alla sans faire d'observations; excellent domestique!

Nous nous mîmes à causer de l'expédition de Morée[3], dans
laquelle je désirais être employé en qualité de médecin. Eugène me fit
observer que je perdrais beaucoup à quitter Paris, et nous parlâmes
de choses indifférentes. Je ne crois pas que l'on me sache mauvais gré
130 de supprimer notre conversation...

***

Au moment où la marquise de Listomère se leva, sur les deux
heures après midi, sa femme de chambre, Caroline, lui remit une
lettre, elle la lut pendant que Caroline la coiffait. (Imprudence que
commettent beaucoup de jeunes femmes.)

135 *O cher ange d'amour, trésor de vie et de bonheur!* À ces mots, la
marquise allait jeter la lettre au feu; mais il lui passa par la tête une
fantaisie que toute femme vertueuse comprendra merveilleusement,
et qui était de voir comment un homme qui débutait ainsi pouvait
finir. Elle lut. Quand elle eut tourné la quatrième page, elle laissa
140 tomber ses bras comme une personne fatiguée.

— Caroline, allez savoir qui a remis cette lettre chez moi.

— Madame, je l'ai reçu du valet de chambre de monsieur le baron
de Rastignac.

Il se fit un long silence.

---

1. *Inde amor, inde burgundus* : il est de l'amour comme du bourguignon.
2. Horace : Horace Bianchon, personnage de médecin récurrent dans l'univers balzacien.
3. Expédition de Morée : intervention de l'armée française (1828-1833) dans la guerre
d'indépendance de la Grèce.

145   — Madame veut-elle s'habiller ? demanda Caroline.

— Non.

— Il faut qu'il soit bien impertinent ! pensa la marquise.

***

Je prie toutes les femmes d'imaginer elles-mêmes le commentaire.

Madame de Listomère termina le sien par la résolution formelle de 150 consigner monsieur Eugène à sa porte, et si elle le rencontrait dans le monde de lui témoigner plus que du dédain ; car son insolence ne pouvait se comparer à aucune de celles que la marquise avait fini par excuser. Elle voulut d'abord garder la lettre ; mais, toute réflexion faite, elle la brûla.

— Madame vient de recevoir une fameuse déclaration d'amour, et 155 elle l'a lue ! dit Caroline à la femme de charge[1].

— Je n'aurais jamais cru cela de madame, répondit la vieille tout étonnée.

Le soir, la comtesse alla chez le marquis de Beauséant, où Rastignac devait probablement se trouver. C'était un samedi. Le marquis de 160 Beauséant étant un peu parent à monsieur de Rastignac, ce jeune homme ne pouvait manquer de venir pendant la soirée. À deux heures du matin, madame de Listomère, qui n'était restée que pour accabler Eugène de sa froideur, l'avait attendu vainement. Un homme d'esprit, Stendhal, a eu la bizarre idée de nommer *cristallisation*[2] le travail que 165 la pensée de la marquise fit avant, pendant et après cette soirée.

Quatre jours après, Eugène grondait son valet de chambre.

— Ah ça ! Joseph, je vais être forcé de te renvoyer, mon garçon !

— Plaît-il, monsieur ?

— Tu ne fais que des sottises. Où as-tu porté les deux lettres que 170 je t'ai remises vendredi ?

Joseph devint stupide. Semblable à quelque statue du porche[3] d'une cathédrale, il resta immobile, entièrement absorbé par le travail de son imaginative[4]. Tout à coup il sourit bêtement et dit :

---

1. Femme de charge : gouvernante.
2. *Cristallisation* : voir la page 234.
3. Porche : espace couvert, devant l'entrée d'un édifice.
4. Imaginative : (vieilli) imagination.

— Monsieur, l'une était pour madame la marquise de Listomère,
175 rue Saint-Dominique, et l'autre pour l'avoué[1] de monsieur...

— Es-tu certain de ce que tu dis là?

Joseph demeura tout interdit. Je vis bien qu'il fallait que je m'en
mêlasse, moi qui, par hasard, me trouvais encore là.

— Joseph a raison, dis-je. Eugène se tourna de mon côté. – J'ai lu
180 les adresses fort involontairement, et...

— Et, dit Eugène en m'interrompant, l'une des lettres n'était pas
pour madame de Nucingen[2]?

— Non, de par tous les diables! Aussi, ai-je cru, mon cher, que ton
cœur avait pirouetté de la rue Saint-Lazare à la rue Saint-Dominique.
185   Eugène se frappa le front du plat de la main et se mit à sourire.
Joseph vit bien que la faute ne venait pas de lui.

Maintenant, voilà où sont les moralités que tous les jeunes gens
devraient méditer. **Première faute:** Eugène trouva plaisant de faire
rire madame de Listomère de la méprise qui l'avait rendue maîtresse
190 d'une lettre d'amour qui n'était pas pour elle. **Deuxième faute:**
il n'alla chez madame de Listomère que quatre jours après l'aventure,
laissant ainsi les pensées d'une vertueuse jeune femme se cristalliser. Il
se trouvait encore une dizaine de fautes qu'il faut passer sous silence,
afin de donner aux dames le plaisir de les déduire **ex professo**[3] à ceux
195 qui ne les devineront pas. Eugène arrive à la porte de la marquise;
mais quand il veut passer, le concierge l'arrête et lui dit que madame la
marquise est sortie. Comme il remontait en voiture, le marquis entra.

— Venez donc, Eugène! Ma femme est chez elle. Oh! excusez le
marquis. Un mari, quelque bon qu'il soit, atteint difficilement à la
200 perfection. En montant l'escalier, Rastignac s'aperçut alors des dix
fautes de logique mondaine qui se trouvaient dans ce passage du beau
livre de sa vie. Quand madame de Listomère vit son mari entrant avec
Eugène, elle ne put s'empêcher de rougir. Le jeune baron observa cette
rougeur subite. Si l'homme le plus modeste conserve encore un petit

---

1. Avoué: juriste.
2. Madame de Nucingen: Delphine Goriot, épouse du baron de Nucingen est un personnage
important de *La Comédie humaine* de Balzac.
3. *Ex professo*: en expertes.

205 fonds de fatuité[1] dont il ne se dépouille pas plus que la femme ne se
sépare de sa fatale coquetterie, qui pourrait blâmer Eugène de s'être
alors dit en lui-même : « Quoi, cette forteresse aussi ? » Et il se posa
dans sa cravate[2]. Quoique les jeunes gens ne soient pas très avares, ils
aiment tous à mettre une tête de plus dans leur médaillier[3].

210   Monsieur de Listomère se saisit de la *Gazette de France,* qu'il aperçut
dans un coin de la cheminée, et alla vers l'embrasure d'une fenêtre pour
acquérir, le journaliste aidant, une opinion à lui sur l'état de la France.
Une femme, voire même une prude[4], ne reste pas longtemps embar-
rassée, même dans la situation la plus difficile où elle puisse se trouver : il
215 semble qu'elle ait toujours à la main la feuille de figuier que lui a donnée
notre mère Ève[5]. Aussi, quand Eugène, interprétant en faveur de sa
vanité la consigne donnée à la porte, salua madame de Listomère d'un
air passablement délibéré, sut-elle voiler toutes ses pensées par un de
ces sourires féminins plus impénétrables que ne l'est la parole d'un roi.

220   — Seriez-vous indisposée, madame ? Vous aviez fait défendre
votre porte.

— Non, monsieur.

— Vous alliez sortir, peut-être ?

— Pas davantage.

225   — Vous attendiez quelqu'un ?

— Personne.

— Si ma visite est indiscrète, ne vous en prenez qu'à monsieur le
marquis. J'obéissais à votre mystérieuse consigne quand il m'a lui-
même introduit dans le sanctuaire.

230   — Monsieur de Listomère n'était pas dans ma confidence. Il n'est
pas toujours prudent de mettre un mari au fait de certains secrets…

L'accent ferme et doux avec lequel la marquise prononça ces paroles
et le regard imposant qu'elle lança firent bien juger à Rastignac qu'il
s'était trop pressé de se poser dans sa cravate.

---

1. Fatuité : arrogance, prétention.
2. Se posa dans sa cravate : prit une pose offensée.
3. Médaillier : meuble servant à entreposer une collection de médailles.
4. Prude : une femme honnête, pleine de retenue.
5. La feuille de figuier que lui a donnée notre mère Ève : la feuille qui a permis à Adam et à Ève
   de cacher leur nudité après avoir croqué le fruit de l'arbre de la connaissance.

235 — Madame, je vous comprends, dit-il en riant ; je dois alors me féliciter doublement d'avoir rencontré monsieur le marquis, il me procure l'occasion de vous présenter une justification qui serait pleine de dangers si vous n'étiez pas la bonté même.

La marquise regarda le jeune baron d'un air assez étonné ; mais 240 elle répondit avec dignité : — Monsieur, le silence sera de votre part la meilleure des excuses. Quant à moi, je vous promets le plus entier oubli, pardon que vous méritez à peine.

— Madame, dit vivement Eugène, le pardon est inutile là où il n'y a pas eu d'offense. La lettre, ajouta-t-il à voix basse, que vous avez reçue 245 et qui a dû vous paraître si inconvenante, ne vous était pas destinée.

La marquise ne put s'empêcher de sourire, elle voulait avoir été offensée.

— Pourquoi mentir ? reprit-elle d'un air dédaigneusement enjoué, mais d'un son de voix assez doux. Maintenant que je vous ai 250 grondé, je rirai volontiers d'un stratagème qui n'est pas sans malice. Je connais de pauvres femmes qui s'y prendraient. « Dieu ! comme il aime ! » diraient-elles. La marquise se mit à rire forcément, et ajouta d'un air d'indulgence : — Si nous voulons rester amis, qu'il ne soit plus question de méprises dont je ne puis être la dupe.

255 — Sur mon honneur, madame, vous l'êtes beaucoup plus que vous ne pensez, répliqua vivement Eugène.

— Mais de quoi parlez-vous donc là ? demanda monsieur de Listomère qui depuis un instant écoutait la conversation sans en pouvoir percer l'obscurité.

260 — Oh ! cela n'est pas intéressant pour vous, répondit la marquise.

Monsieur de Listomère reprit tranquillement la lecture de son journal et dit : — Ah ! madame de Mortsauf[1] est morte : votre pauvre frère est sans doute à Clochegourde.

— Savez-vous, monsieur, reprit la marquise en se tournant vers 265 Eugène, que vous venez de dire une impertinence ?

— Si je ne connaissais pas la rigueur de vos principes, répondit-il naïvement, je croirais que vous voulez ou me donner des idées

---

1. Madame de Mortsauf : célèbre personnage de *La Comédie humaine*, de Balzac, dont la mort est racontée dans le roman *Le Lys dans la vallée* (1836).

desquelles je me défends, ou m'arracher mon secret. Peut-être encore voulez-vous vous amuser de moi.

270   La marquise sourit. Ce sourire impatienta Eugène.

    — Puissiez-vous, madame, dit-il, toujours croire à une offense que je n'ai point commise! et je souhaite bien ardemment que le hasard ne vous fasse pas découvrir dans le monde la personne qui devait lire cette lettre...

    — Hé quoi! ce serait toujours pour madame de Nucingen? s'écria
275 madame de Listomère plus curieuse de pénétrer un secret que de se venger des épigrammes[1] du jeune homme.

    Eugène rougit. Il faut avoir plus de vingt-cinq ans pour ne pas rougir en se voyant reprocher la bêtise d'une fidélité que les femmes raillent pour ne pas montrer combien elles en sont envieuses.
280 Néanmoins il dit avec assez de sang-froid : « Pourquoi pas, madame ? »

    Voilà les fautes que l'on commet à vingt-cinq ans. Cette confidence causa une commotion violente à madame de Listomère ; mais Eugène ne savait pas encore analyser un visage de femme en le regardant à la hâte ou de côté. Les lèvres seules de la marquise avaient pâli.
285 Madame de Listomère sonna pour demander du bois, et contraignit ainsi Rastignac à se lever pour sortir.

    — Si cela est, dit alors la marquise en arrêtant Eugène par un air froid et composé, il vous serait difficile de m'expliquer, monsieur, par quel hasard mon nom a pu se trouver sous votre plume. Il n'en est
290 pas d'une adresse écrite sur une lettre comme du claque[2] d'un voisin qu'on peut par étourderie prendre pour le sien en quittant le bal.

    Eugène décontenancé regarda la marquise d'un air à la fois fat* et bête, il sentit qu'il devenait ridicule, balbutia une phrase d'écolier et sortit. Quelques jours après la marquise acquit des preuves irrécusables
295 de la véracité d'Eugène. Depuis seize jours elle ne va plus dans le monde.

    Le marquis dit à tous ceux qui lui demandent raison de ce changement : « Ma femme a une gastrite. »

    Moi qui la soigne et qui connais son secret, je sais qu'elle a seulement une petite crise nerveuse de laquelle elle profite pour rester chez elle.

Paris, février 1830

---

1. Épigrammes : propos moqueurs.
2. Claque : sorte de chapeau haut de forme.

STENDHAL

(1783-1842)

SAN FRANCESCO A RIPA[1]

*Ariste et Dorante ont traité ce sujet, ce qui a
donné à Eraste l'idée de le traiter aussi[2].*
(30 septembre)

Je traduis d'un chroniqueur italien[3] le détail des amours
d'une princesse romaine avec un Français. C'était en 1726, au
5 commencement du dernier siècle. Tous les abus du népotisme[4]
florissaient alors à Rome. Jamais cette cour n'avait été plus
brillante. Benoît XIII (Orsini)[5] régnait, ou plutôt son neveu, le
prince Campobasso, dirigeait sous son nom toutes les affaires
grandes et petites. De toutes parts, les étrangers affluaient à
10 Rome ; les princes italiens, les nobles d'Espagne, encore riches
de l'or du Nouveau-Monde, y accouraient en foule. Tout homme
riche et puissant s'y trouvait au-dessus des lois. La galanterie et la

---

1. San Francesco a Ripa : église romaine du XVIIe siècle.
2. Épigraphe suggérant que Stendhal s'inspire d'auteurs qui ont traité de ce sujet, ce qui est faux.
   Ariste, Dorante et Eraste sont des noms de personnages de fiction. Voir l'étude de l'œuvre
   à la page 248.
3. Autre référence fictive. (Nous ne connaissons pas encore, aujourd'hui, le chroniqueur italien
   dont Stendhal se serait inspiré. Tout laisse croire à une supercherie littéraire.)
4. Népotisme : favoritisme.
5. Benoît XIII : (1649-1730), pape (1724-1730) reconnu pour sa grande humilité.

magnificence y semblaient la seule occupation de tant d'étrangers et de nationaux réunis.

15   Les deux nièces du pape, la comtesse Orsini et la princesse Campobasso, se partageaient la puissance de leur oncle et les hommages de la cour. Leur beauté les aurait fait distinguer même dans les derniers rangs de la société. L'Orsini, comme on dit familièrement à Rome, était gaie et *disinvolta*[1], la Campobasso tendre et
20   pieuse ; mais cette âme tendre était susceptible des transports[2] les plus violents. Sans être ennemies déclarées, quoique se rencontrant tous les jours chez le pape et se voyant souvent chez elles, ces dames étaient rivales en tout : beauté, crédit, richesse.

     La comtesse Orsini, moins jolie, mais brillante, légère, agissante,
25   intrigante, avait des amants dont elle ne s'occupait guère, et qui ne régnaient qu'un jour. Son bonheur était de voir deux cents personnes dans ses salons et d'y régner. Elle se moquait fort de sa cousine, la Campobasso, qui, après s'être fait voir partout, trois ans de suite, avec un duc espagnol, avait fini par lui ordonner de quitter Rome dans les
30   vingt-quatre heures, et ce, sous peine de mort. « Depuis cette grande expédition, disait l'Orsini, ma sublime cousine n'a plus souri. Voici quelques mois surtout qu'il est évident que la pauvre femme meurt d'ennui ou d'amour, et son mari, qui n'est pas gauche, fait passer cet ennui aux yeux du pape, notre oncle, pour de la haute piété. Je
35   m'attends que cette piété la conduira à entreprendre un pèlerinage en Espagne. »

     La Campobasso était bien éloignée de regretter son Espagnol, qui, pendant deux ans au moins, l'avait mortellement ennuyée. Si elle l'eût regretté, elle l'eût envoyé chercher, car c'était un de ces caractères
40   naturels et naïfs dans l'indifférence comme dans la passion qu'il n'est pas rare de rencontrer à Rome. D'une dévotion exaltée, quoique à peine âgée de vingt-trois ans et dans toute la fleur de la beauté, il lui arrivait de se jeter aux genoux de son oncle en le suppliant de lui donner la *bénédiction papale,* qui, comme on ne le sait pas assez, à l'exception
45   de deux ou trois péchés atroces, absout tous les autres, *même sans*

---

1. *Disinvolta* : « désinvolte » (insouciante) en italien.
2. Transports : élans passionnés.

confession. Le bon Benoît XIII pleurait de tendresse. «Lève-toi, disait-il à sa nièce, tu n'as pas besoin de ma bénédiction, tu vaux mieux que moi aux yeux de Dieu.»

En cela, bien qu'infaillible, il se trompait, ainsi que Rome entière.

50 La Campobasso était éperdument amoureuse, son amant partageait sa passion, et cependant elle était fort malheureuse. Il y avait plusieurs mois qu'elle voyait presque tous les jours le chevalier de Sénécé, neveu du duc de Saint-Aignan[1], alors ambassadeur de Louis XV* à Rome.

Fils d'une des maîtresses du régent Philippe d'Orléans[2], le jeune
55 Sénécé jouissait en France de la plus haute faveur : colonel depuis longtemps, quoiqu'il eût à peine vingt-deux ans, il avait les habitudes de la fatuité*, et ce qui la justifie, sans toutefois en avoir le caractère. La gaieté, l'envie de s'amuser de tout et toujours, l'étourderie, le courage, la bonté, formaient les traits les plus saillants de
60 ce singulier caractère, et l'on pouvait dire alors, à la louange de la nation, qu'il en était un échantillon parfaitement exact. En le voyant la princesse de Campobasso l'avait distingué. «Mais, lui avait-elle dit, je me méfie de vous, vous êtes Français ; le jour où l'on saura dans Rome que je vous vois quelquefois en secret, je serai convaincue que
65 vous l'avez dit, et je ne vous aimerai plus.»

Tout en jouant avec l'amour, la Campobasso s'était éprise d'une passion véritable. Sénécé aussi l'avait aimée, mais il y avait déjà huit mois que leur intelligence[3] durait, et le temps, qui redouble la passion d'une Italienne, tue celle d'un Français. La vanité du chevalier le
70 consolait un peu de son ennui ; il avait déjà envoyé à Paris deux ou trois portraits de la Campobasso. Du reste comblé de tous les genres de biens et d'avantages, pour ainsi dire, dès l'enfance, il portait l'insouciance de son caractère jusque dans les intérêts de la vanité qui d'ordinaire maintient si inquiets les cœurs de sa nation.

75 La bizarrerie de la Princesse l'avait amusé. Elle lui avait avoué dès le premier mois de leur connaissance que pour la première fois elle

---

1. Auguste de Saint-Aignan : (1770-1858), diplomate et homme politique français.
2. Philippe d'Orléans : (1674-1723), régent du royaume de France jusqu'à ce que Louis XV atteigne l'âge de la majorité et prenne officiellement le pouvoir.
3. Intelligence : relation de connivence.

aimait (connaissait l'amour), et ce n'était qu'après plusieurs mois et s'être soumis aux épreuves les plus étranges (bizarres), qu'il avait pu parvenir à être bien avec elle.

80   Bien souvent encore, le jour de la fête de sainte Balbine, dont elle portait le nom, il eut à vaincre les transports* et les remords d'une piété ardente et sincère. Sénécé ne lui avait pas fait *oublier la religion,* comme il arrive auprès des femmes vulgaires d'Italie ; il l'avait vaincue de vive force, et le combat se renouvelait souvent.

85   Cet obstacle, le premier que ce jeune homme comblé par le hasard eût rencontré dans sa vie, l'amusait et maintenait vivante l'habitude d'être tendre et attentif auprès de la princesse. Il y avait une autre raison fort peu romanesque. Sénécé n'avait qu'un confident, c'était son ambassadeur, auquel il rendait quelques services par la 90 Campobasso, qui savait tout. Et l'importance qu'il prenait aux yeux du duc de Saint-Aignan le flattait singulièrement.

La Campobasso, bien différente de lui, n'avait guère été touchée des avantages sociaux de son amant. Être ou n'être pas aimée était tout pour elle. « Je lui sacrifie mon bonheur éternel, se disait-elle ; 95 lui qui est un hérétique[1], un Français, ne peut rien me sacrifier de pareil. » Mais le chevalier paraissait, et sa gaieté, si aimable, intarissable, et cependant si naturelle, spontanée, étonnait l'âme de la Campobasso et la charmait. À son aspect, tout ce qu'elle avait formé le projet de lui dire, toutes les idées sombres disparaissaient et cet état, 100 si nouveau pour cette âme altière et sombre, durait encore longtemps après que Sénécé avait disparu. Elle finit par trouver qu'elle ne pouvait penser, qu'elle ne pouvait vivre loin de Sénécé.

La mode à Rome, qui, pendant deux siècles, avait été pour les Espagnols, commençait à revenir un peu aux Français. On com-105 mençait à comprendre ce caractère qui porte le plaisir et le bonheur partout où il arrive. Ce caractère ne se trouvait alors qu'en France et, depuis la révolution de 1789 ne se trouve nulle part. C'est qu'une gaieté si constante a besoin d'insouciance, et il n'y a plus personne de carrière sûre en France, pas même pour l'homme de génie, s'il en est.

---

1. Hérétique : individu manquant aux lois de l'Église. La Campobasso utilise le terme dans le sens élargi d'« ennemi », ou tout simplement d'« étranger au tempérament italien ».

110   La guerre est déclarée entre les hommes de la classe de Sénécé et le
reste de la nation. Rome aussi était bien différente alors de ce qu'on la
voit aujourd'hui. On ne s'y doutait guère, en 1726, de ce qui devait y
arriver soixante-sept ans plus tard, quand le peuple, payé par quelques
curés, égorgeait le jacobin Basseville[1], qui voulait, disait-il, civiliser la
115 capitale du monde chrétien.

Pour la première fois, auprès de Sénécé, la Campobasso avait perdu
la raison, s'était trouvée dans le ciel ou horriblement malheureuse
pour des choses non approuvées par la raison. Dans ce caractère
sévère et sincère, une fois que Sénécé eut vaincu la religion, qui pour
120 elle était bien autre chose que la raison, cet amour devait s'élever
rapidement jusqu'à la passion la plus effrénée.

La princesse avait distingué[2] monsignor Ferraterra, dont elle avait
entrepris la fortune. Que devint-elle quand Ferraterra lui annonça
que non seulement Sénécé allait plus souvent que de coutume chez
125 l'Orsini, mais encore était cause que la comtesse venait de renvoyer
un castrat[3] célèbre, son amant en titre depuis plusieurs semaines !

Notre histoire commence le soir du jour où la Campobasso avait
reçu cette annonce fatale.

Elle était immobile dans un immense fauteuil de cuir doré. Posées
130 auprès d'elle sur une petite table de marbre noir, deux grandes lampes
d'argent au long pied, chefs-d'oeuvre du célèbre Benvenuto Cellini[4],
éclairaient ou plutôt montraient les ténèbres d'une immense salle au
rez-de-chaussée de son palais ornée de tableaux noircis par le temps ;
car déjà, à cette époque, le règne des grands peintres datait de loin.

135   Vis-à-vis de la princesse et presque à ses pieds, sur une petite
chaise de bois d'ébène garnie d'ornements d'or massif, le jeune Sénécé
venait d'étaler sa personne élégante. La princesse le regardait, et depuis

---

1. Nicolas-Jean Hugon de Basseville : journaliste et diplomate français (1743-1793), membre
   du parti révolutionnaire des Jacobins, il fut lynché par la foule, à Rome, pour avoir porté
   la cocarde tricolore de la Révolution française.
2. Distingué : sorti de l'anonymat.
3. Castrat : homme castré dès l'enfance, dans le but d'en faire un chanteur à la voix de jeune
   garçon.
4. Benvenuto Cellini : sculpteur italien (1500-1571).

qu'il était entré dans cette salle, loin de voler à sa rencontre et de se jeter dans ses bras, elle ne lui avait pas adressé une parole.

140   En 1726, déjà Paris était la cité reine des élégances de la vie et des parures. Sénécé en faisait venir régulièrement par des courriers tout ce qui pouvait relever les grâces d'un des plus jolis hommes de France. Malgré l'assurance si naturelle à un homme de ce rang, qui avait fait ses premières armes auprès des beautés de la cour du régent

145   et sous les directions du fameux Canillac, son oncle, un des *roués* de ce prince, bientôt il fut facile de lire quelque embarras dans les traits de Sénécé. Les beaux cheveux blonds de la princesse étaient un peu en désordre ; ses grands yeux bleu foncé étaient fixés sur lui : leur expression était douteuse. S'agissait-il d'une vengeance mortelle ? était-ce

150   seulement le sérieux profond de l'amour passionné ?

— Ainsi vous ne m'aimez plus ? dit-elle enfin d'une voix oppressée.

Un long silence suivit cette déclaration de guerre.

Il en coûtait à la princesse de se priver de la grâce charmante de Sénécé qui, si elle ne lui faisait pas de scène, était sur le point de lui dire

155   cent folies ; mais elle avait trop d'orgueil pour différer de s'expliquer. Une coquette est jalouse par amour-propre ; une femme galante l'est par habitude ; une femme qui aime avec sincérité et passionnément a la conscience de ses droits. Cette façon de regarder, particulière à la passion romaine, amusait fort Sénécé : il y trouvait profondeur et incertitude ;

160   on voyait l'âme à nu pour ainsi dire. L'Orsini n'avait pas cette grâce.

Cependant, comme cette fois le silence se prolongeait outre mesure, le jeune Français, qui n'était pas bien habile dans l'art de pénétrer les sentiments cachés d'un cœur italien, trouva un air de tranquillité et de raison qui le mit à son aise. Du reste, en ce moment il avait un chagrin :

165   en traversant les caves et les souterrains qui, d'une maison voisine du palais Campobasso, le conduisaient dans cette salle basse, la broderie toute fraîche d'un habit charmant et arrivé de Paris la veille s'était chargée de plusieurs toiles d'araignée. La présence de ces toiles d'araignée le mettait mal à son aise, et d'ailleurs il avait cet insecte en horreur.

170   Sénécé, croyant voir du calme dans l'œil de la princesse, songeait à éviter la scène, à tourner le reproche au lieu de lui répondre ; mais, porté au sérieux par la contrariété qu'il éprouvait : «Ne serait-ce point ici une occasion favorable, se disait-il, pour lui faire entrevoir la vérité ?

Elle vient de poser la question elle-même ; voilà déjà la moitié de l'ennui
175 évité. Certainement il faut que je ne sois pas fait pour l'amour. Je n'ai
jamais rien vu de si beau que cette femme avec ses yeux singuliers. Elle
a de mauvaises manières, elle me fait passer par des souterrains dégoû-
tants ; mais c'est la nièce du souverain auprès duquel le roi m'a envoyé.
De plus, elle est blonde dans un pays où toutes les femmes sont brunes :
180 c'est une grande distinction. Tous les jours j'entends porter sa beauté aux
nues par des gens dont le témoignage n'est pas suspect, et qui sont à mille
lieues[1] de penser qu'ils parlent à l'heureux possesseur de tant de charmes.
Quant au pouvoir qu'un homme doit avoir sur sa maîtresse, je n'ai point
d'inquiétude à cet égard. Si je veux prendre la peine de dire un mot, je
185 l'enlève à son palais, à ses meubles d'or, à son oncle-roi, et tout cela pour
l'emmener en France, au fond de la province, vivoter tristement dans
une de mes terres... Ma foi, la perspective de ce dévouement ne m'inspire
que la résolution la plus vive de ne jamais le lui demander. L'Orsini est
bien moins jolie : elle m'aime, si elle m'aime, tout juste un peu plus que le
190 castrat* Butofaco que je lui ai fait renvoyer hier ; mais elle a de l'usage, elle
sait vivre, on peut arriver chez elle en carrosse. Et je me suis bien assuré
qu'elle ne fera jamais de scène ; elle ne m'aime pas assez pour cela. »
    Pendant ce long silence, le regard fixe de la princesse n'avait pas
quitté le joli front du jeune Français.
195   « Je ne le verrai plus », se dit-elle. Et tout à coup elle se jeta dans ses
bras et couvrit de baisers ce front et ces yeux qui ne rougissaient plus
de bonheur en la revoyant. Le chevalier se fût mésestimé, s'il n'eût pas
oublié à l'instant tous ses projets de rupture ; mais sa maîtresse était
trop profondément émue pour oublier sa jalousie. Peu d'instants
200 après, Sénécé la regardait avec étonnement ; des larmes de rage tombaient rapidement sur ses joues. « Quoi ! disait-elle à demi-voix, je
m'avilis jusqu'à lui parler de son changement ; je le lui reproche, moi,
qui m'étais juré de ne jamais m'en apercevoir ! Et ce n'est pas assez
de bassesse, il faut encore que je cède à la passion que m'inspire cette
205 charmante figure ! Ah ! vile, vile, vile princesse !... Il faut en finir. »
    Elle essuya ses larmes et parut reprendre quelque tranquillité.

---

1. Lieu : ancienne unité de mesure, équivalent à environ 4 km.

— Chevalier, il faut en finir, lui dit-elle assez tranquillement. Vous paraissez souvent chez la comtesse... Ici elle pâlit extrêmement. Si tu l'aimes, vas-y tous les jours, soit ; mais ne reviens plus ici... » Elle s'arrêta
210 comme malgré elle. Elle attendait un mot du chevalier ; ce mot ne fut point prononcé. Elle continua avec un petit mouvement convulsif et comme en serrant les dents : « Ce sera l'arrêt de ma mort et de la vôtre. »

Cette menace décida l'âme incertaine du chevalier, qui jusque-là n'était qu'étonné de cette bourrasque imprévue après tant d'abandon.
215 Il se mit à rire.

Une rougeur subite couvrit les joues de la princesse, qui devinrent écarlates. « La colère va la suffoquer, pensa le chevalier ; elle va avoir un coup de sang[1]. » Il s'avança pour délacer sa robe ; elle le repoussa avec une résolution et une force auxquelles il n'était pas accoutumé.
220 Sénécé se rappela plus tard que, tandis qu'il essayait de la prendre dans ses bras, il l'avait entendue se parler à elle-même. Il se retira un peu : discrétion inutile, car elle semblait ne plus le voir. D'une voix basse et concentrée, comme si elle eût parlé à son confesseur, elle se disait : « Il m'insulte, il me brave. Sans doute, à son âge et avec l'indiscrétion natu-
225 relle à son pays, il va raconter à l'Orsini toutes les indignités auxquelles je m'abaisse... Je ne suis pas sûre de moi ; je ne puis me répondre même de rester insensible devant cette tête charmante... » Ici il y eut un nouveau silence, qui sembla fort ennuyeux au chevalier. La princesse se leva enfin en répétant d'un ton plus sombre : *Il faut en finir.*
230 Sénécé, à qui la réconciliation avait fait perdre l'idée d'une explication sérieuse, lui adressa deux ou trois mots plaisants sur une aventure dont on parlait beaucoup à Rome...

— Laissez-moi, chevalier, lui dit la princesse l'interrompant ; je ne me sens pas bien...
235 « Cette femme s'ennuie, se dit Sénécé en se hâtant d'obéir, et rien de contagieux comme l'ennui. » La princesse l'avait suivi des yeux jusqu'au bout de la salle... « Et j'allais décider à l'étourdie[2] du sort de ma vie ! dit-elle avec un sourire amer. Heureusement, ses plaisanteries déplacées m'ont réveillée. Quelle sottise chez cet homme ! Comment puis-je aimer

---

1. Coup de sang : congestion cérébrale.
2. À l'étourdie : sans réfléchir.

240 un être qui me comprend si peu ? Il veut m'amuser par un mot plaisant, quand il s'agit de ma vie et de la sienne !... Ah ! je reconnais bien là cette disposition sinistre et sombre qui fait mon malheur ! » Et elle se leva de son fauteuil avec fureur. « Comme ces yeux étaient jolis quand il m'a dit ce mot !... Et il faut l'avouer, l'intention du pauvre chevalier était aimable.

245 Il a connu le malheur de mon caractère ; il voulait me faire oublier le sombre chagrin qui m'agitait, au lieu de m'en demander la cause. Aimable Français ! Au fait, ai-je connu le bonheur avant de l'aimer ? »

Elle se mit à penser et avec délices aux perfections de son amant. Peu à peu elle fut conduite à la contemplation des grâces de la comtesse

250 Orsini. Son âme commença à voir tout en noir. Les tourments de la plus affreuse jalousie s'emparèrent de son cœur. Réellement un pressentiment funeste l'agitait depuis deux mois ; elle n'avait de moments passables que ceux qu'elle passait auprès du chevalier, et cependant presque toujours, quand elle n'était pas dans ses bras, elle lui parlait avec aigreur.

255 Sa soirée fut affreuse. Épuisée et comme un peu calmée par la douleur, elle eut l'idée de parler au chevalier : « Car enfin il m'a vue irritée, mais il ignore le sujet de mes plaintes. Peut-être il n'aime pas la comtesse. Peut-être il ne se rend chez elle que parce qu'un voyageur doit voir la société du pays où il se trouve, et surtout la famille du

260 souverain. Peut-être si je me fais présenter Sénécé, s'il peut venir ouvertement chez moi, il y passera des heures entières comme chez l'Orsini. »

« Non, s'écria-t-elle avec rage, je m'avilirais en parlant ; il me méprisera, et voilà tout ce que j'aurai gagné. Le caractère évaporé de l'Orsini que j'ai si souvent méprisé, folle que j'étais, est dans le fait

265 plus agréable que le mien, et surtout aux yeux d'un Français. Moi, je suis faite pour m'ennuyer avec un Espagnol. Quoi de plus absurde que d'être toujours sérieux, comme si les événements de la vie ne l'étaient pas assez par eux-mêmes !... Que deviendrai-je quand je n'aurai plus mon chevalier pour me donner la vie, pour jeter dans

270 mon cœur ce feu qui me manque ? »

Elle avait fait fermer sa porte ; mais cet ordre n'était point pour monsignor Ferraterra, qui vint lui rendre compte de ce qu'on avait fait chez l'Orsini jusqu'à une heure du matin. Jusqu'ici ce prélat[1] avait

---

1. Prélat : religieux ayant reçu la prélature, dignité décernée par le pape.

servi de bonne foi les amours de la princesse ; mais il ne doutait plus,
275 depuis cette soirée, que bientôt Sénécé ne fût au mieux avec la comtesse Orsini, si ce n'était déjà fait.

« La princesse dévote, pensa-t-il, me serait plus utile que femme
de la société. Toujours il y aura un être qu'elle me préférera : ce sera
son amant ; et si un jour cet amant est romain, il peut avoir un oncle
280 à faire cardinal[1]. Si je la convertis, c'est au directeur de sa conscience
qu'elle pensera avant tout, et avec tout le feu de son caractère... Que ne
puis-je pas espérer d'elle auprès de son oncle ! » Et l'ambitieux prélat*
se perdait dans un avenir délicieux ; il voyait la princesse se jetant aux
genoux de son oncle pour lui faire donner le chapeau[2]. Le pape serait
285 très reconnaissant de ce qu'il allait entreprendre... Aussitôt la princesse
convertie, il ferait parvenir sous les yeux du pape des preuves irréfra-
gables de son intrigue avec le jeune Français. Pieux, sincère et abhorrant[3] les Français, comme est Sa Sainteté, elle aura une reconnaissance
éternelle pour l'agent qui aura fait finir une intrigue aussi contrariante
290 pour lui. Ferraterra appartenait à la haute noblesse de Ferrare ; il était
riche, il avait plus de cinquante ans... Animé par la perspective si voisine du chapeau, il fit des merveilles ; il osa changer brusquement de
rôle auprès de la princesse. Depuis deux mois que Sénécé la négligeait
évidemment, il eût pu être dangereux de l'attaquer, car à son tour le
295 prélat, comprenant mal Sénécé, le croyait ambitieux.

Le lecteur trouverait bien long le dialogue de la jeune princesse,
folle d'amour et de jalousie, et du prélat ambitieux. Ferraterra avait
débuté par l'aveu le plus ample de la triste vérité. Après un début aussi
saisissant, il ne lui fut pas difficile de réveiller tous les sentiments de
300 religion et de piété passionnée qui n'étaient qu'assoupis au fond du
cœur de la jeune Romaine ; elle avait une foi sincère. « Toute passion
impie[4] doit finir par le malheur et par le déshonneur », lui disait le
prélat. Il était grand jour quand il sortit du palais Campobasso. Il avait
exigé de la nouvelle convertie la promesse de ne pas recevoir Sénécé ce

---

1. Cardinal : conseiller du pape.
2. Lui faire donner le chapeau : en faire un cardinal (allusion au chapeau que portent les cardinaux).
3. Abhorrant : détestant.
4. Impie : blasphématoire.

305 jour-là. Cette promesse avait peu coûté à la princesse ; elle se croyait pieuse, et, dans le fait, avait peur de se rendre méprisable par sa faiblesse aux yeux du chevalier.

Cette résolution tint ferme jusqu'à quatre heures : c'était le moment de la visite probable du chevalier. Il passa dans la rue, derrière le jardin
310 du palais Campobasso, vit le signal qui annonçait l'impossibilité de l'entrevue, et, tout content, s'en alla chez la comtesse Orsini.

Peu à peu la Campobasso se sentit comme devenir folle. Les idées et les résolutions les plus étranges se succédaient rapidement. Tout à coup elle descendit le grand escalier de son palais comme en démence,
315 et monta en voiture en criant au cocher : « Palais Orsini ».

L'excès de son malheur la poussait comme malgré elle à voir sa cousine. Elle la trouva au milieu de cinquante personnes. Tous les gens d'esprit, tous les ambitieux de Rome, ne pouvant aborder au palais Campobasso, affluaient au palais Orsini. L'arrivée de la prin-
320 cesse fit événement ; tout le monde s'éloigna par respect ; elle ne daigna pas s'en apercevoir : elle regardait sa rivale, elle l'admirait. Chacun des agréments de sa cousine était un coup de poignard pour son cœur. Après les premiers compliments, l'Orsini la voyant silencieuse et préoccupée, reprit une conversation brillante et disinvolte.

325 « Comme sa gaieté convient mieux au chevalier que ma folle et ennuyeuse passion ! » se disait la Campobasso.

Dans un inexplicable transport* d'admiration et de haine, elle se jeta au cou de la comtesse. Elle ne voyait que les charmes de sa cousine ; de près comme de loin ils lui semblaient également adorables.
330 Elle comparait ses cheveux aux siens, ses yeux, sa peau. À la suite de cet étrange examen, elle se prenait elle-même en horreur et en dégoût. Tout lui semblait adorable, supérieur chez sa rivale.

Immobile et sombre, la Campobasso était comme une statue de basalte[1] au milieu de cette foule gesticulante et bruyante. On entrait,
335 on sortait ; tout ce bruit importunait, offensait la Campobasso. Mais que devint-elle quand tout à coup elle entendit annoncer M. de Sénécé ! Il avait été convenu, au commencement de leurs relations, qu'il lui parlerait fort peu dans le monde, et comme il sied à un

---

1. Basalte : roche volcanique.

340 diplomate étranger qui ne rencontre que deux ou trois fois par mois la nièce du souverain auprès duquel il est accrédité.

Sénécé la salua avec le respect et le sérieux accoutumés ; puis, revenant à la comtesse Orsini, il reprit le ton de gaieté presque intime que l'on a avec une femme d'esprit qui vous reçoit bien et que l'on voit tous les jours. La Campobasso en était atterrée. « La comtesse me 345 montre ce que j'aurais dû être, se disait-elle. Voilà ce qu'il faut être, et que pourtant je ne serai jamais ! »

Elle sortit dans le dernier degré de malheur où puisse être jetée une créature humaine, presque résolue à prendre du poison. Tous les plaisirs que l'amour de Sénécé lui avait donnés n'auraient pu égaler 350 l'excès de douleur où elle fut plongée pendant toute une longue nuit. On dirait que ces âmes romaines ont pour souffrir des trésors d'énergie inconnus aux autres femmes.

Le lendemain, Sénécé repassa et vit le signe négatif. Il s'en allait gaiement ; cependant il fut piqué. « C'est donc mon congé qu'elle m'a 355 donné l'autre jour ? Il faut que je la voie dans les larmes », dit sa vanité. Il éprouvait une légère nuance d'amour en perdant à tout jamais une aussi belle femme, nièce du pape. Il quitta sa voiture et s'engagea dans les souterrains peu propres qui lui déplaisaient si fort, et vint forcer la porte de la grande salle au rez-de-chaussée où la princesse le recevait. 360   — Comment ! vous osez paraître ici ! dit la princesse étonnée.

« Cet étonnement manque de sincérité, pensa le jeune Français ; elle ne se tient dans cette pièce que quand elle m'attend. »

Le chevalier lui prit la main ; elle frémit. Ses yeux se remplirent de larmes ; elle sembla si jolie au chevalier, qu'il eut un instant d'amour. 365 Elle, de son côté, oublia tous les serments que pendant deux jours elle avait faits à la religion ; elle se jeta dans ses bras, parfaitement heureuse : « Et voilà le bonheur dont désormais l'Orsini jouira !... » Sénécé, comprenant mal, comme à l'ordinaire, une âme romaine, crut qu'elle voulait se séparer de lui avec bonne amitié, rompre avec 370 des formes. « Il ne me convient pas, attaché que je suis à l'ambassade du roi, d'avoir pour ennemie mortelle (car telle elle serait) la nièce du souverain auprès duquel je suis employé. » Tout fier de l'heureux résultat auquel il croyait arriver, Sénécé se mit à parler raison. Ils vivraient dans l'union la plus agréable ; pourquoi ne seraient-ils

375 pas très heureux ? Qu'avait-on, dans le fait, à lui reprocher ? L'amour ferait place à une bonne et tendre amitié. Il réclamait instamment le privilège de revenir de temps à autre dans le lieu où ils se trouvaient ; leurs rapports auraient toujours de la douceur...

D'abord la princesse ne le comprit pas. Quand, avec horreur, elle
380 l'eut compris, elle resta debout, immobile, les yeux fixes. Enfin, à ce dernier trait de la *douceur de leurs rapports,* elle l'interrompit d'une voix qui semblait sortir du fond de sa poitrine, et en prononçant lentement :

— C'est-à-dire que vous me trouvez, après tout, assez jolie pour être une fille employée à votre service !

385   — Mais, chère et bonne amie, l'amour-propre n'est-il pas sauf ? répliqua Sénécé, à son tour vraiment étonné. Comment pourrait-il vous passer par la tête de vous plaindre ? Heureusement jamais notre intelligence* n'a été soupçonnée de personne. Je suis homme d'honneur ; je vous donne de nouveau ma parole que jamais être vivant ne
390 se doutera du bonheur dont j'ai joui.

— Pas même l'Orsini ? ajouta-t-elle d'un ton froid qui fit encore illusion au chevalier.

— Vous ai-je jamais nommé, dit naïvement le chevalier les personnes que j'ai pu aimer avant d'être votre esclave ?

395   — Malgré tout mon respect pour votre parole d'honneur, c'est cependant une chance que je ne courrai pas, dit la princesse d'un air résolu, et qui enfin commença à étonner un peu le jeune Français. « Adieu ! chevalier... » Et, comme il s'en allait un peu indécis : « Viens m'embrasser », lui dit-elle.

400   Elle s'attendrit évidemment ; puis elle lui dit d'un ton ferme : « Adieu, chevalier... »

La princesse envoya chercher Ferraterra. « C'est pour me venger », lui dit-elle. Le prélat* fut ravi. « Elle va se compromettre ; elle est à moi à jamais. »

405   Deux jours après, comme la chaleur était accablante, Sénécé alla prendre l'air au Cours sur le minuit. Il y trouva toute la société de Rome. Quand il voulut reprendre sa voiture, son laquais put à peine lui répondre : il était ivre ; le cocher avait disparu ; le laquais lui dit, en pouvant à peine parler, que le cocher avait pris dispute avec un *ennemi.*

410   — Ah ! mon cocher a des *ennemis* ! dit Sénécé en riant.

En revenant chez lui, il était à peine à deux ou trois rues du Corso, qu'il s'aperçut qu'il était suivi. Des hommes, au nombre de quatre ou cinq, s'arrêtaient quand il s'arrêtait, recommençaient à marcher quand il marchait. « Je pourrais faire le crochet et regagner le Corso
415 par une autre rue, pensa Sénécé. Bah! ces malotrus n'en valent pas la peine; je suis bien armé. » Il avait son poignard nu à la main.

Il parcourut, en pensant ainsi, deux ou trois rues de plus en plus solitaires et écartées. Il entendait ces hommes, qui doublaient le pas. À ce moment, en levant les yeux, il remarqua droit devant lui une
420 petite église desservie par des moines dominicains, dont les vitraux jetaient un éclat singulier. Il se précipita vers la porte, et frappa très fort avec le manche de son poignard. Les hommes qui semblaient le poursuivre étaient à cinquante pas de lui. Ils se mirent à courir sur lui. Un moine ouvrit la porte; Sénécé se jeta dans l'église; le moine
425 referma la barre de fer de la porte. Au même moment, les assassins donnèrent des coups de pied à la porte. « Les impies! » dit le moine. Sénécé lui donna un sequin[1]. « Décidément ils m'en voulaient », dit-il.

Cette église était éclairée par un millier de cierges au moins.

— Comment! un service à cette heure! dit-il au moine.

430 — Excellence, il y a une dispense[2] de l'éminentissime cardinal-vicaire.

Tout le parvis étroit de la petite église de *San Francesco a Ripa* était occupé par un mausolée magnifique; on chantait l'office* des morts.

— Qui est-ce qui est mort? quelque prince? dit Sénécé.

— Sans doute, répondit le prêtre, car rien n'est épargné; mais tout
435 ceci, c'est argent et cire perdus; monsieur le doyen nous a dit que le défunt est mort dans l'impénitence[3] finale.

Sénécé s'approchait; il vit des écussons[4] d'une forme française; sa curiosité redoubla; il s'approcha tout à fait et reconnut ses armes! Il y avait une inscription latine:

440 *Nobilis homo Johannes Norbertus Senece eques decessit Romae.*

---

1. Sequin: pièce d'or.
2. Dispense: exception.
3. Impénitence: refus de se repentir.
4. Écusson: emblème.

« Haut et puissant seigneur Jean Norbert de Sénécé, chevalier, mort à Rome. »

« Je suis le premier homme, pensa Sénécé, qui ait eu l'honneur d'assister à ses propres obsèques[1]... Je ne vois que l'empereur Charles-
445 Quint qui se soit donné ce plaisir... Mais il ne fait pas bon pour moi dans cette église. »

Il donna un second sequin au sacristain. — Mon père, lui dit-il, faites-moi sortir par une porte de derrière de votre couvent.

— Bien volontiers, dit le moine.

450 À peine dans la rue, Sénécé, qui avait un pistolet à chaque main, se mit à courir avec une extrême rapidité. Bientôt il entendit derrière lui des gens qui le poursuivaient. En arrivant près de son hôtel, il vit la porte fermée et un homme devant. « Voici le moment de l'assaut », pensa le jeune Français; il se préparait à tuer l'homme d'un coup de
455 pistolet, lorsqu'il reconnut son valet de chambre.

— Ouvrez la porte, lui cria-t-il.

Elle était ouverte; ils entrèrent rapidement et la refermèrent.

— Ah! monsieur, je vous ai cherché partout; voici de bien tristes nouvelles: le pauvre Jean, votre cocher, a été tué à coups de couteau.
460 La princesse Campobasso est à toute extrémité; le Pape lui a envoyé le grand Pénitencier. Le valet ajouta en baissant la voix: on l'a dit empoisonnée par la princesse Orsini. Enfin on m'a dit chez la princesse que vous aviez été assassiné.

— Comme tu vois, dit le chevalier en riant.

465 Comme il parlait, huit coups de tromblon[2] partant à la fois d'une fenêtre donnant sur le jardin, l'étendirent mort à côté de son valet de chambre; ils étaient percés de plus de vingt balles chacun.

Deux ans après, la princesse Campobasso était vénérée à Rome comme le modèle de la plus haute piété, et depuis longtemps monsi-
470 gnor Ferraterra était cardinal*.

Excusez les fautes de l'auteur.

---

1. Obsèques: funérailles.
2. Tromblon: arme à feu.

PROSPER MÉRIMÉE

(1803-1870)

MATEO FALCONE

En sortant de Porto-Vecchio[1] et se dirigeant au nord-ouest, vers l'intérieur de l'île, on voit le terrain s'élever assez rapidement, et après trois heures de marche par des sentiers tortueux, obstrués par de gros quartiers de rocs, et quelquefois coupés par des ravins, on se
5 trouve sur le bord d'un *maquis*[2] très étendu. Le maquis est la patrie des bergers corses et de quiconque s'est brouillé avec la justice. Il faut savoir que le laboureur corse, pour s'épargner la peine de fumer son champ, met le feu à une certaine étendue de bois : tant pis si la flamme se répand plus loin que besoin n'est ; arrive que pourra ; on
10 est sûr d'avoir une bonne récolte en semant sur cette terre fertilisée par les cendres des arbres qu'elle portait. Les épis enlevés, car on laisse la paille, qui donnerait de la peine à recueillir, les racines qui sont restées en terre sans se consumer poussent au printemps suivant, des cépées[3] très épaisses qui, en peu d'années, parviennent à une hau-
15 teur de sept ou huit pieds. C'est cette manière de taillis fourré[4] que l'on nomme maquis. Différentes espèces d'arbres et d'arbrisseaux le

---

1. Porto-Vecchio : commune française de la Corse.
2. Maquis : territoire rempli d'une végétation très dense, difficile à pénétrer.
3. Cépées : tiges émergeant de la souche d'un arbre qu'on a coupé.
4. Taillis fourré : partie d'un bois contenant de petits arbres et arbustes (taillis) en grande quantité (fourré).

composent, mêlés et confondus comme il plaît à Dieu. Ce n'est que la hache à la main que l'homme s'y ouvrirait un passage, et l'on voit des maquis si épais et si touffus, que les mouflons[1] eux-mêmes ne
20 peuvent y pénétrer.

Si vous avez tué un homme, allez dans le maquis de Porto-Vecchio, et vous y vivrez en sûreté, avec un bon fusil, de la poudre et des balles ; n'oubliez pas un manteau brun garni d'un capuchon[2], qui sert de couverture et de matelas. Les bergers vous donnent du lait, du fro-
25 mage et des châtaignes, et vous n'aurez rien à craindre de la justice ou des parents du mort, si ce n'est quand il vous faudra descendre à la ville pour y renouveler vos munitions.

Mateo Falcone, quand j'étais en Corse en 18..., avait sa maison à une demi-lieue* de ce maquis. C'était un homme assez riche
30 pour le pays ; vivant noblement, c'est-à-dire sans rien faire, du produit de ses troupeaux, que des bergers, espèces de nomades, menaient paître çà et là sur les montagnes. Lorsque je le vis, deux années après l'événement que je vais raconter, il me parut âgé de cinquante ans tout au plus. Figurez-vous un homme petit,
35 mais robuste, avec des cheveux crépus, noirs comme le jais, un nez aquilin, les lèvres minces, les yeux grands et vifs, et un teint couleur de revers de botte. Son habileté au tir du fusil passait pour extraordinaire, même dans son pays, où il y a tant de bons tireurs. Par exemple, Mateo n'aurait jamais tiré sur un mouflon avec des
40 chevrotines[3], mais, à cent vingt pas, il l'abattait d'une balle dans la tête ou dans l'épaule, à son choix. La nuit, il se servait de ses armes aussi facilement que le jour, et l'on m'a cité de lui ce trait d'adresse qui paraîtra peut-être incroyable à qui n'a pas voyagé en Corse. À quatre-vingts pas, on plaçait une chandelle allumée derrière un
45 transparent de papier, large comme une assiette. Il mettait en joue, puis on éteignait la chandelle, et, au bout d'une minute dans l'obscurité la plus complète, il tirait et perçait le transparent trois fois sur quatre.

---

1. Mouflons : quadrupèdes sauvages de la famille du bélier.
2. Pilone. [note de Mérimée]
3. Chevrotines : balles de petit calibre.

Avec un mérite aussi transcendant[1] Mateo Falcone s'était attiré une
50 grande réputation. On le disait aussi bon ami que dangereux ennemi :
d'ailleurs serviable et faisant l'aumône, il vivait en paix avec tout le
monde dans le district de Porto-Vecchio. Mais on contait de lui qu'à
Corte, où il avait pris femme, il s'était débarrassé fort vigoureusement
d'un rival qui passait pour aussi redoutable en guerre qu'en amour :
55 du moins on attribuait à Mateo certain coup de fusil qui surprit
ce rival comme il était à se raser devant un petit miroir pendu à
sa fenêtre. L'affaire assoupie, Mateo se maria. Sa femme Giuseppa
lui avait donné d'abord trois filles (dont il enrageait[2]), et enfin un
fils, qu'il nomma Fortunato : c'était l'espoir de sa famille, l'héritier
60 du nom. Les filles étaient bien mariées : leur père pouvait compter
au besoin sur les poignards et les escopettes[3] de ses gendres. Le fils
n'avait que dix ans, mais il annonçait déjà d'heureuses dispositions.

Un certain jour d'automne, Mateo sortit de bonne heure avec sa
femme pour aller visiter un de ses troupeaux dans une clairière du
65 maquis*. Le petit Fortunato voulait l'accompagner, mais la clairière était
trop loin ; d'ailleurs, il fallait bien que quelqu'un restât pour garder la
maison ; le père refusa donc : on verra s'il n'eut pas lieu de s'en repentir.

Il était absent depuis quelques heures et le petit Fortunato était tranquillement étendu au soleil, regardant les montagnes bleues, et pensant
70 que, le dimanche prochain, il irait dîner à la ville, chez son oncle le
caporal[4], quand il fut soudainement interrompu dans ses méditations
par l'explosion d'une arme à feu. Il se leva et se tourna du côté de la
plaine d'où partait ce bruit. D'autres coups de fusil se succédèrent, tirés
à intervalles inégaux, et toujours de plus en plus rapprochés ; enfin,
75 dans le sentier qui menait de la plaine à la maison de Mateo parut un
homme, coiffé d'un bonnet pointu comme en portent les montagnards,

---

1. Transcendant : supérieur.
2. Dont il enrageait : dont il était mécontent.
3. Escopettes : sorte de carabines.
4. Les caporaux furent autrefois les chefs que se donnèrent les communes corses quand elles
   s'insurgèrent contre les seigneurs féodaux. Aujourd'hui, on donne encore quelquefois ce nom
   à un homme qui, par ses propriétés, ses alliances et sa clientèle, exerce une influence et une
   sorte de magistrature effective sur une *pieve* ou un canton. Les Corses se divisent, par une
   ancienne habitude, en cinq castes : les *gentilshommes* (dont les uns sont magnifiques, les autres
   signori), les *caporali*, les *citoyens*, les *plébéiens* et les *étrangers*. [note de Mérimée]

barbu, couvert de haillons, et se traînant avec peine en s'appuyant sur son fusil. Il venait de recevoir un coup de feu dans la cuisse.

Cet homme était un bandit[1], qui, étant parti de nuit pour aller
80 chercher de la poudre à la ville, était tombé en route dans une embuscade de voltigeurs corses[2]. Après une vigoureuse défense, il était parvenu à faire sa retraite, vivement poursuivi et tiraillant de rocher en rocher. Mais il avait peu d'avance sur les soldats et sa blessure le mettait hors d'état de gagner le maquis avant d'être rejoint.

85 Il s'approcha de Fortunato et lui dit :

« Tu es le fils de Mateo Falcone ?

— Oui.

— Moi, je suis Gianetto Sanpiero. Je suis poursuivi par les collets jaunes[3]. Cache-moi, car je ne puis aller plus loin.

90 — Et que dira mon père si je te cache sans sa permission ?

— Il dira que tu as bien fait.

— Qui sait ?

— Cache-moi vite ; ils viennent.

— Attends que mon père soit revenu.

95 — Que j'attende ? malédiction ! Ils seront ici dans cinq minutes. Allons, cache-moi, ou je te tue. »

Fortunato lui répondit avec le plus grand sang-froid : « Ton fusil est déchargé, et il n'y a plus de cartouches dans ta *carchera*[4].

— J'ai mon stylet[5].

100 — Mais courras-tu aussi vite que moi ? »

Il fit un saut, et se mit hors d'atteinte.

« Tu n'es pas le fils de Mateo Falcone ! Me laisseras-tu donc arrêter devant ta maison ? »

---

1. Ce mot est ici synonyme de proscrit (ce qui signifie donc qu'il est hors-la-loi, mais ce peut être pour des raisons politiques, et non pas forcément parce que c'est un malfaiteur). [note de Mérimée]

2. C'est un corps levé depuis peu d'années par le gouvernement et qui sert, concurremment avec la gendarmerie, au maintien de la police. [note de Mérimée]

3. L'uniforme des voltigeurs [membres de la garde nationale] était alors un habit brun avec un collet jaune. [note de Mérimée]

4. Ceinture de cuir qui sert de giberne [petite boîte portée en bandoulière contenant des cartouches de fusil] et de portefeuille. [note de Mérimée]

5. Stylet : petit poignard.

L'enfant parut touché.

105   « Que me donneras-tu si je te cache ? » dit-il en se rapprochant.

Le bandit fouilla dans une poche de cuir qui pendait à sa ceinture, et il en tira une pièce de cinq francs qu'il avait réservée sans doute pour acheter de la poudre. Fortunato sourit à la vue de la pièce d'argent ; il s'en saisit, et dit à Gianetto :

110   « Ne crains rien. »

Aussitôt il fit un grand trou dans un tas de foin placé auprès de la maison. Gianetto s'y blottit, et l'enfant le recouvrit de manière à lui laisser un peu d'air pour respirer, sans qu'il fût possible cependant de soupçonner que ce foin cachât un homme. Il s'avisa, de plus, 115 d'une finesse de sauvage assez ingénieuse. Il alla prendre une chatte et ses petits, et les établit sur le tas de foin pour faire croire qu'il n'avait pas été remué depuis peu. Ensuite, remarquant des traces de sang sur le sentier près de la maison, il les couvrit de poussière avec soin, et, cela fait, il se recoucha au soleil avec la plus grande 120 tranquillité.

Quelques minutes après, six hommes en uniforme brun à collet jaune, et commandés par un adjudant, étaient devant la porte de Mateo. Cet adjudant était quelque peu parent de Falcone. (On sait qu'en Corse on suit les degrés de parenté beaucoup plus loin qu'ail-125 leurs.) Il se nommait Tiodoro Gamba : c'était un homme actif, fort redouté des bandits dont il avait déjà traqué plusieurs.

« Bonjour, petit cousin, dit-il à Fortunato en l'abordant ; comme te voilà grandi ? As-tu vu passer un homme tout à l'heure ?

— Oh ! je ne suis pas encore si grand que vous, mon cousin, 130 répondit l'enfant d'un air niais.

— Cela viendra. Mais n'as-tu pas vu passer un homme, dis-moi ?

— Si j'ai vu passer un homme ?

— Oui, un homme avec un bonnet pointu en velours noir, et une veste brodée de rouge et de jaune ?

135   — Un homme avec un bonnet pointu, et une veste brodée de rouge et de jaune ?

— Oui, réponds vite, et ne répète pas mes questions.

— Ce matin, M. le curé est passé devant notre porte, sur son cheval Piero. Il m'a demandé comment papa se portait, et je lui ai répondu...

140 — Ah! petit drôle, tu fais le malin! Dis-moi vite par où est passé Gianetto, car c'est lui que nous cherchons; et, j'en suis certain, il a pris par ce sentier.

— Qui sait?

— Qui sait? C'est moi qui sais que tu l'as vu.

145 — Est-ce qu'on voit les passants quand on dort?

— Tu ne dormais pas, vaurien; les coups de fusil t'ont réveillé.

— Vous croyez donc, mon cousin, que vos fusils font tant de bruit? L'escopette* de mon père en fait bien davantage.

— Que le diable te confonde, maudit garnement! Je suis bien sûr que 150 tu as vu le Gianetto. Peut-être même l'as-tu caché. Allons, camarades, entrez dans cette maison, et voyez si notre homme n'y est pas. Il n'allait plus que d'une patte, et il a trop de bon sens, le coquin, pour avoir cherché à gagner le maquis* en clopinant. D'ailleurs, les traces de sang s'arrêtent ici.

Et que dira papa? demanda Fortunato en ricanant; que dira-t-il 155 s'il sait qu'on est entré dans sa maison pendant qu'il était sorti?

— Vaurien! dit l'adjudant Gamba en le prenant par l'oreille, sais-tu qu'il ne tient qu'à moi de te faire changer de note? Peut-être qu'en te donnant une vingtaine de coups de plat de sabre tu parleras enfin. »

Et Fortunato ricanait toujours.

160 « Mon père est Mateo Falcone! dit-il avec emphase.

— Sais-tu bien, petit drôle, que je puis t'emmener à Corte ou à Bastia[1]. Je te ferai coucher dans un cachot, sur la paille, les fers aux pieds, et je te ferai guillotiner si tu ne dis où est Gianetto Sanpiero. »

L'enfant éclata de rire à cette ridicule menace. Il répéta: « Mon 165 père est Mateo Falcone!

— Adjudant, dit tout bas un des voltigeurs, ne nous brouillons pas avec Mateo. »

Gamba paraissait évidemment embarrassé. Il causait à voix basse avec ses soldats, qui avaient déjà visité toute la maison. Ce n'était 170 pas une opération fort longue, car la cabane d'un Corse ne consiste qu'en une seule pièce carrée. L'ameublement se compose d'une table, de bancs, de coffres et d'ustensiles de chasse ou de ménage. Cependant

---

1. Corte, Bastia : communes françaises de la Corse.

le petit Fortunato caressait sa chatte, et semblait jouir malignement de la confusion des voltigeurs et de son cousin.

175   Un soldat s'approcha du tas de foin. Il vit la chatte, et donna un coup de baïonnette dans le foin avec négligence, en haussant les épaules, comme s'il sentait que sa précaution était ridicule. Rien ne remua ; et le visage de l'enfant ne trahit pas la plus légère émotion.

   L'adjudant et sa troupe se donnaient au diable[1] ; déjà ils regardaient
180 sérieusement du côté de la plaine, comme disposés à s'en retourner par où ils étaient venus, quand leur chef, convaincu que les menaces ne produiraient aucune impression sur le fils de Falcone, voulut faire un dernier effort et tenter le pouvoir des caresses et des présents.

   « Petit cousin, dit-il, tu me parais un gaillard bien éveillé ! Tu iras
185 loin. Mais tu joues un vilain jeu avec moi ; et, si je ne craignais de faire de la peine à mon cousin Mateo, le diable m'emporte ! je t'emmènerais avec moi.

   — Bah !

   — Mais, quand mon cousin sera revenu, je lui conterai l'affaire,
190 et, pour ta peine d'avoir menti, il te donnera le fouet jusqu'au sang.

   — Savoir ?

   — Tu verras... Mais tiens... sois brave garçon, et je te donnerai quelque chose.

   — Moi, mon cousin, je vous donnerai un avis : c'est que, si vous
195 tardez davantage, le Gianetto sera dans le maquis*, et alors il faudra plus d'un luron[2] comme vous pour aller l'y chercher. »

   L'adjudant tira de sa poche une montre d'argent qui valait bien dix écus, et, remarquant que les yeux du petit Fortunato étincelaient en la regardant, il lui dit en tenant la montre suspendue au bout de
200 sa chaîne d'acier :

   « Fripon ! tu voudrais bien avoir une montre comme celle-ci suspendue à ton col, et tu te promènerais dans les rues de Porto-Vecchio, fier comme un paon ; et les gens te demanderaient : "Quelle heure est-il ?" et tu leur dirais : "Regardez à ma montre." »

---

1. Se donnaient au diable : juraient.
2. Luron : individu vigoureux.

205   — Quand je serai grand, mon oncle le caporal me donnera une montre.

— Oui ; mais le fils de ton oncle en a déjà une... pas aussi belle que celle-ci, à la vérité... Cependant, il est plus jeune que toi. »

L'enfant soupira.

210   « Eh bien, la veux-tu cette montre, petit cousin ? »

Fortunato, lorgnant la montre du coin de l'œil, ressemblait à un chat à qui l'on présente un poulet tout entier. Et comme il sent qu'on se moque de lui, il n'ose y porter la griffe, et de temps en temps il détourne les yeux pour ne pas s'exposer à succomber à la tentation ;

215   mais il se lèche les babines à tout moment, et il a l'air de dire à son maître : « Que votre plaisanterie est cruelle ! »

Cependant l'adjudant Gamba semblait de bonne foi en présentant sa montre. Fortunato n'avança pas la main ; mais il lui dit avec un sourire amer :

220   « Pourquoi vous moquez-vous de moi[1] ?

— Par Dieu ! je ne me moque pas. Dis-moi seulement où est Gianetto, et cette montre est à toi. »

Fortunato laissa échapper un sourire d'incrédulité ; et, fixant ses yeux noirs sur ceux de l'adjudant, il s'efforçait d'y lire la foi qu'il

225   devait avoir en ses paroles.

« Que je perde mon épaulette, s'écria l'adjudant, si je ne te donne pas la montre à cette condition ! Les camarades sont témoins ; et je ne puis m'en dédire. »

En parlant ainsi, il approchait toujours la montre, tant qu'elle

230   touchait presque la joue pâle de l'enfant. Celui-ci montrait bien sur sa figure le combat que se livraient en son âme la convoitise et le respect dû à l'hospitalité. Sa poitrine nue se soulevait avec force, et il semblait près d'étouffer. Cependant la montre oscillait, tournait, et quelquefois lui heurtait le bout du nez. Enfin, peu à peu, sa main

235   droite s'éleva vers la montre : le bout de ses doigts la toucha ; et elle pesait tout entière dans sa main sans que l'adjudant lâchât pourtant le bout de la chaîne... le cadran était azuré[2], la boîte nouvellement

---

1. Perché me c... ? [note de Mérimée]
2. Azuré : bleu ciel.

fourbie[1]..., au soleil, elle paraissait toute de feu... La tentation était trop forte.

240 Fortunato éleva aussi sa main gauche, et indiqua du pouce, par-dessus son épaule, le tas de foin auquel il était adossé. L'adjudant le comprit aussitôt. Il abandonna l'extrémité de la chaîne ; Fortunato se sentit seul possesseur de la montre. Il se leva avec l'agilité d'un daim, et s'éloigna de dix pas du tas de foin, que les voltigeurs se mirent
245 aussitôt à culbuter.

On ne tarda pas à voir le foin s'agiter ; et un homme sanglant, le poignard à la main, en sortit ; mais, comme il essayait de se lever en pied, sa blessure refroidie ne lui permit plus de se tenir debout. Il tomba. L'adjudant se jeta sur lui et lui arracha son stylet*. Aussitôt on
250 le garrotta[2] fortement malgré sa résistance.

Gianetto, couché par terre et lié comme un fagot[3], tourna la tête vers Fortunato qui s'était rapproché.

« Fils de... ! » lui dit-il avec plus de mépris que de colère.

L'enfant lui jeta la pièce d'argent qu'il en avait reçue, sentant qu'il
255 avait cessé de la mériter ; mais le proscrit n'eut pas l'air de faire atten-tion à ce mouvement. Il dit avec beaucoup de sang-froid à l'adjudant :

« Mon cher Gamba, je ne puis marcher ; vous allez être obligé de me porter à la ville.

— Tu courais tout à l'heure plus vite qu'un chevreuil, repartit le
260 cruel vainqueur ; mais sois tranquille : je suis si content de te tenir, que je te porterais une lieue* sur mon dos sans être fatigué. Au reste, mon camarade, nous allons te faire une litière avec des branches et ta capote[4] ; et à la ferme de Crespoli nous trouverons des chevaux.

— Bien, dit le prisonnier ; vous mettrez aussi un peu de paille sur
265 votre litière, pour que je sois plus commodément. »

Pendant que les voltigeurs s'occupaient, les uns à faire une espèce de brancard[5] avec des branches de châtaignier, les autres à panser la

---

1. Fourbie : polie.
2. Garrotter : attacher fermement.
3. Fagot : petites branches attachées avec une corde.
4. Capote : long manteau.
5. Brancard : civière.

blessure de Gianetto, Mateo Falcone et sa femme parurent tout d'un coup au détour d'un sentier qui conduisait au maquis*. La femme
270 s'avançait courbée péniblement sous le poids d'un énorme sac de châtaignes, tandis que son mari se prélassait, ne portant qu'un fusil à la main et un autre en bandoulière ; car il est indigne d'un homme de porter d'autre fardeau que ses armes.

À la vue des soldats, la première pensée de Mateo fut qu'ils
275 venaient pour l'arrêter. Mais pourquoi cette idée ? Mateo avait-il donc quelques démêlés avec la justice ? Non. Il jouissait d'une bonne réputation. C'était, comme on dit, *un particulier bien famé*[1] ; mais il était Corse et montagnard, et il y a peu de Corses montagnards qui, en scrutant bien leur mémoire, n'y trouvent quelque peccadille[2],
280 telle que coups de fusil, coups de stylet et autres bagatelles[3]. Mateo, plus qu'un autre, avait la conscience nette ; car depuis plus de six ans il n'avait dirigé son fusil contre un homme ; mais toutefois il était prudent, et il se mit en posture de faire une belle défense, s'il en était besoin.

285 « Femme, dit-il à Giuseppa, mets bas ton sac et tiens-toi prête. »

Elle obéit sur-le-champ. Il lui donna le fusil qu'il avait en bandoulière et qui aurait pu le gêner. Il arma celui qu'il avait à la main, et il s'avança lentement vers sa maison, longeant les arbres qui bordaient le chemin, et prêt, à la moindre démonstration hostile, à se jeter der-
290 rière le plus gros tronc, d'où il aurait pu faire feu à couvert. Sa femme marchait sur ses talons, tenant son fusil de rechange et sa giberne. L'emploi d'une bonne ménagère, en cas de combat, est de charger les armes de son mari.

D'un autre côté, l'adjudant était fort en peine en voyant Mateo
295 s'avancer ainsi, à pas comptés, le fusil en avant et le doigt sur la détente.

« Si par hasard, pensa-t-il, Mateo se trouvait parent de Gianetto, ou s'il était son ami, et qu'il voulût le défendre, les bourres[4] de ses

---

1. Bien famé : de bonne réputation.
2. Peccadille : petite faute.
3. Bagatelles : choses sans importance.
4. Bourres : matériaux insérés dans le canon du fusil pour retenir la poudre.

deux fusils arriveraient à deux d'entre nous, aussi sûr qu'une lettre à
300 la poste, et s'il me visait, nonobstant la parenté[1] !... »

Dans cette perplexité[2], il prit un parti fort courageux, ce fut de
s'avancer seul vers Mateo pour lui conter l'affaire, en l'abordant
comme une vieille connaissance ; mais le court intervalle qui le séparait de Mateo lui parut terriblement long.

305 « Holà ! eh ! mon vieux camarade, criait-il, comment cela va-t-il,
mon brave ? C'est moi, je suis Gamba, ton cousin. »

Mateo, sans répondre un mot, s'était arrêté, et, à mesure que
l'autre parlait, il relevait doucement le canon de son fusil, de sorte
qu'il était dirigé vers le ciel au moment où l'adjudant le joignit.

310 « Bonjour, frère[3], dit l'adjudant en lui tendant la main.

Il y a bien longtemps que je ne t'ai vu.

— Bonjour, frère !

— J'étais venu pour te dire bonjour en passant, et à ma cousine
Pepa[4]. Nous avons fait une longue traite[5] aujourd'hui ; mais il ne faut
315 pas plaindre notre fatigue, car nous avons fait une fameuse prise.
Nous venons d'empoigner Gianetto Sanpiero.

— Dieu soit loué ! s'écria Giuseppa. Il nous a volé une chèvre lai-
tière la semaine passée. »

Ces mots réjouirent Gamba.

320 « Pauvre diable ! dit Mateo, il avait faim.

— Le drôle s'est défendu comme un lion, poursuivit l'adjudant un peu
mortifié ; il m'a tué un de mes voltigeurs, et, non content de cela, il a cassé
le bras au caporal Chardon ; mais il n'y a pas grand mal, ce n'était qu'un
Français... Ensuite, il s'était si bien caché, que le diable ne l'aurait pu découvrir. Sans mon petit cousin Fortunato, je ne l'aurais jamais pu trouver.

325 — Fortunato ! s'écria Mateo.

— Fortunato ! répéta Giuseppa.

— Oui, le Gianetto s'était caché sous ce tas de foin là-bas ; mais
mon petit cousin m'a montré la malice[6]. Aussi je le dirai à son oncle le

---

1. Nonobstant la parenté : sans tenir compte de la parenté.
2. Perplexité : incertitude.
3. Bonjour, frère : *Buon giorno, fratello* ; salut ordinaire des Corses. [note de Mérimée]
4. Pepa : diminutif de Giuseppa.
5. Traite : distance parcourue sans se reposer par un voyageur.
6. Malice : action malicieuse.

caporal, afin qu'il lui envoie un beau cadeau pour sa peine. Et son nom
330 et le tien seront dans le rapport que j'enverrai à M. l'avocat général.

— Malédiction!» dit tout bas Mateo.

Ils avaient rejoint le détachement[1]. Gianetto était déjà couché
sur la litière et prêt à partir. Quand il vit Mateo en la compagnie de
Gamba, il sourit d'un sourire étrange; puis, se tournant vers la porte
335 de la maison, il cracha sur le seuil en disant:

«Maison d'un traître!»

Il n'y avait qu'un homme décidé à mourir qui eût osé prononcer
le mot de traître en l'appliquant à Falcone. Un bon coup de stylet*,
qui n'aurait pas eu besoin d'être répété, aurait immédiatement payé
340 l'insulte. Cependant, Mateo ne fit pas d'autre geste que celui de porter
sa main à son front comme un homme accablé.

Fortunato était entré dans la maison en voyant arriver son père.
Il reparut bientôt avec une jatte[2] de lait, qu'il présenta les yeux baissés
à Giannetto.

345 «Loin de moi!» lui cria le proscrit d'une voix foudroyante.

Puis, se tournant vers un des voltigeurs:

«Camarade, donne-moi à boire», dit-il.

Le soldat remit sa gourde entre ses mains, et le bandit but l'eau que
lui donnait un homme avec lequel il venait d'échanger des coups de
350 fusil. Ensuite il demanda qu'on lui attachât les mains de manière qu'il
les eût croisées sur sa poitrine, au lieu de les avoir liées derrière le dos.

«J'aime, disait-il, à être couché à mon aise.»

On s'empressa de le satisfaire; puis l'adjudant donna le signal du
départ, dit adieu à Mateo, qui ne lui répondit pas, et descendit au pas
355 accéléré vers la plaine.

Il se passa près de dix minutes avant que Mateo ouvrît la bouche.
L'enfant regardait d'un œil inquiet tantôt sa mère et tantôt son père,
qui, s'appuyant sur son fusil, le considérait avec une expression de
colère concentrée.

360 «Tu commences bien! dit enfin Mateo d'une voix calme, mais
effrayante pour qui connaissait l'homme.

---

1. Détachement: groupe de soldats isolés du reste.
2. Jatte: récipient de forme évasée.

— Mon père ! » s'écria l'enfant en s'avançant les larmes aux yeux comme pour se jeter à ses genoux.

Mais Mateo lui cria :

365 « Arrière de moi ! »

Et l'enfant s'arrêta et sanglota, immobile, à quelques pas de son père.

Giuseppa s'approcha. Elle venait d'apercevoir la chaîne de la montre, dont un bout sortait de la chemise de Fortunato.

« Qui t'a donné cette montre ? demanda-t-elle d'un ton sévère.

370 — Mon cousin l'adjudant. »

Falcone saisit la montre, et, la jetant avec force contre une pierre, il la mit en mille pièces.

« Femme, dit-il, cet enfant est-il de moi ? »

Les joues brunes de Giuseppa devinrent d'un rouge de brique.

375 « Que dis-tu, Mateo ? et sais-tu bien à qui tu parles ?

— Eh bien, cet enfant est le premier de sa race qui ait une trahison. »

Les sanglots et les hoquets de Fortunato redoublèrent, et Falcone tenait ses yeux de lynx toujours attachés sur lui. Enfin, il frappa la terre de la crosse de son fusil, puis le jeta sur son épaule

380 et reprit le chemin du maquis* en criant à Fortuno de la suivre. L'enfant obéit.

Giuseppa courut après Mateo et lui saisit le bras.

« C'est ton fils, lui dit-elle d'une voix tremblante en attachant ses yeux noirs sur ceux de son mari, comme pour lire ce qui se passait

385 dans son âme.

— Laisse-moi, répondit Mateo : je suis son père. »

Giuseppa embrassa son fils et entra en pleurant dans sa cabane. Elle se jeta à genoux devant une image de la Vierge et pria avec ferveur. Cependant Falcone marcha quelque deux cents pas dans le

390 sentier et ne s'arrêta que dans un petit ravin où il descendit. Il sonda la terre avec la crosse de son fusil et la trouva molle et facile à creuser. L'endroit lui parut convenable pour son dessein.

« Fortunato, va auprès de cette grosse pierre. »

L'enfant fit ce qu'il lui commandait, puis il s'agenouilla.

395 « Dis tes prières.

— Mon père, mon père, ne me tuez pas.

— Dis tes prières ! » répéta Mateo d'une voix terrible.

L'enfant, tout en balbutiant et en sanglotant, récita le *Pater* et le *Credo*[1]. Le père, d'une voix forte, répondait *Amen!* à la fin de
400 chaque prière.

« Sont-ce là toutes les prières que tu sais ?

— Mon père, je sais encore l'*Ave Maria*[2] et la litanie[3] que ma tante m'a apprise.

— Elle est bien longue, n'importe. »
405 L'enfant acheva la litanie d'une voix éteinte.

« As-tu fini ?

— Oh ! mon père, grâce ! pardonnez-moi ! Je ne le ferai plus ! Je prierai tant mon cousin le caporal qu'on fera grâce au Gianetto ! »

Il parlait encore ; Mateo avait armé son fusil et le couchait en joue
410 en lui disant :

« Que Dieu te pardonne ! »

L'enfant fit un effort désespéré pour se relever et embrasser les genoux de son père ; mais il n'en eut pas le temps. Mateo fit feu, et Fortunato tomba roide[4] mort.
415 Sans jeter un coup d'œil sur le cadavre, Mateo reprit le chemin de sa maison pour aller chercher une bêche afin d'enterrer son fils. Il avait fait à peine quelques pas qu'il rencontra Giuseppa, qui accourait alarmée du coup de feu.

« Qu'as-tu fait ? s'écria-t-elle.
420 — Justice.

— Où est-il ?

— Dans le ravin. Je vais l'enterrer. Il est mort en chrétien ; je lui ferai chanter une messe. Qu'on dise à mon gendre Tiodoro Bianchi de venir demeurer avec nous. »

---

1. *Pater, Credo* : prières récitées en latin (« Notre Père » et « Je crois en Dieu »).
2. *Ave Maria* : prière dédiée à la Vierge Marie (« Je vous salue Marie »).
3. Litanie : longue prière.
4. Roide : (vieilli) raide.

GUSTAVE FLAUBERT
(1821-1880)

UN CŒUR SIMPLE

I

Pendant un demi-siècle, les bourgeoises de Pont-l'Évêque envièrent à Mme Aubain sa servante Félicité.

Pour cent francs par an, elle faisait la cuisine et le ménage, cousait, lavait, repassait, savait brider[1] un cheval, engraisser les volailles, 5 battre le beurre, et resta fidèle à sa maîtresse – qui cependant n'était pas une personne agréable.

Elle avait épousé un beau garçon sans fortune, mort au commencement de 1809, en lui laissant deux enfants très jeunes avec une quantité de dettes. Alors elle vendit ses immeubles, sauf la ferme 10 de Toucques et la ferme de Geffosses, dont les rentes montaient à 5 000 francs tout au plus, et elle quitta sa maison de Saint-Melaine pour en habiter une autre moins dispendieuse, ayant appartenu à ses ancêtres et placée derrière les halles[2].

Cette maison, revêtue d'ardoises, se trouvait entre un passage 15 et une ruelle aboutissant à la rivière. Elle avait intérieurement des différences de niveau qui faisaient trébucher. Un vestibule étroit séparait la cuisine de la *salle* où Mme Aubain se tenait tout le long du

---

1. Brider : fixer un harnais à la tête d'un cheval pour pouvoir le diriger.
2. Les halles : le marché.

jour, assise près de la croisée* dans un fauteuil de paille. Contre le lambris[1], peint en blanc, s'alignaient huit chaises d'acajou. Un vieux
20 piano supportait, sous un baromètre, un tas pyramidal de boîtes et de cartons. Deux bergères[2] de tapisserie flanquaient la cheminée en marbre jaune et de style Louis XV*.

La pendule, au milieu, représentait un temple de Vesta[3] – et tout l'appartement sentait un peu le moisi, car le plancher était plus bas
25 que le jardin.

Au premier étage, il y avait d'abord la chambre de « Madame », très grande, tendue d'un papier à fleurs pâles, et contenant le portrait de « Monsieur » en costume de muscadin[4]. Elle communiquait avec une chambre plus petite, où l'on voyait deux couchettes d'en-
30 fants, sans matelas. Puis venait le salon, toujours fermé, et rempli de meubles recouverts d'un drap. Ensuite un corridor menait à un cabinet d'étude ; des livres et des paperasses garnissaient les rayons d'une bibliothèque entourant de ses trois côtés un large bureau de bois noir. Les deux panneaux en retour disparaissaient sous des des-
35 sins à la plume, des paysages à la gouache et des gravures d'Audran[5], souvenirs d'un temps meilleur et d'un luxe évanoui. Une lucarne au second étage éclairait la chambre de Félicité, ayant vue sur les prairies.

Elle se levait dès l'aube, pour ne pas manquer la messe, et tra-vaillait jusqu'au soir sans interruption ; puis, le dîner étant fini, la
40 vaisselle en ordre et la porte bien close, elle enfouissait la bûche sous les cendres et s'endormait devant l'âtre[6], son rosaire[7] à la main. Personne, dans les marchandages, ne montrait plus d'entêtement. Quant à la propreté, le poli de ses casseroles faisait le désespoir des autres servantes. Économe, elle mangeait avec lenteur, et recueillait
45 du doigt sur la table les miettes de son pain – un pain de douze livres, cuit exprès pour elle, et qui durait vingt jours.

---

1. Lambris : revêtement (généralement en bois) d'un mur ou d'un plafond.
2. Bergères : fauteuils larges et profonds.
3. Vesta : déesse romaine du feu et de l'âtre familial.
4. Muscadin : jeune homme élégant et raffiné.
5. Gérard Audran (1640-1703) : graveur spécialisé dans la reproduction de tableaux célèbres.
6. Âtre : foyer.
7. Rosaire : chapelet.

En toute saison elle portait un mouchoir d'indienne[1] fixé dans le dos par une épingle, un bonnet lui cachant les cheveux, des bas gris, un jupon rouge, et par-dessus sa camisole un tablier à bavette,
50 comme les infirmières d'hôpital.

Son visage était maigre et sa voix aiguë. À vingt-cinq ans, on lui en donnait quarante. Dès la cinquantaine, elle ne marqua plus aucun âge ; et, toujours silencieuse, la taille droite et les gestes mesurés, semblait une femme en bois, fonctionnant d'une manière automatique.

II

55 Elle avait eu, comme une autre, son histoire d'amour. Son père, un maçon s'était tué en tombant d'un échafaudage. Puis sa mère mourut, ses sœurs se dispersèrent, un fermier la recueillit, et l'employa toute petite à garder les vaches dans la campagne. Elle grelottait sous des haillons, buvait à plat ventre l'eau des mares, à propos de rien était battue, et
60 finalement fut chassée pour un vol de trente sols[2], qu'elle n'avait pas commis. Elle entra dans une autre ferme, y devint fille de basse-cour, et, comme elle plaisait aux patrons, ses camarades la jalousaient.

Un soir du mois d'août (elle avait alors dix-huit ans), ils l'entraînèrent à l'assemblée de Colleville. Tout de suite elle fut étourdie,
65 stupéfaite par le tapage des ménétriers[3], les lumières dans les arbres, la bigarrure des costumes, les dentelles, les croix d'or, cette masse de monde sautant à la fois. Elle se tenait à l'écart modestement, quand un jeune homme d'apparence cossue, et qui fumait sa pipe les deux coudes sur le timon[4] d'un banneau[5], vint l'inviter à la danse. Il lui
70 paya du cidre, du café, de la galette, un foulard, et, s'imaginant qu'elle le devinait, offrit de la reconduire. Au bord d'un champ d'avoine, il la renversa brutalement. Elle eut peur et se mit à crier. Il s'éloigna.

---

1. Mouchoir d'indienne : foulard en cotonnade.
2. Sols : sous.
3. Ménétriers : violonistes de village, dont la musique faisait danser les gens.
4. Timon : longue pièce de bois servant à attacher un animal de trait, à l'avant d'une charrette.
5. Banneau : banne, petite charrette servant à transporter du foin, du fumier, etc.

Un autre soir, sur la route de Beaumont, elle voulut dépasser un grand chariot de foin qui avançait lentement, et en frôlant les roues
75 elle reconnut Théodore.

Il l'aborda d'un air tranquille, disant qu'il fallait tout pardonner, puisque c'était « la faute de la boisson ».

Elle ne sut que répondre et avait envie de s'enfuir.

Aussitôt il parla des récoltes et des notables de la commune, car
80 son père avait abandonné Colleville pour la ferme des Écots, de sorte que maintenant ils se trouvaient voisins. « Ah ! dit-elle. Il ajouta qu'on désirait l'établir. Du reste, il n'était pas pressé, et attendait une femme à son goût. Elle baissa la tête. Alors il lui demanda si elle pensait au mariage. Elle reprit, en souriant, que c'était mal de se
85 moquer. « Mais non, je vous jure ! » et du bras gauche il lui entoura la taille, elle marchait soutenue par son étreinte ; ils se ralentirent. Le vent était mou, les étoiles brillaient, l'énorme charretée de foin oscillait devant eux ; et les quatre chevaux, en traînant leurs pas, soulevaient de la poussière. Puis, sans commandement, ils
90 tournèrent à droite. Il l'embrassa encore une fois. Elle disparut dans l'ombre.

Théodore, la semaine suivante, en obtint des rendez-vous.

Ils se rencontraient au fond des cours, derrière un mur, sous un arbre isolé. Elle n'était pas innocente à la manière des demoiselles –
95 les animaux l'avaient instruite –; mais la raison et l'instinct de l'honneur l'empêchèrent de faillir. Cette résistance exaspéra l'amour de Théodore, si bien que pour le satisfaire (ou naïvement peut-être) il proposa de l'épouser. Elle hésitait à le croire. Il fit de grands serments.

Bientôt il avoua quelque chose de fâcheux : ses parents, l'année
100 dernière, lui avaient acheté un homme[1] ; mais d'un jour à l'autre on pourrait le reprendre ; l'idée de servir l'effrayait. Cette couardise[2] fut pour Félicité une preuve de tendresse ; la sienne en redoubla. Elle s'échappait la nuit, et, parvenue au rendez-vous, Théodore la torturait avec ses inquiétudes et ses instances[3].

---

1. Lui avaient acheté un homme : avaient payé quelqu'un pour servir à sa place dans l'armée.
2. Couardise : lâcheté.
3. Ses instances : ses demandes insistantes.

105　　Enfin, il annonça qu'il irait lui-même à la Préfecture prendre des informations, et les apporterait dimanche prochain, entre onze heures et minuit.

Le moment arrivé, elle courut vers l'amoureux.

À sa place, elle trouva un de ses amis.

110　　Il lui apprit qu'elle ne devait plus le revoir. Pour se garantir de la conscription, Théodore avait épousé une vieille femme très riche, Mme Lehoussais, de Toucques.

Ce fut un chagrin désordonné. Elle se jeta par terre, poussa des cris, appela le bon Dieu, et gémit toute seule dans la campagne jusqu'au
115　soleil levant. Puis elle revient à la ferme, déclara son intention d'en partir ; et, au bout du mois, ayant reçu ses comptes, elle enferma tout son petit bagage dans un mouchoir, et se rendit à Port-l'Évêque.

Devant l'auberge, elle questionna une bourgeoise en capeline de veuve, et qui précisément cherchait une cuisinière. La jeune fille ne
120　savait pas grand-chose, mais paraissait avoir tant de bonne volonté et si peu d'exigences, que Mme Aubain finit par dire :

« Soit, je vous accepte ! »

Félicité, un quart d'heure après, était installée chez elle.

D'abord elle y vécut dans une sorte de tremblement que lui cau-
125　saient « le genre de la maison » et le souvenir de « Monsieur », planant sur tout ! Paul et Virginie, l'un âgé de sept ans, l'autre de quatre à peine, lui semblaient formés d'une matière précieuse ; elle les portait sur son dos comme un cheval, et Mme Aubain lui défendit de les baiser à chaque minute, ce qui la mortifia. Cependant elle se trouvait heu-
130　reuse. La douceur du milieu avait fondu sa tristesse.

Tous les jeudis, des habitués venaient faire une partie de boston[1]. Félicité préparait d'avance les cartes et les chaufferettes[2]. Ils arrivaient à huit heures bien juste, et se retiraient avant le coup de onze.

Chaque lundi matin, le brocanteur qui logeait sous l'allée étalait
135　par terre ses ferrailles. Puis la ville se remplissait d'un bourdonne-ment de voix, où se mêlaient des hennissements de chevaux, des bêlements d'agneaux, des grognements de cochons, avec le bruit sec

---

1. Boston : ancien jeu de cartes.
2. Chaufferettes : boîtes trouées contenant du feu et servant à chauffer les pieds.

des carrioles dans la rue. Vers midi, au plus fort du marché, on voyait
paraître sur le seuil un vieux paysan de haute taille, la casquette en
140 arrière, le nez crochu, et qui était Robelin, le fermier de Geffosses. Peu
de temps après, c'était Liébard, le fermier de Toucques, petit, rouge,
obèse, portant une veste grise et des houseaux[1] armés d'éperons.

Tous deux offraient à leur propriétaire des poules ou des fromages.
Félicité invariablement déjouait leurs astuces ; et ils s'en allaient pleins
145 de considération pour elle.

À des époques indéterminées, Mme Aubain recevait la visite du
marquis de Gremanville, un de ses oncles, ruiné par la crapule[2] et
qui vivait à Falaise sur le dernier lopin de ses terres. Il se présentait toujours à l'heure du déjeuner, avec un affreux caniche dont les
150 pattes salissaient tous les meubles. Malgré ses efforts pour paraître
gentilhomme jusqu'à soulever son chapeau chaque fois qu'il disait :
« Feu mon père », l'habitude l'entraînant, il se versait à boire coup sur
coup, et lâchait des gaillardises[3]. Félicité le poussait dehors poliment :
« Vous en avez assez, monsieur de Gremanville ! À une autre fois ! » Et
155 elle refermait la porte.

Elle l'ouvrait avec plaisir devant M. Bourais, ancien avoué*.

Sa cravate blanche et sa calvitie, le jabot[4] de sa chemise, son ample
redingote brune, sa façon de priser[5] en arrondissant le bras, tout
son individu lui produisait ce trouble où nous jette le spectacle des
160 hommes extraordinaires.

Comme il gérait les propriétés de « Madame », il s'enfermait avec
elle pendant des heures dans le cabinet de « Monsieur », et craignait
toujours de se compromettre, respectait infiniment la magistrature,
avait des prétentions au latin[6].
165 Pour instruire les enfants d'une manière agréable, il leur fit cadeau
d'une géographie en estampes[7]. Elles représentaient différentes

---

1. Houseaux : jambières.
2. Crapule : débauche, ivrognerie.
3. Gaillardises : propos un peu libres et gais.
4. Jabot : ornement en dentelle, attaché au col d'une chemise.
5. Priser : aspirer par le nez. Il était courant, à l'époque, d'aspirer le tabac au lieu de le fumer.
6. Avait des prétentions au latin : prétendait bien connaître le latin.
7. Estampes : images imprimées à partir d'une gravure sur bois.

scènes du monde, des anthropophages[1] coiffés de plumes, un singe enlevant une demoiselle, des Bédouins dans le désert, une baleine qu'on harponnait, etc.

170   Paul donna l'explication de ces gravures à Félicité. Ce fut même toute son éducation littéraire.

Celle des enfants était faite par Guyot, un pauvre diable employé à la Mairie, fameux pour sa belle main[2], et qui repassait son canif sur sa botte.

175   Quand le temps était clair, on s'en allait de bonne heure à la ferme de Geffosses.

La cour est en pente, la maison dans le milieu ; et la mer, au loin, apparaît comme une tache grise.

Félicité retirait de son cabas[3] des tranches de viande froide, et on 180 déjeunait dans un appartement faisant suite à la laiterie. Il était le seul reste d'une habitation de plaisance, maintenant disparue. Le papier de la muraille en lambeaux tremblait aux courants d'air. Aubain penchait son front, accablée de souvenirs ; les enfants n'osaient plus parler. « Mais jouez donc ! » disait-elle ; ils décampaient.

185   Paul montait dans la grange, attrapait des oiseaux, faisait des ricochets sur la mare, ou tapait avec un bâton les grosses futailles[4] qui résonnaient comme des tambours.

Virginie donnait à manger aux lapins, se précipitait pour cueillir des bluets[5], et la rapidité de ses jambes découvrait ses petits panta-190 lons brodés.

Un soir d'automne, on s'en retourna par les herbages.

La lune à son premier quartier éclairait une partie du ciel, et un brouillard flottait comme une écharpe sur les sinuosités de la Toucques. Des bœufs, étendus au milieu du gazon, regardaient tran-195 quillement ces quatre personnes passer. Dans la troisième pâture quelques-uns se levèrent, puis se mirent en rond devant elles. « Ne craignez rien ! » dit Félicité ; et, murmurant une sorte de complainte,

---

1. Anthropophages : cannibales, personnes qui se nourrissent de chair humaine.
2. Sa belle main : sa belle écriture.
3. Cabas : panier à provisions.
4. Futailles : gros tonneaux.
5. Bluets (ou bleuets) : plantes à fleurs bleues.

elle flatta sur l'échine celui qui se trouvait le plus près ; il fit volte-face, les autres l'imitèrent. Mais, quand l'herbage suivant fut traversé,
200 un beuglement formidable s'éleva. C'était un taureau, que cachait le brouillard. Il avança vers les deux femmes. Mᵐᵉ Aubain allait courir. « Non ! non ! moins vite ! » Elles pressaient le pas cependant, et entendaient par-derrière un souffle sonore qui se rapprochait. Ses sabots, comme des marteaux, battaient l'herbe de la prairie ; voilà
205 qu'il galopait maintenant ! Félicité se retourna, et elle arrachait à deux mains des plaques de terre qu'elle lui jetait dans les yeux. Il baissait le mufle, secouait les cornes et tremblait de fureur en beuglant horriblement. Mᵐᵉ Aubain, au bout de l'herbage avec les deux petits, cherchait éperdue comment franchir le haut bord[1]. Félicité
210 reculait toujours devant le taureau, et continuellement lançait des mottes de gazon qui l'aveuglaient, tandis qu'elle criait : « Dépêchez-vous ! dépêchez-vous ! »

Mᵐᵉ Aubain descendit du fossé, poussa Virginie, Paul ensuite, tomba plusieurs fois en tâchant de gravir le talus, et à force de cou-
215 rage y parvint.

Le taureau avait acculé Félicité contre une claire-voie[2] ; sa bave lui rejaillissait à la figure, une seconde de plus il l'éventrait. Elle eut le temps de se couler entre deux barreaux, et la grosse bête, toute surprise, s'arrêta.
220 Cet événement, pendant bien des années, fut un sujet de conversation à Pont-l'Évêque, Félicité n'en tira aucun orgueil, ne se doutant même pas qu'elle eût rien fait d'héroïque.

Virginie l'occupait exclusivement ; car elle eut, à la suite de son effroi, une affection nerveuse, et M. Poupart, le docteur, conseilla les
225 bains de mer de Trouville.

Dans ce temps-là, ils n'étaient pas fréquentés. Mᵐᵉ Aubain prit des renseignements, consulta Bourais, fit des préparatifs comme pour un long voyage.

Ses colis partirent la veille, dans la charrette de Liébard. Le len-
230 demain, il amena deux chevaux dont l'un avait une selle de femme, munie d'un dossier de velours ; et sur la croupe du second un

---

1. Haut bord : fossé qui entoure un pré.
2. Claire-voie : clôture ajourée.

manteau roulé formait une manière de siège. Mme Aubain y monta, derrière lui. Félicité se chargea de Virginie, et Paul enfourcha l'âne de M. Lechaptois, prêté sous la condition d'en avoir grand soin.

235 La route était si mauvaise que ses huit kilomètres exigèrent deux heures. Les chevaux enfonçaient jusqu'aux paturons[1] dans la boue, et faisaient pour en sortir de brusques mouvements des hanches ; ou bien ils butaient contre les ornières ; d'autres fois, il leur fallait sauter. La jument de Liébard, à de certains endroits, s'arrêtait tout à coup. Il

240 attendait patiemment qu'elle se remît en marche ; et il parlait des personnes dont les propriétés bordaient la route, ajoutant à leur histoire des réflexions morales. Ainsi, au milieu de Toucques, comme on passait sous des fenêtres entourées de capucines[2], il dit, avec un haussement d'épaules : « En voilà une Mme Lehoussais, qui au lieu de prendre un jeune

245 homme... » Félicité n'entendit pas le reste ; les chevaux trottaient, l'âne galopait ; tous enfilèrent un sentier, une barrière tourna, deux garçons parurent, et l'on descendit devant le purin[3], sur le seuil même de la porte.

La mère Liébard, en apercevant sa maîtresse, prodigua les démonstrations de joie. Elle lui servit un déjeuner où il y avait un aloyau,

250 des tripes, du boudin, une fricassée de poulet, du cidre mousseux, une tarte aux compotes et des prunes à l'eau-de-vie, accompagnant le tout de politesses à Madame qui paraissait en meilleure santé, à Mademoiselle devenue « magnifique », à M. Paul singulièrement « forci »[4], sans oublier leurs grands-parents défunts que les Liébard

255 avaient connus, étant au service de la famille depuis plusieurs générations. La ferme avait, comme eux, un caractère d'ancienneté. Les poutrelles du plafond étaient vermoulues[5], les murailles* noires de fumée, les carreaux gris de poussière. Un dressoir[6] en chêne supportait toutes sortes d'ustensiles, des brocs[7], des assiettes, des écuelles

260 d'étain, des pièges à loup, des forces[8] pour les moutons ; une seringue

---

1. Paturon : partie de la patte du cheval située juste au-dessus du sabot.
2. Capucines : plantes à fleurs jaunes ou rouges.
3. Purin : partie liquide du fumier et, par extension, la fosse qui sert à la recueillir.
4. « Forci » : devenu « plus gros », « plus fort ».
5. Vermoulues : usées, grugées par les larves d'insectes.
6. Dressoir : buffet.
7. Brocs : récipients servant à porter le vin.
8. Forces : ciseaux servant à couper la laine.

énorme fit rire les enfants. Pas un arbre des trois cours qui n'eût des champignons à sa base, ou dans ses rameaux une touffe de gui. Le vent en avait jeté bas plusieurs. Ils avaient repris par le milieu ; et tous fléchissaient sous la quantité de leurs pommes. Les toits de pailles,
265 pareils à du velours brun et inégaux d'épaisseur, résistaient aux plus fortes bourrasques. Cependant la charreterie tombait en ruine. Mme Aubain dit qu'elle aviserait, et commanda de reharnacher[1] les bêtes.

On fut encore une demi-heure avant d'atteindre Trouville. La petite caravane mit pied à terre pour passer les *Écores* ; c'était une
270 falaise surplombant des bateaux ; et trois minutes plus tard, au bout du quai, on entra dans la cour de l'*Agneau d'or,* chez la mère David.

Virginie, dès les premiers jours, se sentit moins faible, résultat du changement d'air et de l'action des bains. Elle les prenait en chemise, à défaut d'un costume ; et sa bonne la rhabillait dans une cabane de
275 douanier qui servait aux baigneurs.

L'après-midi, on s'en allait avec l'âne au-delà des Roches-Noires, du côté d'Hennequeville. Le sentier, d'abord, montait entre des terrains vallonnés comme la pelouse d'un parc, puis arrivait sur un plateau où alternaient des pâturages et des champs en labour. À la
280 lisière du chemin, dans le fouillis des ronces, des houx[2] se dressaient ; çà et là, un grand arbre mort faisait sur l'air bleu des zigzags avec ses branches.

Presque toujours on se reposait dans un pré, ayant Deauville à gauche, Le Havre à droite et en face la pleine mer. Elle était brillante
285 de soleil, lisse comme un miroir, tellement douce qu'on entendait à peine son murmure ; des moineaux cachés pépiaient, et la voûte immense du ciel recouvrait tout cela. Mme Aubain, assise, travaillait à son ouvrage de couture ; Virginie près d'elle tressait des joncs ; Félicité sarclait des fleurs de lavande ; Paul, qui s'ennuyait, voulait partir.

290 D'autres fois, ayant passé la Toucques en bateau, ils cherchaient des coquilles. La marée basse laissait à découvert des oursins, des godefiches[3], des méduses ; et les enfants couraient, pour saisir des flocons d'écume que le vent emportait. Les flots endormis, en tombant sur

---

1. Reharnacher : atteler de nouveau.
2. Houx : arbuste aux feuilles dures et dont le bois est facile à travailler.
3. Godefiches : coquilles Saint-Jacques.

le sable, se déroulaient le long de la grève ; elle s'étendait à perte de
295 vue, mais du côté de la terre avait pour limite les dunes la séparant du
Marais, large prairie en forme d'hippodrome. Quand ils revenaient
par là, Trouville, au fond sur la pente du coteau, à chaque pas grandissait, et avec toutes ses maisons inégales semblait s'épanouir dans
un désordre gai.

300   Les jours qu'il faisait trop chaud, ils ne sortaient pas de leur
chambre. L'éblouissante clarté du dehors plaquait des barres de
lumière entre les lames des jalousies[1]. Aucun bruit dans le village. En
bas, sur le trottoir, personne. Ce silence épandu augmentait la tranquillité des choses. Au loin, les marteaux des calfats[2] tamponnaient
305 des carènes[3], et une brise lourde apportait la senteur du goudron.

    Le principal divertissement était le retour des barques. Dès qu'elles
avaient dépassé les balises[4], elles commençaient à louvoyer. Leurs
voiles descendaient aux deux tiers des mâts ; et, la misaine[5] gonflée
comme un ballon, elles avançaient, glissaient dans le clapotement
310 des vagues, jusqu'au milieu du port, où l'ancre tout à coup tombait. Ensuite le bateau se plaçait contre le quai. Les matelots jetaient
par-dessus le bordage des poissons palpitants ; une file de charrettes
les attendait, et des femmes en bonnet de coton s'élançaient pour
prendre les corbeilles et embrasser leurs hommes.

315   Une d'elles, un jour, aborda Félicité, qui peu de temps après entra
dans la chambre, toute joyeuse. Elle avait retrouvé une sœur ; et
Nastasie Barette, femme Leroux, apparut, tenant un nourrisson à sa
poitrine, de la main droite un autre enfant, et à sa gauche un petit
mousse[6] les poings sur les hanches et le béret sur l'oreille.

320   Au bout d'un quart d'heure, Mme Aubain la congédia[7].

    On les rencontrait toujours aux abords de la cuisine, ou dans les
promenades que l'on faisait. Le mari ne se montrait pas.

---

1. Jalousies : volets de bois, à lames horizontales.
2. Calfats : ouvriers qui rendent la coque d'un bateau étanche en y appliquant un enduit
   goudronné.
3. Carène : partie de la coque d'un bateau située sous la ligne de flottaison.
4. Balises : perches servant à guider les navires.
5. Misaine : voile située à l'avant d'un bateau.
6. Petit mousse : jeune apprenti marin.
7. La congédia : mit fin à l'entretien.

Félicité se prit d'affection pour eux. Elle leur acheta une couverture, des chemises, un fourneau ; évidemment ils l'exploitaient. Cette
325 faiblesse agaçait Mme Aubain, qui d'ailleurs n'aimait pas les familiarités du neveu, car il tutoyait son fils ; et, comme Virginie toussait et que la saison n'était plus bonne, elle revint à Pont-l'Évêque.

M. Bourais l'éclaira sur le choix d'un collège. Celui de Caen passait pour le meilleur. Paul y fut envoyé ; et fit bravement ses adieux, satis-
330 fait d'aller vivre dans une maison où il aurait des camarades.

Mme Aubain se résigna à l'éloignement de son fils, parce qu'il était indispensable. Virginie y songea de moins en moins. Félicité regrettait son tapage. Mais une occupation vint la distraire ; à partir de Noël, elle mena tous les jours la petite fille au catéchisme[1].

III

335 Quand elle avait fait à la porte une génuflexion, elle s'avançait sous la haute nef[2] entre la double ligne des chaises, ouvrait le banc de Mme Aubain, s'asseyait, et promenait ses yeux autour d'elle.

Les garçons à droite, les filles à gauche, emplissaient les stalles du chœur[3] ; le curé se tenait debout près du lutrin ; sur un vitrail de
340 l'abside[4], le Saint-Esprit[5] dominait la Vierge ; un autre la montrait à genoux devant l'Enfant-Jésus, et, derrière le tabernacle[6], un groupe en bois représentait saint Michel terrassant le dragon.

Le prêtre fit d'abord un abrégé de l'Histoire sainte. Elle croyait voir le paradis, le déluge, la tour de Babel, des villes en flammes, des peuples
345 qui mouraient, des idoles[7] renversées ; et elle garda de cet éblouissement le respect du Très-Haut et la crainte de sa colère. Puis elle pleura en écoutant la Passion[8]. Pourquoi l'avaient-ils crucifié, lui qui chérissait

---

1. Au catéchisme : à des leçons portant sur la religion chrétienne.
2. Nef : partie centrale de l'église.
3. Stalles du chœur : sièges de bois situés de chaque côté du chœur, partie de l'église où se tiennent, pendant la messe, les membres du clergé et leurs assistants.
4. Abside : partie de l'église située derrière le chœur.
5. Saint-Esprit : esprit de Dieu, symbolisé par une colombe.
6. Tabernacle : petite armoire dans laquelle on range le ciboire (vase contenant les hosties consacrées).
7. Idoles : images ou statues représentant des divinités païennes.
8. La Passion : récit des dernières heures de la vie de Jésus-Christ.

les enfants, nourrissait les foules, guérissait les aveugles, et avait voulu,
par douceur, naître au milieu des pauvres, sur le fumier d'une étable ?
350 Les semailles, les moissons, les pressoirs[1], toutes ces choses familières
dont parle l'Évangile, se trouvaient dans sa vie ; le passage de Dieu les
avait sanctifiées ; et elle aima plus tendrement les agneaux par amour
de l'Agneau[2], les colombes à cause du Saint-Esprit*.

Elle avait peine à imaginer sa personne ; car il n'était pas seulement
355 oiseau, mais encore un feu, et d'autres fois un souffle. C'est peut-être
sa lumière qui voltige la nuit aux bords des marécages[3], son haleine
qui pousse les nuées[4], sa voix qui rend les cloches harmonieuses ; et
elle demeurait dans une adoration, jouissant de la fraîcheur des murs
et de la tranquillité de l'église.

360 Quant aux dogmes[5], elle n'y comprenait rien, ne tâcha même pas
de comprendre. Le curé discourait, les enfants récitaient, elle finissait
par s'endormir ; et se réveillait tout à coup, quand ils faisaient en s'en
allant claquer leurs sabots sur les dalles.

Ce fut de cette manière, à force de l'entendre, qu'elle apprit le caté-
365 chisme, son éducation religieuse ayant été négligée dans sa jeunesse ; et
dès lors elle imita toutes les pratiques de Virginie, jeûnait[6] comme elle, se
confessait avec elle. À la Fête-Dieu[7], elles firent ensemble un reposoir[8].

La première communion[9] la tourmentait d'avance. Elle s'agita
pour les souliers, pour le chapelet, pour le livre, pour les gants. Avec
370 quel tremblement elle aida sa mère à l'habiller !

Pendant toute la messe, elle éprouva une angoisse. M. Bourais lui
cachait un côté du chœur ; mais juste en face, le troupeau des vierges
portant des couronnes blanches par-dessus leurs voiles abaissés
formait comme un champ de neige ; et elle reconnaissait de loin la

---

1. Pressoir : machine agricole servant à extraire le jus des fruits.
2. L'Agneau : Jésus, appelé « L'Agneau de Dieu » dans l'Évangile selon saint Jean.
3. Allusion aux feux follets, ces manifestations lumineuses perçues traditionnellement dans les forêts, au bord des marécages.
4. Nuées : nuages.
5. Dogmes : points fondamentaux d'une croyance religieuse.
6. Jeûnait : se privait de nourriture.
7. Fête-Dieu : fête catholique célébrée 60 jours après Pâques.
8. Reposoir : autel élevé à l'extérieur pour y déposer l'hostie consacrée.
9. Première communion : rituel introduisant un membre de la chrétienté à la communion (partage du pain, sous la forme de l'hostie, puis du vin).

375 chère petite à son cou plus mignon et à son attitude recueillie. La
cloche tinta. Les têtes se courbèrent ; il y eut un silence. Aux éclats
de l'orgue, les chantres[1] et la foule entonnèrent l'*Agnus Dei*[2] ; puis le
défilé des garçons commença ; et, après eux, les filles se levèrent. Pas
à pas, et les mains jointes, elles allaient vers l'autel* tout illuminé,
380 s'agenouillaient sur la première marche, recevaient l'hostie successivement, et dans le même ordre revenaient à leurs prie-Dieu[3]. Quand
ce fut le tour de Virginie, Félicité se pencha pour la voir ; et, avec
l'imagination que donnent les vraies tendresses, il lui sembla qu'elle
était elle-même cette enfant ; sa figure devenait la sienne, sa robe l'ha-
385 billait, son cœur lui battait dans la poitrine ; au moment d'ouvrir la
bouche, en fermant les paupières, elle manqua s'évanouir.

Le lendemain, de bonne heure, elle se présenta dans la sacristie[4],
pour que M. le curé lui donnât la communion. Elle la reçut dévotement, mais n'y goûta pas les mêmes délices.

390 Mme Aubain voulait faire de sa fille une personne accomplie ; et,
comme Guyot ne pouvait lui montrer ni l'anglais ni la musique, elle
résolut de la mettre en pension chez les Ursulines[5] d'Honfleur.

L'enfant n'objecta rien. Félicité soupirait, trouvant Madame insensible. Puis elle songea que sa maîtresse, peut-être, avait raison. Ces
395 choses dépassaient sa compétence.

Enfin, un jour, une vieille tapissière[6] s'arrêta devant la porte ;
et il en descendit une religieuse qui venait chercher Mademoiselle.
Félicité monta les bagages sur l'impériale[7], fit des recommandations
au cocher, et plaça dans le coffre six pots de confiture et une douzaine
400 de poires, avec un bouquet de violettes.

Virginie, au dernier moment, fut prise d'un grand sanglot ; elle
embrassait sa mère qui la baisait au front en répétant : « Allons ! du
courage ! » Le marchepied se releva, la voiture partit.

---

1. Chantres : personnes en charge des chants pendant la messe.
2. *Agnus Dei* : « Agneau de Dieu », prière précédant la communion.
3. Prie-Dieu : meuble conçu pour s'agenouiller et prier.
4. Sacristie : lieu dans l'église où l'on range les objets du culte et les vêtements sacerdotaux, etc.
5. Ursulines : ordre religieux catholique fondé en 1535 et qui se consacre principalement
à l'éducation des jeunes filles.
6. Tapissière : voiture ouverte sur les côtés.
7. Impériale : dessus d'une voiture sur lequel on pouvait charger les bagages.

Alors Mme Aubain eut une défaillance ; et le soir tous ses amis,
405 le ménage Lormeau, Mme Lechaptois, *ces* demoiselles Rochefeuille,
M. de Houppeville et Bourais se présentèrent pour la consoler.

La privation de sa fille lui fut d'abord très douloureuse. Mais trois
fois la semaine elle en recevait une lettre, les autres jours lui écrivait,
se promenait dans son jardin, lisait un peu, et de cette façon comblait
410 le vide des heures.

Le matin, par habitude, Félicité entrait dans la chambre de
Virginie, et regardait les murailles*. Elle s'ennuyait de n'avoir plus à
peigner ses cheveux, à lui lacer ses bottines, à la border dans son lit, et
de ne plus voir continuellement sa gentille figure, de ne plus la tenir
415 par la main quand elles sortaient ensemble. Dans son désœuvrement,
elle essaya de faire de la dentelle. Ses doigts trop lourds cassaient les
fils ; elle n'entendait à rien[1], avait perdu le sommeil, suivant son mot,
était « minée ».

Pour « se dissiper », elle demanda la permission de recevoir son
420 neveu Victor.

Il arrivait le dimanche après la messe, les joues roses, la poitrine
nue, et sentant l'odeur de la campagne qu'il avait traversée. Tout de
suite, elle dressait son couvert. Ils déjeunaient l'un en face de l'autre ;
et, mangeant elle-même le moins possible pour épargner la dépense,
425 elle le bourrait tellement de nourriture qu'il finissait par s'endormir.
Au premier coup des vêpres[2], elle le réveillait, brossait son pantalon,
nouait sa cravate, et se rendait à l'église, appuyée sur son bras dans
un orgueil maternel.

Ses parents le chargeaient toujours d'en tirer quelque chose, soit
430 un paquet de cassonade, du savon, de l'eau-de-vie, parfois même de
l'argent. Il apportait ses nippes[3] à raccommoder ; et elle acceptait
cette besogne, heureuse d'une occasion qui le forçait à revenir.

Au mois d'août, son père l'emmena au cabotage[4].

---

1. N'entendait à rien : n'arrivait plus à faire quoi que ce soit.
2. Au premier coup des vêpres : au premier son des cloches annonçant la messe de l'après-midi.
3. Nippes : vêtements usés.
4. Cabotage : navigation près des côtes.

C'était l'époque des vacances. L'arrivée des enfants la consola.
435 Mais Paul devenait capricieux, et Virginie n'avait plus l'âge d'être
tutoyée, ce qui mettait une gêne, une barrière entre elles.

Victor alla successivement à Morlaix, à Dunkerque et à Brighton ;
au retour de chaque voyage, il lui offrait un cadeau. La première fois,
ce fut une boîte en coquilles ; la seconde, une tasse à café ; la troisième,
440 un grand bonhomme en pain d'épices. Il embellissait, avait la taille
bien prise, un peu de moustache, de bons yeux francs, et un petit
chapeau de cuir, placé en arrière comme un pilote. Il l'amusait en lui
racontant des histoires mêlées de termes marins.

Un lundi, 14 juillet 1819 (elle n'oublia pas la date), Victor annonça
445 qu'il était engagé au long cours, et, dans la nuit du surlendemain,
par le paquebot de Honfleur, irait rejoindre sa goélette[1], qui devait
démarrer du Havre prochainement. Il serait, peut-être, deux ans parti.

La perspective d'une telle absence désola Félicité ; et pour lui dire
encore adieu, le mercredi soir, après le dîner de Madame, elle chaussa
450 des galoches[2], et avala les quatre lieues* qui séparent Pont-l'Évêque
de Honfleur.

Quand elle fut devant le Calvaire, au lieu de prendre à gauche,
elle prit à droite, se perdit dans des chantiers, revint sur ses pas ; des
gens qu'elle accosta l'engagèrent à se hâter. Elle fit le tour du bassin
455 rempli de navires, se heurtait contre des amarres ; puis le terrain
s'abaissa, des lumières s'entrecroisèrent, et elle se crut folle, en apercevant des chevaux dans le ciel.

Au bord du quai, d'autres hennissaient, effrayés par la mer. Un
palan[3] qui les enlevait les descendait dans un bateau, où des voyageurs
460 se bousculaient entre les barriques de cidre, les paniers de fromage,
les sacs de grain ; on entendait chanter des poules, le capitaine jurait ;
et un mousse restait accoudé sur le bossoir[4], indifférent à tout cela.
Félicité, qui ne l'avait pas reconnu, criait : « Victor ! » Il leva la tête ; elle
s'élançait, quand on retira l'échelle tout à coup.

---

1. Goélette : petit navire à deux mâts.
2. Galoches : sabots.
3. Palan : appareil servant à soulever de lourdes charges.
4. Bossoir : dispositif servant à lever ou à jeter l'ancre.

465   Le paquebot, que des femmes halaient[1] en chantant, sortit du port. Sa membrure craquait, les vagues pesantes fouettaient sa proue. La voile avait tourné, on ne vit plus personne ; et, sur la mer argentée par la lune, il faisait une tache noire qui pâlissait toujours, s'enfonça, disparut.

470   Félicité, en passant près du Calvaire, voulut recommander à Dieu ce qu'elle chérissait le plus ; et elle pria pendant longtemps, debout, la face baignée de pleurs, les yeux vers les nuages. La ville dormait, des douaniers se promenaient ; et de l'eau tombait sans discontinuer par les trous de l'écluse[2], avec un bruit de torrent. Deux heures sonnèrent.

475   Le parloir n'ouvrirait pas avant le jour. Un retard, bien sûr, contrarierait Madame ; et, malgré son désir d'embrasser l'autre enfant, elle s'en retourna. Les filles de l'auberge s'éveillaient, comme elle entrait dans Pont-l'Évêque.

        Le pauvre gamin durant des mois allait donc rouler sur les flots !
480 Ses précédents voyages ne l'avaient pas effrayée. De l'Angleterre et de la Bretagne, on revenait ; mais l'Amérique, les Colonies, les Îles, cela était perdu dans une région incertaine, à l'autre bout du monde.

        Dès lors, Félicité pensa exclusivement à son neveu. Les jours de soleil, elle se tourmentait de la soif ; quand il faisait de l'orage,
485 craignait pour lui la foudre. En écoutant le vent qui grondait dans la cheminée et emportait les ardoises, elle le voyait battu par cette même tempête, au sommet d'un mât fracassé, tout le corps en arrière, sous une nappe d'écume ; ou bien – souvenir de la géographie en estampes* – il était mangé par les sauvages, pris dans un bois[3] par des
490 singes, se mourait le long d'une plage déserte. Et jamais elle ne parlait de ses inquiétudes.

        Mme Aubain en avait d'autres sur sa fille.

        Les bonnes sœurs trouvaient qu'elle était affectueuse, mais délicate. La moindre émotion l'énervait. Il fallut abandonner le piano.

495   Sa mère exigeait du couvent une correspondance réglée. Un matin que le facteur n'était pas venu, elle s'impatienta ; et elle marchait dans

---

1. Halaient : tiraient au moyen d'un cordage.
2. Écluse : système hydraulique qui permet aux bateaux de franchir un passage où il y a une importante dénivellation.
3. Bois : jungle.

la salle, de son fauteuil à la fenêtre. C'était vraiment extraordinaire !
depuis quatre jours, pas de nouvelles !

Pour qu'elle se consolât par son exemple, Félicité lui dit : « Moi,
500 Madame, voilà six mois que je n'en ai reçu !...

— De qui donc ?... »

La servante répliqua doucement :

« Mais... de mon neveu !

— Ah ! votre neveu ! » Et, haussant les épaules, Mme Aubain reprit
505 sa promenade, ce qui voulait dire : « Je n'y pensais pas !... Au surplus,
je m'en moque ! un mousse, un gueux[1], belle affaire !... tandis que ma
fille... Songez donc !... »

Félicité, bien que nourrie dans la rudesse, fut indignée contre
Madame, puis oublia.

510 Il lui paraissait tout simple de perdre la tête à l'occasion de
la petite[2].

Les deux enfants avaient une importance égale ; un lien de son
cœur les unissait, et leurs destinées devaient être la même.

Le pharmacien lui apprit que le bateau de Victor était arrivé à La
515 Havane. Il avait lu ce renseignement dans une gazette.

À cause des cigares, elle imaginait La Havane un pays où l'on ne
fait pas autre chose que de fumer, et Victor circulait parmi les nègres
dans un nuage de tabac. Pouvait-on « en cas de besoin » s'en retourner
par terre ? À quelle distance était-ce de Pont-l'Évêque ? Pour le savoir,
520 elle interrogea M. Bourais.

Il atteignit son atlas, puis commença des explications sur les longitudes[3] ; et il avait un beau sourire de cuistre[4] devant l'ahurissement
de Félicité. Enfin, avec son porte-crayon, il indiqua dans les décou-
pures d'une tache ovale un point noir, imperceptible, en ajoutant :
525 « Voici. » Elle se pencha sur la carte ; ce réseau de lignes coloriées
fatiguait sa vue, sans lui rien apprendre ; et Bourais l'invitant à dire ce
qui l'embarrassait, elle le pria de lui montrer la maison où demeurait
Victor. Bourais leva les bras, il éternua, rit énormément ; une candeur

---

1. Gueux : pauvre.
2. À l'occasion de la petite : quand il s'agissait de la petite.
3. Longitudes : coordonnées nord-sud indiquées par des lignes sur une carte.
4. Cuistre : personne prétentieuse et pédante.

pareille excitait sa joie ; et Félicité n'en comprenait pas le motif – elle
530 qui s'attendait peut-être à voir jusqu'au portrait de son neveu, tant
son intelligence était bornée !

Ce fut quinze jours après que Liébard, à l'heure du marché comme
d'habitude, entra dans la cuisine, et lui remit une lettre qu'envoyait
son beau-frère. Ne sachant lire aucun des deux, elle eut recours à
535 sa maîtresse.

Mme Aubain, qui comptait les mailles d'un tricot, le posa près
d'elle, décacheta la lettre, tressaillit, et, d'une voix basse, avec un
regard profond :

« C'est un malheur... qu'on vous annonce. Votre neveu... »
540 Il était mort. On n'en disait pas davantage.

Félicité tomba sur une chaise, en s'appuyant la tête à la cloison,
et ferma ses paupières, qui devinrent roses tout à coup. Puis, le front
baissé, les mains pendantes, l'œil fixe, elle répétait par intervalles :

« Pauvre petit gars ! pauvre petit gars ! »
545 Liébard la considérait en exhalant des soupirs. Mme Aubain tremblait un peu.

Elle lui proposa d'aller voir sa sœur, à Trouville.

Félicité répondit, par un geste, qu'elle n'en avait pas besoin.

Il y eut un silence. Le bonhomme Liébard jugea convenable de
550 se retirer.

Alors elle dit :

« Ça ne leur fait rien, à eux ! »

Sa tête retomba ; et machinalement elle soulevait, de temps à autre,
les longues aiguilles sur la table à ouvrage.
555 Des femmes passèrent dans la cour avec un bard[1] d'où dégoutte-
lait du linge.

En les apercevant par les carreaux, elle se rappela sa lessive ;
l'ayant coulée la veille, il fallait aujourd'hui la rincer ; et elle sortit
de l'appartement.
560 Sa planche et son tonneau étaient au bord de la Toucques. Elle
jeta sur la berge un tas de chemises, retroussa ses manches, pris son
battoir ; et les coups forts qu'elle donnait s'entendaient dans les autres

---

1. Bard : civière servant à porter des fardeaux.

jardins à côté. Les prairies étaient vides, le vent agitait la rivière ; au fond, de grandes herbes s'y penchaient, comme des chevelures de
565 cadavres flottant dans l'eau. Elle retenait sa douleur, jusqu'au soir fut très brave ; mais, dans sa chambre, elle s'y abandonna, à plat ventre sur son matelas, le visage dans l'oreiller, et les deux poings contre les tempes.

Beaucoup plus tard, par le capitaine de Victor lui-même, elle
570 connut les circonstances de sa fin. On l'avait trop saigné[1] à l'hôpital, pour la fièvre jaune. Quatre médecins le tenaient à la fois. Il était mort immédiatement, et le chef avait dit :

« Bon ! encore un ! »

Ses parents l'avaient toujours traité avec barbarie. Elle aima mieux
575 ne pas les revoir ; et ils ne firent aucune avance, par oubli, ou endurcissement de misérables.

Virginie s'affaiblissait.

Des oppressions, de la toux, une fièvre continuelle et des marbrures aux pommettes décelaient quelque affection profonde.
580 M. Poupart avait conseillé un séjour en Provence. Mme Aubain s'y décida, et eût tout de suite repris sa fille à la maison, sans le climat de Pont-l'Évêque.

Elle fit un arrangement avec un loueur de voitures, qui la menait au couvent chaque mardi. Il y a dans le jardin une terrasse d'où l'on
585 découvre la Seine. Virginie s'y promenait à son bras, sur les feuilles de pampre[2] tombées. Quelquefois le soleil traversant les nuages la forçait à cligner ses paupières, pendant qu'elle regardait les voiles au loin et tout l'horizon, depuis le château de Tancarville jusqu'aux phares du Havre. Ensuite on se reposait sous la tonnelle[3]. Sa mère s'était
590 procuré un petit fût d'excellent vin de Malaga ; et, riant à l'idée d'être grise, elle en buvait deux doigts, pas davantage.

Ses forces reparurent. L'automne s'écoula doucement. Félicité rassurait Mme Aubain. Mais, un soir qu'elle avait été aux environs faire

---

1. Saigner un malade : tirer du sang d'un malade en lui ouvrant une veine.
2. Pampre : vigne.
3. Tonnelle : petite construction en treillis de bois sur laquelle on fait grimper des plantes.

une course, elle rencontra devant la porte le cabriolet[1] de M. Poupart ;
595 et il était dans le vestibule. Mme Aubain nouait son chapeau.

« Donnez-moi ma chaufferette, ma bourse, mes gants ; plus
vite donc ! »

Virginie avait une fluxion de poitrine ; c'était peut-être désespéré.

« Pas encore ! » dit le médecin ; et tous deux montrèrent dans la
600 voiture, sous des flocons de neige qui tourbillonnaient. La nuit allait
venir. Il faisait très froid.

Félicité se précipita dans l'église, pour allumer un cierge. Puis elle
courut après le cabriolet, qu'elle rejoignit une heure plus tard, sauta
légèrement par-derrière, où elle se tenait aux torsades, quand une
605 réflexion lui vint : « La cour n'était pas fermée ! si des voleurs s'intro-
duisaient ? » Et elle descendit.

Le lendemain, dès l'aube, elle se présenta chez le docteur. Il était
rentré, et reparti à la campagne. Puis elle resta dans l'auberge, croyant
que des inconnus apporteraient une lettre. Enfin, au petit jour, elle
610 prit la diligence de Lisieux.

Le couvent se trouvait au fond d'une ruelle escarpée. Vers le
milieu, elle entendit des sons étranges, un glas[2] de mort. « C'est pour
d'autres », pensa-t-elle ; et Félicité tira violemment le marteau.

Au bout de plusieurs minutes, des savates se traînèrent, la porte
615 s'entrebâilla, et une religieuse parut.

La bonne sœur avec un air de componction[3] dit qu'« elle venait de
passer ». En même temps, le glas de Saint-Léonard redoublait.

Félicité parvint au second étage.

Dès le seuil de la chambre, elle aperçut Virginie étalée sur le dos, les
620 mains jointes, la bouche ouverte, et la tête en arrière sous une croix
noire s'inclinant vers elle, entre les rideaux immobiles, moins pâles
que sa figure. Mme Aubain, au pied de la couche[4] qu'elle tenait dans
ses bras, poussait des hoquets d'agonie. La supérieure était debout, à
droite. Trois chandeliers sur la commode faisaient des taches rouges,

---

1. Cabriolet : voiture à deux roues tirée par un cheval.
2. Glas : son des cloches à l'occasion d'un décès ou lors d'un enterrement. Flaubert emploie
   ce mot au sens figuré de « cri ».
3. Componction : recueillement.
4. Couche : lit.

625 et le brouillard blanchissait les fenêtres. Des religieuses emportèrent Mme Aubain.

Pendant deux nuits, Félicité ne quitta pas la morte. Elle répétait les mêmes prières, jetait de l'eau bénite sur les draps, revenait s'asseoir, et la contemplait. À la fin de la première veille, elle remarqua que 630 la figure avait jauni, les lèvres bleuirent, le nez se pinçait, les yeux s'enfonçaient. Elle les baisa plusieurs fois; et n'eût pas éprouvé un immense étonnement si Virginie les eût rouverts; pour de pareilles âmes le surnaturel est tout simple. Elle fit sa toilette, l'enveloppa de son linceul[1], la descendit dans sa bière[2], lui posa une couronne, étala 635 ses cheveux. Ils étaient blonds, et extraordinaires de longueur à son âge. Félicité en coupa une grosse mèche, dont elle glissa la moitié dans sa poitrine, résolue à ne jamais s'en dessaisir.

Le corps fut ramené Pont-l'Évêque, suivant les intentions de Mme Aubain, qui suivait le corbillard, dans une voiture fermée.

640 Après la messe, il fallut encore trois quarts d'heure pour atteindre le cimetière. Paul marchait en tête et sanglotait. M. Bourais était derrière, ensuite les principaux habitants, les femmes, couvertes de mantes* noires, et Félicité. Elle songeait à son neveu, et, n'ayant pu lui rendre ces honneurs, avait un surcroît de tristesse, comme si on 645 l'eût enterré avec l'autre.

Le désespoir de Mme Aubain fut illimité.

D'abord elle se révolta contre Dieu, le trouvant injuste de lui avoir pris sa fille – elle qui n'avait jamais fait de mal, et dont la conscience était si pure! Mais non! elle aurait dû l'emporter dans 650 le Midi. D'autres docteurs l'auraient sauvée! Elle s'accusait, voulait la rejoindre, criait en détresse au milieu de ses rêves. Un, surtout, l'obsédait. Son mari, costumé comme un matelot, revenait d'un long voyage, et lui disait en pleurant qu'il avait reçu l'ordre d'emmener Virginie. Alors ils se concertaient pour découvrir une cachette 655 quelque part.

---

1. Linceul : tissu servant à envelopper le corps d'un défunt.
2. Bière : cercueil.

Une fois, elle rentra du jardin, bouleversée. Tout à l'heure (elle montrait l'endroit) le père et la fille lui étaient apparus l'un auprès de l'autre, et ils ne faisaient rien ; ils la regardaient.

Pendant plusieurs mois, elle resta dans sa chambre, inerte. Félicité
660 la sermonnait doucement ; il fallait se conserver pour son fils, et pour l'autre, en souvenir « d'elle ».

« Elle ? » reprenait Mme Aubain, comme se réveillant. « Ah ! oui !... oui !... Vous ne l'oubliez pas ! » Allusion au cimetière, qu'on lui avait scrupuleusement défendu.

665   Félicité tous les jours s'y rendait.

À quatre heures précises, elle passait au bord des maisons, montait la côte, ouvrait la barrière, et arrivait devant la tombe de Virginie. C'était une petite colonne de marbre rose, avec une dalle dans le bas, et des chaînes autour enfermant un jardinet. Les plates-
670 bandes disparaissaient sous une couverture de fleurs. Elle arrosait leurs feuilles, renouvelait le sable, se mettait à genoux pour mieux labourer la terre. Mme Aubain, quand elle put y venir, en éprouva un soulagement, une espèce de consolation.

Puis des années s'écoulèrent, toutes pareilles et sans autres épisodes
675 que le retour des grandes fêtes : Pâques, l'Assomption, la Toussaint. Des événements intérieurs faisaient une date, où l'on se reportait plus tard. Ainsi, en 1825, deux vitrines badigeonnèrent le vestibule ; en 1827, une portion du toit, tombant dans la cour, faillit tuer un homme. L'été de 1828, ce fut à Madame d'offrir le pain bénit ; Bourais, vers
680 cette époque, s'absenta mystérieusement ; et les anciennes connais-sances peu à peu s'en allèrent : Guyot, Liébard, Mme Lechaptois, Robelin, l'oncle Gremanville, paralysé depuis longtemps.

Une nuit, le conducteur de la malle-poste[1] annonça dans Pont-l'Évêque la révolution de Juillet[2]. Un sous-préfet[3] nouveau, peu
685 de jours après, fut nommé : le baron de Larsonnière, ex-consul en Amérique, et qui avait chez lui, outre sa femme, sa belle-sœur avec trois demoiselles, assez grandes déjà. On les apercevait sur leur gazon, habillées de blouses flottantes ; elles possédaient un nègre

---

1. Malle-poste : voiture qui transporte le courrier.
2. Voir le contexte sociohistorique à la page 219.
3. Sous-préfet : fonctionnaire adjoint du préfet dans l'administration d'un arrondissement.

et un perroquet. Mme Aubain eut leur visite, et ne manqua pas
690 de la rendre. Du plus loin qu'elles paraissaient, Félicité accourait
pour la prévenir. Mais une chose était seule capable de l'émouvoir,
les lettres de son fils.

Il ne pouvait suivre aucune carrière, étant absorbé dans les estaminets[1]. Elle lui payait ses dettes ; il en refaisait d'autres ; et les soupirs
695 que poussait Mme Aubain, en tricotant près de la fenêtre, arrivaient à
Félicité, qui tournait son rouet dans la cuisine.

Elles se promenaient ensemble le long de l'espalier[2] ; et causaient
toujours de Virginie, se demandant si telle chose lui aurait plu, en
telle occasion ce qu'elle eût dit probablement.

700 Toutes ses petites affaires occupaient un placard dans la chambre
à deux lits. Mme Aubain les inspectait le moins souvent possible. Un
jour d'été, elle se résigna ; et des papillons s'envolèrent de l'armoire.

Ses robes étaient en ligne sous une planche où il y avait trois
poupées, des cerceaux, un ménage[3], la cuvette qui lui servait. Elles
705 retirèrent également les jupons, les bas, les mouchoirs, et les étendirent sur les deux couches*, avant de les replier. Le soleil éclairait
ces pauvres objets, en faisait voir les taches, et des plis formés par les
mouvements du corps. L'air était chaud et bleu, un merle gazouillait,
tout semblait vivre dans une douceur profonde. Elles retrouvèrent
710 un petit chapeau de peluche, à long poils, couleur marron ; mais il
était tout mangé de vermine. Félicité le réclama pour elle-même.
Leurs yeux se fixèrent l'une sur l'autre, s'emplirent de larmes ; enfin
la maîtresse ouvrit ses bras, la servante s'y jeta ; et elles s'étreignirent,
satisfaisant leur douleur dans un baiser qui les égalisait.

715 C'était la première fois de leur vie, Mme Aubain n'étant pas d'une
nature expansive. Félicité lui en fut reconnaissante comme d'un
bienfait, et désormais la chérit avec un dévouement bestial et une
vénération religieuse.

La bonté de son cœur se développa.

720 Quand elle entendait dans la rue les tambours d'un régiment en
marche, elle se mettait devant la porte avec une cruche de cidre, et

---

1. Estaminets : cafés où l'on peut servir de l'alcool.
2. Espalier : mur le long duquel on a planté des arbres.
3. Ménage : jeu d'enfant composé d'objets de cuisine.

offrait à boire aux soldats. Elle soigna des cholériques[1]. Elle protégeait les Polonais[2]; et même il y en eut un qui déclarait la vouloir épouser. Mais ils se fâchèrent; car un matin, en rentrant de l'angélus[3],
725 elle le trouva dans sa cuisine, où il s'était introduit, et accommodé[4] une vinaigrette qu'il mangeait tranquillement.

Après les Polonais, ce fut le père Colmiche, un vieillard passant pour avoir fait des horreurs en 93[5]. Il vivait au bord de la rivière, dans les décombres d'une porcherie. Les gamins le regardaient par
730 les fentes du mur, et lui jetaient des cailloux qui tombaient sur son grabat[6], où il gisait, continuellement secoué par un catarrhe[7], avec des cheveux très longs, les paupières enflammées, et au bras une tumeur plus grosse que sa tête. Elle lui procura du linge, tâcha de nettoyer son bouge[8], rêvait à l'établir dans le fournil[9], sans qu'il gênât Madame.
735 Quand le cancer eut crevé, elle le pansa tous les jours, quelquefois lui apportait de la galette, le plaçait au soleil sur une botte de paille; et le pauvre vieux, en bavant et en tremblant, la remerciait de sa voix éteinte, craignait de la perdre, allongeait les mains dès qu'il la voyait s'éloigner. Il mourut; elle fit dire une messe pour le repos de son âme.

740 Ce jour-là, il lui advint un grand bonheur: au moment du dîner, le nègre de Mme de Larsonnière se présenta, tenant le perroquet dans sa cage, avec le bâton, la chaîne et le cadenas. Un billet de la baronne annonçait à Mme Aubain que, son mari étant élevé à une préfecture, ils partaient le soir; et elle le priait d'accepter cet oiseau, comme un
745 souvenir, et en témoignage de ses respects.

Il occupait depuis longtemps l'imagination de Félicité, car il venait d'Amérique; et ce mot lui rappelait Victor, si bien qu'elle

---

1. Cholériques: victimes du choléra.
2. Elle protégeait les Polonais: allusion aux immigrants polonais, qui fuyaient la guerre de Pologne contre la Russie (1830-1831).
3. Angélus: office religieux du matin.
4. Accommodé: apprêté, préparé.
5. 93: forme abrégée de 1793, année durant laquelle la Révolution française atteignit son paroxysme de violence.
6. Grabat: mauvais lit.
7. Secoué par un catarrhe: métonymie décrivant la toux provoquée par une maladie pulmonaire.
8. Bouge: habitation sale et obscure.
9. Fournil: pièce où l'on plaçait le four à pain.

s'en informait auprès du nègre. Une fois même elle avait dit : « C'est
Madame qui serait heureuse de l'avoir ! »
750 Le nègre avait redit le propos à sa maîtresse, qui, ne pouvant l'emmener, s'en débarrassait de cette façon.

IV

Il s'appelait Loulou. Son corps était vert, le bout de ses ailes rose,
son front bleu, et sa gorge dorée.

Mais il avait la fatigante manie de mordre son bâton, s'arrachait
755 les plumes, éparpillait ses ordures, répandait l'eau de sa baignoire ;
Mme Aubain, qu'il ennuyait, le donna pour toujours à Félicité.

Elle entreprit de l'instruire ; bientôt il répéta : « Charmant garçon !
Serviteur, monsieur ! Je vous salue, Marie ! » Il était placé auprès de la
porte, et plusieurs s'étonnaient qu'il ne répondît pas au nom de
760 Jacquot, puisque tous les perroquets s'appellent Jacquot. On le comparait à une dinde, à une bûche : autant de coups de poignard pour
Félicité ! Étrange obstination de Loulou, ne parlant plus du moment
qu'on le regardait !

Néanmoins il recherchait la compagnie ; car le dimanche, pen-
765 dant que *ces* demoiselles Rochefeuille, M. de Houppeville et de
nouveaux habitués : Onfroy l'apothicaire[1], M. Varin et le capitaine
Mathieu, faisaient leur partie de cartes, il cognait les vitres avec
ses ailes, et se démenait si furieusement qu'il était impossible de
s'entendre.

770 La figure de Bourais, sans doute, lui paraissait très drôle. Dès
qu'il l'apercevait, il commençait à rire, à rire de toutes ses forces. Les
éclats de sa voix bondissaient dans la cour, l'écho les répétait, les voisins se mettaient à leurs fenêtres, riaient aussi ; et, pour n'être pas vu
du perroquet, M. Bourais se coulait le long du mur, en dissimulant
775 son profil avec son chapeau, atteignait la rivière, puis entrait par la
porte du jardin ; et les regards qu'il envoyait à l'oiseau manquaient
de tendresse.

---

1. Apothicaire : pharmacien.

Loulou avait reçu du garçon boucher une chiquenaude[1], s'étant permis d'enfoncer la tête dans sa corbeille ; et depuis lors il tâchait
780 toujours de le pincer à travers sa chemise. Fabu menaçait de lui tordre le cou, bien qu'il ne fût pas cruel, malgré le tatouage de ses bras et ses gros favoris. Au contraire ! il avait plutôt du penchant pour le perroquet, jusqu'à vouloir, par humeur joviale, lui apprendre des jurons. Félicité, que ces manières effrayaient, le plaça dans la cuisine. Sa
785 chaînette fut retirée, et il circulait par la maison.

Quand il descendait l'escalier, il appuyait sur les marches la courbe de son bec, levait la patte droite, puis la gauche ; et elle avait peur qu'une telle gymnastique ne lui causât des étourdissements. Il devint malade, ne pouvant plus parler ni manger. C'était sous sa langue
790 une épaisseur, comme en ont les poules quelquefois. Elle le guérit, en arrachant cette pellicule avec ses ongles. M. Paul, un jour, eut l'imprudence de lui souffler aux narines la fumée d'un cigare ; une autre fois que Mᵐᵉ Lormeau l'agaçait du bout de son ombrelle, il en happa la virole[2] ; enfin, il se perdit.

795 Elle l'avait posé sur l'herbe pour le rafraîchir, s'absenta une minute ; et, quand elle revint, plus de perroquet ! D'abord elle le chercha dans les buissons, au bord de l'eau et sur les toits, sans écouter sa maîtresse qui lui criait : « Prenez donc garde ! vous êtes folle ! » Ensuite elle inspecta tous les jardins de Pont-l'Évêque ; et elle arrêtait les passants :
800 « Vous n'auriez pas vu, quelquefois, par hasard, mon perroquet ? » À ceux qui ne connaissaient pas le perroquet, elle en faisait la description. Tout à coup, elle crut distinguer derrière les moulins, au bas de la côte, une chose verte qui voltigeait. Mais au haut de la côte, rien ! Un porte-balle[3] lui affirma qu'il l'avait rencontré tout à l'heure,
805 à Melaine, dans la boutique de la mère Simon. Elle y courut. On ne savait pas ce qu'elle voulait dire. Enfin elle rentra, épuisée, les savates en lambeaux, la mort dans l'âme ; et, assise au milieu du banc, près de Madame, elle racontait toutes ses démarches, quand un poids léger

---

1. Chiquenaude : coup donné en repliant l'un des doigts de la main contre le pouce et en le détendant rapidement.
2. Virole : petite bague de métal.
3. Porte-balle : marchand ambulant, colporteur.

lui tomba sur l'épaule, Loulou ! Que diable avait-il fait ? Peut-être
810 qu'il s'était promené aux environs !

Elle eut du mal à s'en remettre, ou plutôt ne s'en remit jamais.

Par suite d'un refroidissement, il lui vint une angine ; peu de temps
après, un mal d'oreilles. Trois ans plus tard, elle était sourde ; et elle
parlait très haut, même à l'église. Bien que ses péchés auraient pu sans
815 déshonneur pour elle, ni inconvénient pour le monde, se répandre
à tous les coins du diocèse, M. le curé jugea convenable de ne plus
recevoir sa confession que dans la sacristie*.

Des bourdonnements illusoires achevaient de la troubler.
Souvent sa maîtresse lui disait : « Mon Dieu ! comme vous êtes
820 bête ! » ; elle répliquait : « Oui, Madame », en cherchant quelque
chose autour d'elle.

Le petit cercle de ses idées se rétrécit encore, et le carillon des
cloches, le mugissement des bœufs, n'existaient plus. Tous les êtres
fonctionnaient avec le silence des fantômes. Un seul bruit arrivait
825 maintenant à ses oreilles, la voix du perroquet.

Comme pour la distraire, il reproduisait le tic-tac du tourne-
broche, l'appel aigu d'un vendeur de poisson, la scie du menuisier
qui logeait en face ; et, aux coups de la sonnette, imitait Mme Aubain :
« Félicité ! la porte ! la porte ! »

830 Ils avaient des dialogues, lui, débitant à satiété les trois phrases de
son répertoire, et elle, y répondant par des mots sans plus de suite,
mais où son cœur s'épanchait. Loulou, dans son isolement, était
presque un fils, un amoureux. Il escaladait ses doigts, mordillait ses
lèvres, se cramponnait à son fichu[1] ; et, comme elle penchait son front
835 en branlant la tête à la manière des nourrices, les grandes ailes du
bonnet et les ailes de l'oiseau frémissaient ensemble.

Quand des nuages s'amoncelaient et que le tonnerre grondait,
il poussait des cris, se rappelant peut-être les ondées de ses forêts
natales. Le ruissellement de l'eau excitait son délire ; il voletait,
840 éperdu, montait au plafond, renversait tout, et par la fenêtre allait
barboter dans le jardin ; mais revenait vite sur un des chenets*,

---

1. Fichu : foulard triangulaire porté sur les épaules.

et, sautillant pour sécher ses plumes, montrait tantôt sa queue, tantôt son bec.

845 Un matin du terrible hiver de 1837, qu'elle l'avait mis devant la cheminée, à cause du froid, elle le trouva mort, au milieu de sa cage, la tête en bas, et les ongles dans les fils de fer. Une congestion l'avait tué, sans doute ? Elle crut à un empoisonnement par le persil ; et, malgré l'absence de toutes preuves, ses soupçons portèrent sur Fabu.

Elle pleura tellement que sa maîtresse lui dit : « Eh bien ! faites-le 850 empailler ! »

Elle demanda conseil au pharmacien, qui avait toujours été bon pour le perroquet.

Il écrivit au Havre. Un certain Fellacher se chargea de cette besogne. Mais, comme la diligence égarait parfois les colis, elle résolut 855 de le porter elle-même jusqu'à Honfleur.

Les pommiers sans feuilles se succédaient aux bords de la route. De la glace couvrait les fossés. Des chiens aboyaient autour des fermes ; et les mains sous son mantelet, avec ses petits sabots noirs et son cabas[*], elle marchait prestement, sur le milieu du pavé.

860 Elle traversa la forêt, dépassa le Haut-Chêne, atteignit Saint-Gatien.

Derrière elle, dans un nuage de poussière et emportée par la descente, une malle-poste[*] au grand galop se précipitait comme une trombe[1]. En voyant cette femme qui ne se dérangeait pas, le conducteur se dressa par-dessus la capote[2], et le postillon[3] criait aussi, pendant que ses quatre 865 chevaux qu'il ne pouvait retenir accéléraient leur train ; les deux premiers la frôlaient ; d'une secousse de ses guides, il les jeta dans le débord[4], mais furieux releva le bras, et à pleine volée, avec son grand fouet, lui cingla du ventre au chignon un tel coup qu'elle tomba sur le dos.

Son premier geste, quand elle reprit connaissance, fut d'ouvrir son 870 panier. Loulou n'avait rien, heureusement. Elle sentit une brûlure à la joue droite ; ses mains qu'elle y porta étaient rouges. Le sang coulait.

---

1. Trombe : cyclone.
2. Capote : couverture amovible d'une voiture.
3. Postillon : conducteur d'une voiture qui transporte le courrier.
4. Débord : débordement des eaux (employé ici par extension pour « débordement de la route »).

Elle s'assit sur un mètre de cailloux, se tamponna le visage avec son mouchoir, puis elle mangea une croûte de pain, mise dans son panier par précaution, et se consolait de sa blessure en regardant l'oiseau.

875 Arrivée au sommet d'Ecquemauville, elle aperçut les lumières de Honfleur qui scintillaient dans la nuit comme une quantité d'étoiles ; la mer, plus loin, s'étalait confusément. Alors une faiblesse l'arrêta ; et la misère de son enfance, la déception du premier amour, le départ de son neveu, la mort de Virginie, comme les flots d'une marée,
880 revinrent à la fois, et, lui montant à la gorge, l'étouffaient.

Puis elle voulut parler au capitaine du bateau ; et, sans dire ce qu'elle envoyait, lui fit des recommandations.

Fellacher garda longtemps le perroquet. Il le promettait toujours pour la semaine prochaine ; au bout de six mois, il annonça le départ
885 d'une caisse ; et il n'en fut plus question. C'était à croire que jamais Loulou ne reviendrait. « Ils me l'auront volé ! » pensait-elle.

Enfin il arriva – et splendide, droit sur une branche d'arbre, qui se vissait dans un socle d'acajou, une patte en l'air, la tête oblique, et mordant une noix, que l'empailleur par amour du grandiose
890 avait dorée.

Elle l'enferma dans sa chambre.

Cet endroit, où elle admettait peu de monde, avait l'air tout à la fois d'une chapelle et d'un bazar, tant il contenait d'objets religieux et de choses hétéroclites.

895 Une grande armoire gênait pour ouvrir la porte. En face de la fenêtre surplombant le jardin, un œil-de-bœuf[1] regardait la cour ; une table, près du lit de sangle, supportait un pot à l'eau, deux peignes, et un cube de savon bleu dans une assiette ébréchée. On voyait contre les murs : des chapelets, des médailles, plusieurs bonnes Vierges,
900 un bénitier en noix de coco ; sur la commode, couverte d'un drap comme un autel*, la boîte en coquillage que lui avait donnée Victor ; puis un arrosoir et un ballon, des cahiers d'écriture, la géographie en estampes*, une paire de bottines ; et au clou du miroir, accroché par ses rubans, le petit chapeau de peluche ! Félicité poussait même
905 ce genre de respect si loin qu'elle conservait une des redingotes de

---

1. Œil-de-bœuf : fenêtre ronde ou ovale.

Monsieur. Toutes les vieilleries dont ne voulait plus Mme Aubain, elle les prenait pour sa chambre. C'est ainsi qu'il y avait des fleurs artificielles au bord de la commode, et le portrait du comte d'Artois dans l'enfoncement de la lucarne.

910   Au moyen d'une planchette, Loulou fut établi sur un corps de cheminée qui avançait dans l'appartement. Chaque matin, en s'éveillant, elle l'apercevait à la clarté de l'aube, et se rappelait alors les jours disparus, et d'insignifiantes actions jusqu'en leurs moindres détails, sans douleur, pleine de tranquillité.

915   Ne communiquant avec personne, elle vivait dans une torpeur de somnambule. Les processions de la Fête-Dieu* la ranimaient. Elle allait quêter chez les voisines des flambeaux et des paillassons, afin d'embellir le reposoir* que l'on dressait dans la rue.

À l'église, elle contemplait toujours le Saint-Esprit*, et observa 920 qu'il avait quelque chose du perroquet. Sa ressemblance lui parut encore plus manifeste sur une image d'Épinal[1], représentant le baptême de Notre-Seigneur. Avec ses ailes de pourpre et son corps d'émeraude, c'était vraiment le portrait de Loulou.

L'ayant acheté, elle le suspendit à la place du comte d'Artois, 925 de sorte que, du même coup d'œil, elle les voyait ensemble. Ils s'associèrent dans sa pensée, le perroquet se trouvant sanctifié par ce rapport avec le Saint-Esprit, qui devenait plus vivant à ses yeux et intelligible. Le Père, pour s'énoncer[2], n'avait pu choisir une colombe, puisque ces bêtes-là n'ont pas de voix, mais plutôt un des ancêtres de 930 Loulou. Et Félicité priait en regardant l'image, mais de temps à autre se tournait un peu vers l'oiseau.

Elle eut envie de se mettre dans les demoiselles de la Vierge[3]. Mme Aubain l'en dissuada.

Un événement considérable surgit: le mariage de Paul.

935   Après avoir été d'abord clerc de notaire, puis dans le commerce, dans la douane, dans les contributions, et même avoir commencé des démarches pour les eaux et forêts, à trente-six ans, tout à coup, par

---

1. Image d'Épinal: image naïve, édifiante, que l'on dessinait dans la ville d'Épinal.
2. Le Père, pour s'énoncer: Dieu, pour s'exprimer.
3. Demoiselles de la Vierge: association pieuse pour femmes.

une inspiration du ciel, il avait découvert sa voie : l'enregistrement[1] !
et y montrait de si hautes facultés qu'un vérificateur lui avait offert sa
940 fille, en lui promettant sa protection.

Paul, devenu sérieux, l'amena chez sa mère.

Elle dénigra les usages de Pont-l'Évêque, fit la princesse, blessa
Félicité. Mme Aubain, à son départ, sentit un allégement.

La semaine suivante, on apprit la mort de M. Bourais, en basse
945 Bretagne, dans une auberge. La rumeur d'un suicide se confirma ; des
doutes s'élevèrent sur sa probité. Mme Aubain étudia ses comptes, et
ne tarda pas à connaître la kyrielle[2] de ses noirceurs : détournements
d'arrérages, ventes de bois dissimulées, fausses quittances, etc. De
plus, il avait un enfant naturel, et « des relations avec une personne
950 de Dozulé ».

Ces turpitudes[3] l'affligèrent beaucoup. Au mois de mars 1853, elle
fut prise d'une douleur dans la poitrine ; sa langue paraissait couverte
de fumée, les sangsues[4] ne calmèrent pas l'oppression ; et le neuvième
soir elle expira, ayant juste soixante-douze ans.

955 On la croyait moins vieille, à cause de ses cheveux bruns, dont les
bandeaux entouraient sa figure blême, marquée de petite vérole. Peu
d'amis la regrettèrent, ses façons étant d'une hauteur qui éloignait.

Félicité la pleura, comme on ne pleure pas les maîtres. Que
Madame mourût avant elle, cela troublait ses idées, lui semblait
960 contraire à l'ordre des choses, inadmissible et monstrueux.

Dix jours après (le temps d'accourir de Besançon), les héritiers
survinrent. La bru fouilla les tiroirs, choisit des meubles, vendit les
autres, puis ils regagnèrent l'enregistrement.

Le fauteuil de Madame, son guéridon[5], sa chaufferette, les huit
965 chaises, étaient partis ! La place des gravures se dessinait en carrés
jaunes au milieu des cloisons. Ils avaient emporté les deux couchettes,
avec leurs matelas, et dans le placard on ne voyait plus rien de toutes
les affaires de Virginie ! Félicité remonta les étages, ivre de tristesse.

---

1. L'enregistrement : l'administration publique chargée d'enregistrer des contrats.
2. Kyrielle : abondance.
3. Turpitudes : actions honteuses, étourderies.
4. Sangsues : vers qui sucent le sang, utilisés à l'époque pour saigner les malades.
5. Guéridon : table ronde ayant un seul pied central.

Le lendemain il y avait sur la porte une affiche ; l'apothicaire* lui
970 cria dans l'oreille que la maison était à vendre.

Elle chancela, et fut obligée de s'asseoir.

Ce qui la désolait principalement, c'était d'abandonner sa
chambre, si commode pour le pauvre Loulou. En l'enveloppant d'un
regard d'angoisse, elle implorait le Saint-Esprit*, et contracta l'habi-
975 tude idolâtre[1] de dire ses oraisons[2] agenouillée devant le perroquet.
Quelquefois, le soleil entrant par la lucarne frappait son œil de verre,
et en faisait jaillir un grand rayon lumineux qui la mettait en extase.

Elle avait une rente de trois cent quatre-vingts francs, léguée par
sa maîtresse. Le jardin lui fournissait des légumes. Quant aux habits,
980 elle possédait de quoi se vêtir jusqu'à la fin de ses jours, et épargnait
l'éclairage en se couchant dès le crépuscule.

Elle ne sortait guère, afin d'éviter la boutique du brocanteur,
où s'étalaient quelques-uns des anciens meubles. Depuis son
étourdissement, elle traînait une jambe ; et, ses forces diminuant, la
985 mère Simon, ruinée dans l'épicerie, venait tous les matins fendre son
bois et pomper de l'eau.

Ses yeux s'affaiblirent. Les persiennes n'ouvraient plus. Bien des
années se passèrent. Et la maison ne se louait pas, et ne se vendait pas.

Dans la crainte qu'on ne la renvoyât, Félicité ne demandait aucune
990 réparation. Les lattes du toit pourrissaient ; pendant tout un hiver son
traversin[3] fut mouillé. Après Pâques, elle cracha du sang.

Alors la mère Simon eut recours à un docteur. Félicité voulut savoir
ce qu'elle avait. Mais, trop sourde pour entendre, un seul mot lui parvint : « pneumonie ». Il lui était connu, et elle répliqua doucement :
995 « Ah ! comme Madame », trouvant naturel de suivre sa maîtresse.

Le moment des reposoirs[4] approchait.

Le premier était toujours au bas de la côte, le second devant la poste,
le troisième vers le milieu de la rue. Il y eut des rivalités à propos de celui-
là ; et les paroissiennes choisirent finalement la cour de Mme Aubain.

---

1. Idolâtre : païenne, qui adore des idoles.
2. Oraisons : prières.
3. Traversin : long oreiller, parfois tubulaire, faisant toute la largeur du lit.
4. Le moment des reposoirs : le moment où l'on décide du parcours que suivra le défilé
   de la Fête-Dieu, parcours ponctué de différents reposoirs.

1000   Les oppressions et la fièvre augmentaient. Félicité se chagrinait de ne rien faire pour le reposoir. Au moins, si elle avait pu y mettre quelque chose ! Alors elle songea au perroquet. Ce n'était pas convenable, objectèrent les voisines. Mais le curé accorda cette permission ; elle en fut tellement heureuse qu'elle le pria d'accepter, 1005 quand elle serait morte, Loulou, sa seule richesse.

Du mardi au samedi, veille de la Fête-Dieu*, elle toussa fréquemment. Le soir son visage était grippé, ses lèvres se collaient à ses gencives, des vomissements parurent ; et le lendemain, au petit jour, se sentant très bas, elle fit appeler un prêtre.

1010   Trois bonnes femmes l'entouraient pendant l'extrême-onction[1]. Puis elle déclara qu'elle avait besoin de parler à Fabu.

Il arriva en toilette des dimanches, mal à son aise dans cette atmosphère lugubre.

« Pardonnez-moi », dit-elle avec un effort pour étendre le bras, « je 1015 croyais que c'était vous qui l'aviez tué ! »

Que signifiaient des potins pareils ? L'avoir soupçonné d'un meurtre, un homme comme lui ! et il s'indignait, allait faire du tapage. « Elle n'a plus sa tête, vous voyez bien ! »

Félicité de temps à autre parlait à des ombres. Les bonnes femmes 1020 s'éloignèrent. La Simonne déjeuna.

Un peu plus tard, elle prit Loulou, et, l'approchant de Félicité :

« Allons ! dites-lui adieu ! »

Bien qu'il ne fût pas un cadavre, les vers le dévoraient ; une de ses ailes était cassée, l'étoupe[2] lui sortait du ventre. Mais, aveugle à pré- 1025 sent, elle le baisa au front, et le gardait contre sa joue. La Simonne le reprit, pour le mettre sur le reposoir.

V

Les herbages envoyaient l'odeur de l'été ; des mouches bourdonnaient ; le soleil faisait luire la rivière, chauffait les ardoises. La mère Simon, revenue dans la chambre, s'endormait doucement.

---

1. Extrême-onction : dernier sacrement administré aux mourants.
2. Étoupe : résidu de cordage ou de chanvre dont on se sert pour rembourrer les meubles.

1030   Des coups de cloche la réveillèrent; on sortait des vêpres. Le délire de Félicité tomba. En songeant à la procession, elle la voyait, comme si elle l'eût suivie.

Tous les enfants des écoles, les chantres* et les pompiers marchaient sur les trottoirs, tandis qu'au milieu de la rue s'avançaient
1035 premièrement : le suisse[1] armé de sa hallebarde[2], le bedeau avec une grande croix, l'instituteur surveillant les gamins, la religieuse inquiète de ses petites filles; trois des plus mignonnes, frisées comme des anges, jetaient dans l'air des pétales de roses; le diacre[3], les bras écartés, modérait la musique; et deux encenseurs se retournaient
1040 à chaque pas vers le Saint-Sacrement, que portait, sous un dais[4] de velours ponceau[5] tenu par quatre fabriciens[6], M. le curé, dans sa belle chasuble[7]. Un flot de monde se poussait derrière, entre les nappes blanches couvrant le mur des maisons; et l'on arriva au bas de la côte.

1045   Une sueur froide mouillait les tempes de Félicité. La Simonne l'épongeait avec un linge, en se disant qu'un jour il lui faudrait passer par là.

Le murmure de la foule grossit, fut un moment très fort, s'éloignait.

Une fusillade ébranla les carreaux. C'étaient les postillons*
1050 saluant l'ostensoir. Félicité roula ses prunelles, et elle dit, le moins bas qu'elle put :

« Est-il bien? » tourmentée du perroquet.

Son agonie commença. Un râle, de plus en plus précipité, lui soulevait les côtes. Des bouillons d'écume venaient aux coins de sa
1055 bouche, et tout son corps tremblait.

Bientôt, on distingua le ronflement des ophicléides[8], les voix claires des enfants, la voix profonde des hommes. Tout se taisait

---

1. Suisse : employé d'une église chargé de maintenir l'ordre.
2. Hallebarde : arme de parade à long manche, surmontée d'une pique.
3. Diacre : titre donné à un membre du clergé avant qu'il soit reçu prêtre.
4. Dais : baldaquin mobile.
5. Ponceau : rouge vif.
6. Fabriciens : marguilliers.
7. Chasuble : vêtement religieux sans manches qui complète le costume du prêtre célébrant la messe.
8. Ophicléides : gros instruments à vent, de la famille des cuivres.

par intervalles, et le battement des pas, que des fleurs amortissaient, faisait le bruit d'un troupeau sur du gazon.

1060 Le clergé parut dans la cour. La Simonne grimpa sur une chaise pour atteindre à l'œil-de-bœuf*, et de cette manière dominait le reposoir*.

Des guirlandes vertes pendaient sur l'autel*, orné d'un falbala en point d'Angleterre[1]. Il y avait au milieu un petit cadre enfermant des
1065 reliques*, deux orangers dans les angles, et, tout le long, des flambeaux d'argent et des vases en porcelaine, d'où s'élançaient des tournesols, des lis, des pivoines, des digitales, des touffes d'hortensias. Ce monceau de couleurs éclatantes descendait obliquement, du premier étage jusqu'au tapis se prolongeant sur les pavés ; et des choses rares tiraient
1070 les yeux. Un sucrier de vermeil avait une couronne de violettes, des pendeloques[2] en pierres d'Alençon brillaient sur de la mousse, deux écrans chinois montraient leurs paysages. Loulou, caché sous des roses, ne laissait voir que son front bleu, pareil à une plaque de lapis[3].

Les fabriciens, les chantres, les enfants se rangèrent sur les trois
1075 côtés de la cour. Le prêtre gravit lentement les marches, et posa sur la dentelle son grand soleil d'or[4] qui rayonnait. Tous s'agenouillèrent. Il se fit un grand silence. Et les encensoirs, allant à pleine volée, glissaient sur leurs chaînettes.

Une vapeur d'azur monta dans la chambre de Félicité. Elle avança
1080 les narines, en la humant avec une sensualité mystique ; puis ferma les paupières. Ses lèvres souriaient. Les mouvements de son cœur se ralentirent un à un, plus vagues chaque fois, plus doux, comme une fontaine s'épuise, comme un écho disparaît ; et, quand elle exhala son dernier souffle, elle crut voir, dans les cieux entrouverts, un perroquet
1085 gigantesque, planant au-dessus de sa tête.

---

1. Falbala en point d'Angleterre : bande d'étoffe plissée et finement brodée.
2. Pendeloques : bijoux, ornements que l'on suspend à un objet.
3. Lapis : pierre bleue.
4. Grand soleil d'or : l'ostensoir, pièce d'orfèvrerie en forme de soleil, au centre de laquelle on place l'hostie consacrée.

GUY DE MAUPASSANT
(1850-1893)

AUX CHAMPS

À Octave Mirbeau.

Les deux chaumières étaient côte à côte, au pied d'une colline, proches d'une petite ville de bains. Les deux paysans besognaient dur sur la terre inféconde pour élever tous leurs petits. Chaque ménage 5 en avait quatre. Devant les deux portes voisines, toute la marmaille[1] grouillait du matin au soir. Les deux aînés avaient six ans et les deux cadets quinze mois environ ; les mariages et, ensuite les naissances, s'étaient produits à peu près simultanément dans l'une et l'autre maison.

10 Les deux mères distinguaient à peine leurs produits dans le tas ; et les deux pères confondaient tout à fait. Les huit noms dansaient dans leur tête, se mêlaient sans cesse ; et quand il fallait en appeler un, les hommes souvent en criaient trois avant d'arriver au véritable.

La première des deux demeures, en venant de la station d'eaux 15 de Rolleport, était occupée par les Tuvache, qui avaient trois filles et un garçon ; l'autre masure abritait les Vallin, qui avaient une fille et trois garçons.

Tout cela vivait péniblement de soupe, de pommes de terre et de grand air. À sept heures, le matin, puis à midi, puis à six heures, le soir,

---

1. Marmaille : bande d'enfants.

20 les ménagères réunissaient leurs mioches[1] pour donner la pâtée,
comme des gardeurs d'oies assemblent leurs bêtes. Les enfants étaient
assis, par rang d'âge, devant la table en bois, vernie par cinquante
ans d'usage. Le dernier moutard[2] avait à peine la bouche au niveau
de la planche. On posait devant eux l'assiette creuse pleine de pain
25 molli dans l'eau où avaient cuit les pommes de terre, un demi-chou
et trois oignons; et toute la lignée mangeait jusqu'à plus faim. La
mère empâtait[3] elle-même le petit. Un peu de viande au pot-au-feu,
le dimanche, était une fête pour tous; et le père, ce jour-là, s'attardait
au repas en répétant: «Je m'y ferais bien tous les jours.»

30 Par un après-midi du mois d'août, une légère voiture s'arrêta
brusquement devant les deux chaumières, et une jeune femme, qui
conduisait elle-même, dit au monsieur assis à côté d'elle:

— Oh! regarde, Henri, ce tas d'enfants! Sont-ils jolis, comme ça, à
grouiller dans la poussière!

35 L'homme ne répondit rien, accoutumé à ces admirations qui
étaient une douleur et presque un reproche pour lui.

La jeune femme reprit:

— Il faut que je les embrasse! Oh! comme je voudrais en avoir un,
celui-là, le tout petit!

40 Et, sautant de la voiture, elle courut aux enfants, prit un des deux
derniers, celui des Tuvache, et, l'enlevant dans ses bras, elle le baisa
passionnément sur ses joues sales, sur ses cheveux blonds frisés et
pommadés de terre, sur ses menottes[4] qu'il agitait pour se débarrasser des caresses ennuyeuses.

45 Puis elle remonta dans sa voiture et partit au grand trot. Mais elle
revint la semaine suivante, s'assit elle-même par terre, prit le moutard dans ses bras, le bourra de gâteaux, donna des bonbons à tous
les autres; et joua avec eux comme une gamine, tandis que son mari
attendait patiemment dans sa frêle voiture.

50 Elle revint encore, fit connaissance avec les parents, reparut tous
les jours, les poches pleines de friandises et de sous.

---

1. Mioches: enfants.
2. Moutard: enfant.
3. Empâtait: engraissait.
4. Menottes: petites mains.

Elle s'appelait Mme Henri d'Hubières.

Un matin, en arrivant, son mari descendit avec elle ; et, sans s'arrêter aux mioches, qui la connaissaient bien maintenant, elle
55 pénétra dans la demeure des paysans.

Ils étaient là, en train de fendre du bois pour la soupe : ils se redressèrent tout surpris, donnèrent des chaises et attendirent. Alors la jeune femme, d'une voix entrecoupée, tremblante, commença :

— Mes braves gens, je viens vous trouver parce que je vou-
60 drais bien... je voudrais bien emmener avec moi votre... votre petit garçon...

Les campagnards, stupéfaits et sans idée, ne répondirent pas.

Elle reprit haleine et continua.

— Nous n'avons pas d'enfants ; nous sommes seuls, mon mari et
65 moi... Nous le garderions... voulez-vous ?

La paysanne commençait à comprendre. Elle demanda :

— Vous voulez nous prend'e Charlot ? Ah ben non, pour sûr.

Alors M. d'Hubières intervint :

— Ma femme s'est mal expliquée. Nous voulons l'adopter,
70 mais il reviendra vous voir. S'il tourne bien, comme tout porte à le croire, il sera notre héritier. Si nous avions, par hasard, des enfants, il partagerait également avec eux. Mais s'il ne répondait pas à nos soins, nous lui donnerions, à sa majorité, une somme de vingt mille francs, qui sera immédiatement déposée en son nom
75 chez un notaire. Et, comme on a aussi pensé à vous, on vous servira jusqu'à votre mort une rente de cent francs par mois. Avez-vous bien compris ?

La fermière s'était levée, toute furieuse.

— Vous voulez que j'vous vendions Charlot ? Ah ! mais non ; c'est
80 pas des choses qu'on d'mande à une mère, ça ! Ah ! mais non ! Ce [s'rait] une abomination.

L'homme ne disait rien, grave et réfléchi ; mais il approuvait sa femme d'un mouvement continu de la tête.

Mme d'Hubières, éperdue, se mit à pleurer, et, se tournant vers son
85 mari, avec une voix pleine de sanglots, une voix d'enfant dont tous les désirs ordinaires sont satisfaits, elle balbutia :

— Ils ne veulent pas, Henri, ils ne veulent pas !

Alors ils firent une dernière tentative.

— Mais, mes amis, songez à l'avenir de votre enfant, à son bonheur, à...

90 La paysanne, exaspérée, lui coupa la parole :

— C'est tout vu, c'est tout entendu, c'est tout réfléchi... Allez-vous-en, et pi, que j'vous revoie point par ici. C'est i permis d'vouloir prendre un éfant comme ça !

Alors, Mme d'Hubières, en sortant, s'avisa qu'ils étaient deux tout
95 petits, et elle demanda à travers ses larmes, avec une ténacité de femme volontaire[1] et gâtée, qui ne veut jamais attendre :

— Mais l'autre petit n'est pas à vous ?

Le père Tuvache répondit :

— Non, c'est aux voisins ; vous pouvez y aller si vous voulez.

100 Et il rentra dans sa maison, où retentissait la voix indignée de sa femme.

Les Vallin étaient à table, en train de manger avec lenteur des tranches de pain qu'ils frottaient parcimonieusement avec un peu de beurre piqué au couteau, dans une assiette entre eux deux.

M. d'Hubières recommença ses propositions, mais avec plus
105 d'insinuations, de précautions oratoires, d'astuce.

Les deux ruraux hochaient la tête en signe de refus ; mais quand ils apprirent qu'ils auraient cent francs par mois, ils se considérèrent, se consultant de l'œil, très ébranlés.

Ils gardèrent longtemps le silence, torturés, hésitants. La femme
110 enfin demanda :

— Qué qu' t'en dis, l'homme ?

Il prononça d'un ton sentencieux[2] :

— J' dis qu' c'est point méprisable.

Alors Mme d'Hubières, qui tremblait d'angoisse, leur parla de
115 l'avenir du petit, de son bonheur, et de tout l'argent qu'il pourrait leur donner plus tard.

Le paysan demanda :

— C'te rente de douze cents francs, ce s'ra promis d'vant l'notaire ?

M. d'Hubières répondit :

120 — Mais certainement, dès demain.

---

1. Volontaire : qui n'en fait qu'à sa volonté.

2. Sentencieux : solennel.

La fermière, qui méditait, reprit :

— Cent francs par mois, c'est point suffisant pour nous priver du p'tit ; ça travaillera dans quéqu'z' ans ct' éfant ; i nous faut cent vingt francs.

125   Mme d'Hubières, trépignant d'impatience, les accorda tout de suite ; et, comme elle voulait enlever l'enfant, elle donna cent francs en cadeau pendant que son mari faisait un écrit[1]. Le maire et un voisin, appelés aussitôt, servirent de témoins complaisants[2].

Et la jeune femme, radieuse, emporta le marmot hurlant, comme
130 on emporte un bibelot désiré d'un magasin.

Les Tuvache, sur leur porte, le regardaient partir, muets, sévères, regrettant peut-être leur refus.

On n'entendit plus du tout parler du petit Jean Vallin. Les parents, chaque mois, allaient toucher leurs cent vingt francs chez le notaire ;
135 et ils étaient fâchés avec leurs voisins parce que la mère Tuvache les agonisait[3] d'ignominies, répétant sans cesse de porte en porte qu'il fallait être dénaturé pour vendre son enfant, que c'était une horreur, une saleté, une corromperie[4].

Et parfois elle prenait en ses bras son Charlot avec ostentation[5], lui
140 criant, comme s'il eût compris :

— J't'ai pas vendu, mé, j't'ai pas vendu, mon p'tiot. J'vends pas m's éfants, mé. J'sieus pas riche, mais vends pas m's éfants.

Et, pendant des années et encore des années, ce fut ainsi chaque jour ; chaque jour des allusions grossières étaient vociférées[6] devant la
145 porte, de façon à entrer dans la maison voisine. La mère Tuvache avait fini par se croire supérieure à toute la contrée parce qu'elle n'avait pas vendu Charlot. Et ceux qui parlaient d'elle disaient :

— J'sais ben que c'était engageant[7], c'est égal, elle s'a conduite comme une bonne mère.

---

1. Un écrit : une entente écrite, un contrat.
2. Complaisants : serviables.
3. Les agonisait : les accablait.
4. Corromperie : néologisme familier de Maupassant signifiant « acte de corruption ».
5. Avec ostentation : de manière appuyée, pour attirer l'attention.
6. Vociférées : hurlées, criées de manière colérique.
7. Engageant : tentant.

150 On la citait; et Charlot, qui prenait dix-huit ans, élevé dans cette idée qu'on lui répétait sans répit, se jugeait lui-même supérieur à ses camarades, parce qu'on ne l'avait pas vendu.

Les Vallin vivotaient à leur aise, grâce à la pension. La fureur inapaisable des Tuvache, restés misérables, venait de là.

155 Leur fils aîné partit au service. Le second mourut; Charlot resta seul à peiner avec le vieux père pour nourrir la mère et deux autres sœurs cadettes qu'il avait.

Il prenait vingt et un ans, quand, un matin, une brillante voiture s'arrêta devant les deux chaumières. Un jeune monsieur, avec une 160 chaîne de montre en or, descendit, donnant la main à une vieille dame en cheveux blancs. La vieille dame lui dit:

— C'est là, mon enfant, à la seconde maison.

Et il entra comme chez lui dans la masure des Vallin.

La vieille mère lavait ses tabliers; le père, infirme, sommeillait près 165 de l'âtre*. Tous deux levèrent la tête, et le jeune homme dit:

— Bonjour, papa; bonjour, maman.

Ils se dressèrent, effarés[1]. La paysanne laissa tomber d'émoi son savon dans son eau et balbutia:

— C'est-i té, m'n éfant? C'est-i té, m'n éfant?

170 Il la prit dans ses bras et l'embrassa, en répétant: – «Bonjour, maman.» Tandis que le vieux, tout tremblant, disait, de son ton calme qu'il ne perdait jamais: «Te v'là-t'i revenu, Jean?», comme s'il l'avait vu un mois auparavant.

Et, quand ils se furent reconnus, les parents voulurent tout de suite 175 sortir le fieu[2] dans le pays pour le montrer. On le conduisit chez le maire, chez l'adjoint, chez le curé, chez l'instituteur.

Charlot, debout sur le seuil de sa chaumière, le regardait passer.

Le soir, au souper, il dit aux vieux:

— Faut-i qu'vous ayez été sots pour laisser prendre le p'tit aux 180 Vallin!

Sa mère répondit obstinément:

— J'voulions point vendre not'éfant!

---

1. Effarés: profondément troublés.
2. Fieu: fils.

Le père ne disait rien.

Le fils reprit :

185 — C'est-i pas malheureux d'être sacrifié comme ça !

Alors le père Tuvache articula d'un ton coléreux :

— Vas-tu pas nous r'procher d' t'avoir gardé ?

Et le jeune homme, brutalement :

— Oui, j'vous le r'proche, que vous n'êtes que des niants[1]. Des
190 parents comme vous, ça fait l'malheur des éfants. Qu'vous mériteriez
que j'vous quitte.

La bonne femme pleurait dans son assiette. Elle gémit tout en
avalant des cuillerées de soupe dont elle répandait la moitié :

— Tuez-vous donc pour élever d's éfants !

195 Alors le gars, rudement :

— J'aimerais mieux n'être point né que d'être c'que j' suis. Quand
j'ai vu l'autre, tantôt, mon sang n'a fait qu'un tour. Je m'suis dit : v'là
c'que j'serais maintenant !

Il se leva.

200 — Tenez, j'sens bien que je ferai mieux de n'pas rester ici, parce
que j'vous le reprocherais du matin au soir, et que j'vous ferais une
vie d'misère. Ça, voyez-vous, j'vous l'pardonnerai jamais !

Les deux vieux se taisaient, atterrés, larmoyants.

Il reprit :

205 — Non, c't' idée-là, ce serait trop dur. J'aime mieux m'en aller
chercher ma vie aut' part !

Il ouvrit la porte. Un bruit de voix entra.

Les Vallin festoyaient avec l'enfant revenu.

Alors Charlot tapa du pied et, se tournant vers ses parents, cria :
210 Manants[2], va !

Et il disparut dans la nuit.

---

1. Niants : ignorants.
2. Manants : paysans.

COCO

Dans tout le pays environnant on appelait la ferme des Lucas «la Métairie[1]». On n'aurait su dire pourquoi. Les paysans, sans doute, attachaient à ce mot «métairie» une idée de richesse et de grandeur, car cette ferme était assurément la plus vaste, la plus opulente[2]
5 et la plus ordonnée de la contrée.

La cour, immense, entourée de cinq rangs d'arbres magnifiques pour abriter contre le vent violent de la plaine les pommiers trapus et délicats, enfermait de longs bâtiments couverts en tuiles pour conserver les fourrages[3] et les grains, de belles étables bâties en silex,
10 des écuries pour trente chevaux, et une maison d'habitation en briques rouges, qui ressemblait à un petit château.

Les fumiers étaient bien tenus ; les chiens de garde habitaient en des niches, un peuple de volailles circulait dans l'herbe haute.

Chaque midi, quinze personnes, maîtres, valets et servantes, pre-
15 naient place autour de la longue table de cuisine où fumait la soupe dans un grand vase de faïence à fleurs bleues.

Les bêtes, chevaux, vaches, porcs et moutons, étaient grasses, soignées et propres ; et maître Lucas, un grand homme qui prenait du ventre, faisait sa ronde trois fois par jour, veillant sur tout et pen-
20 sant à tout.

On conservait, par charité, dans le fond de l'écurie, un très vieux cheval blanc que la maîtresse voulait nourrir jusqu'à sa mort naturelle, parce qu'elle l'avait élevé, gardé toujours, et qu'il lui rappelait des souvenirs.

25 Un goujat[4] de quinze ans, nommé Isidore Duval, et appelé plus simplement Zidore, prenait soin de cet invalide, lui donnait, pendant l'hiver, sa mesure d'avoine et son fourrage, et devait aller quatre fois par jour, en été, le déplacer dans la côte où on l'attachait, afin qu'il eût en abondance de l'herbe fraîche.

---

1. Métairie : domaine agricole.
2. Opulente : riche.
3. Fourrages : végétation coupée pour nourrir les animaux.
4. Goujat : voyou.

Vieux cheval gris attaché à un arbre,
Paul Sandby, xviiie siècle.

30   L'animal, presque perclus[1], levait avec peine ses jambes lourdes,
grosses des genoux et enflées au-dessus des sabots. Ses poils, qu'on
n'étrillait[2] plus jamais, avaient l'air de cheveux blancs et des cils très
longs donnaient à ses yeux un air triste.

Quand Zidore le menait à l'herbe, il lui fallait tirer sur la corde,
35 tant la bête allait lentement ; et le gars, courbé, haletant[3], jurait contre
elle, s'exaspérant d'avoir à soigner cette vieille rosse[4].

Les gens de la ferme, voyant cette colère du goujat* contre Coco, s'en
amusaient, parlaient sans cesse du cheval à Zidore pour exaspérer le gamin.
Ses camarades le plaisantaient. On l'appelait dans le village Coco-Zidore.

---

1. Perclus : paralysé.
2. Étrillait : nettoyait.
3. Haletant : à bout de souffle.
4. Rosse : cheval dépourvu de forces.

40 Le gars rageait, sentant naître en lui le désir de se venger du cheval. C'était un maigre enfant haut sur jambes, très sale, coiffé de cheveux roux, épais, durs et hérissés. Il semblait stupide, parlait en bégayant, avec une peine infinie, comme si les idées n'eussent pu se former dans son âme épaisse de brute.

45 Depuis longtemps déjà, il s'étonnait qu'on gardât Coco, s'indignant de voir perdre du bien pour cette bête inutile. Du moment qu'elle ne travaillait plus, il lui semblait injuste de la nourrir, il lui semblait révoltant de gaspiller de l'avoine, de l'avoine qui coûtait si cher, pour ce bidet[1] paralysé. Et souvent même malgré les ordres de 50 maître Lucas, il économisait sur la nourriture du cheval, ne lui versant qu'une demi-mesure, ménageant sa litière[2] et son foin. Et une haine grandissait en son esprit confus d'enfant, une haine de paysan rapace[3], de paysan sournois, féroce, brutal et lâche.

***

Lorsque revint l'été, il lui fallut aller *remuer* la bête dans sa côte[4]. 55 C'était loin. Le goujat, plus furieux chaque matin, partait de son pas lourd à travers les blés. Les hommes qui travaillaient dans les terres lui criaient, par plaisanterie :

— Hé Zidore, tu f'ras mes compliments à Coco.

Il ne répondait point ; mais il cassait, en passant, une baguette 60 dans une haie et, dès qu'il avait déplacé l'attache du vieux cheval, il le laissait se remettre à brouter ; puis, approchant traîtreusement, il lui cinglait les jarrets. L'animal essayait de fuir, de ruer, d'échapper aux coups, et il tournait au bout de sa corde comme s'il eût été enfermé dans une piste. Et le gars le frappait avec rage, courant derrière, 65 acharné, les dents serrées par la colère.

Puis il s'en allait lentement, sans se retourner, tandis que le cheval le regardait partir de son œil de vieux, les côtes saillantes, essoufflé d'avoir trotté. Et il ne rebaissait vers l'herbe sa tête osseuse et blanche qu'après avoir vu disparaître au loin la blouse bleue du jeune paysan.

---

1. Bidet : cheval de petite taille.
2. Litière : lit de paille.
3. Rapace : avide.
4. Remuer la bête dans sa côte : mener la bête aux champs.

70   Comme les nuits étaient chaudes, on laissait maintenant Coco coucher dehors, là-bas, au bord de la ravine[1], derrière le bois, Zidore seul allait le voir.

L'enfant s'amusait encore à lui jeter des pierres. Il s'asseyait à dix pas de lui, sur un talus, et il restait là une demi-heure, lançant de
75 temps en temps un caillou tranchant au bidet, qui demeurait debout, enchaîné devant son ennemi, et le regardant sans cesse, sans oser paraître avant qu'il fût reparti.

Mais toujours cette pensée restait plantée dans l'esprit du goujat* : « Pourquoi nourrir ce cheval qui ne faisait plus rien ? » Il lui semblait
80 que cette misérable rosse volait le manger des autres, volait l'avoir des hommes, le bien du bon Dieu, le volait même aussi, lui, Zidore, qui travaillait.

Alors, peu à peu, chaque jour, le gars diminua la bande de pâturage qu'il lui donnait en avançant le piquet de bois où était fixée
85 la corde.

La bête jeûnait, maigrissait, dépérissait. Trop faible pour casser son attache, elle tendait la tête vers la grande herbe verte et luisante, si proche, et dont l'odeur lui venait sans qu'elle y pût toucher.

Mais, un matin, Zidore eut une idée : c'était de ne plus remuer
90 Coco. Il en avait assez d'aller si loin pour cette carcasse.

Il vint cependant, pour savourer sa vengeance. La bête inquiète le regardait. Il ne la battit pas ce jour-là. Il tournait autour, les mains dans les poches. Même il fit mine de la changer de place, mais il renfonça le piquet juste dans le même trou, et il s'en alla, enchanté de son invention.

95   Le cheval, le voyant partir, hennit pour le rappeler ; mais le goujat se mit à courir, le laissant seul, tout seul dans son vallon, bien attaché, et sans un brin d'herbe à portée de la mâchoire.

Affamé, il essaya d'atteindre la grasse verdure qu'il touchait du bout de ses naseaux. Il se mit sur les genoux, tendant le cou, allon-
100 geant ses grandes lèvres baveuses. Ce fut en vain. Tout le jour, elle s'épuisa, la vieille bête, en efforts inutiles, en effort terribles. La faim

---

1 Ravine : torrent.

la dévorait, rendue plus affreuse par la vue de toute la verte nourriture qui s'étendait par l'horizon.

Le goujat ne revint point ce jour-là. Il vagabonda par les bois pour
105 chercher des nids.

Il reparut le lendemain. Coco, exténué, s'était couché. Il se leva en apercevant l'enfant, attendant enfin d'être changé de place.

Mais le petit paysan ne toucha même pas au maillet[1] jeté dans l'herbe. Il s'approcha, regarda l'animal, lui lança dans le nez une
110 motte de terre qui s'écrasa sur le poil blanc, et il repartit en sifflant.

Le cheval resta debout tant qu'il put l'apercevoir encore : puis, sentant bien que ses tentatives pour atteindre l'herbe voisine seraient inutiles, il s'étendit de nouveau sur le flanc et ferma les yeux.

Le lendemain, Zidore ne vint pas.

115 Quand il approcha, le jour suivant, de Coco toujours étendu, il s'aperçut qu'il était mort.

Alors il demeura debout, le regardant, content de son œuvre, étonné en même temps que ce fût déjà fini. Il le toucha du pied, leva une de ses jambes, puis la laissa retomber, s'assit dessus, et resta là, les
120 yeux fixés dans l'herbe et sans penser à rien.

Il revint à la ferme, mais il ne dit pas l'accident, car il voulait vagabonder encore aux heures où, d'ordinaire, il allait changer de place le cheval.

Il alla le voir le lendemain. Des corbeaux s'envolèrent à son
125 approche. Des mouches innombrables se promenaient sur le cadavre et bourdonnaient à l'entour.

En rentrant, il annonça la chose. La bête était si vieille que personne ne s'étonna. Le maître dit à deux valets :

« Prenez vos pelles, vous ferez un trou là ousqu'il est. »

130 Et les hommes enfouirent le cheval juste à la place où il était mort de faim.

Et l'herbe poussa drue[2], verdoyante, vigoureuse, nourrie par le pauvre corps.

---

1. Maillet : marteau à deux têtes et à manche de bois.
2. Drue : serrée, dense.

LA PETITE ROQUE

I

Le piéton Médéric Rompel, que les gens du pays appelaient familièrement Médéri, partit à l'heure ordinaire de la maison de poste de Roüy-le-Tors. Ayant traversé la petite ville de son grand pas d'ancien troupier[1], il coupa d'abord les prairies de Villaumes pour gagner
5 le bord de la Brindille, qui le conduisait, en suivant l'eau, au village de Carvelin, où commençait sa distribution.

Il allait vite, le long de l'étroite rivière qui moussait, grognait, bouillonnait et filait dans son lit d'herbes, sous une voûte de saules. Les grosses pierres, arrêtant le cours, avaient autour d'elles un bour-
10 relet[2] d'eau, une sorte de cravate terminée en nœud d'écume. Par places, c'étaient des cascades d'un pied, souvent invisibles, qui faisaient, sous les feuilles, sous les lianes, sous un toit de verdure, un gros bruit colère et doux ; puis plus loin, les berges s'élargissant, on rencontrait un petit lac paisible où nageaient des truites parmi toute
15 cette chevelure verte qui ondoie au fond des ruisseaux calmes.

Médéric allait toujours, sans rien voir, et ne songeant qu'à ceci : « Ma première lettre est pour la maison Poivron, puis j'en ai une pour M. Renardet ; faut donc que je traverse la futaie[3]. »

Sa blouse bleue serrée à la taille par une ceinture de cuir noir pas-
20 sait d'un train rapide et régulier sur la haie verte des saules ; et sa canne, un fort bâton de houx*, marchait à son côté du même mouvement que ses jambes.

Donc, il franchit la Brindille sur un pont fait d'un seul arbre, jeté d'un bord à l'autre, ayant pour unique rampe une corde portée par
25 deux piquets enfoncés dans les berges.

La futaie, appartenant à M. Renardet, maire de Carvelin, et le plus gros propriétaire du lieu, était une sorte de bois d'arbres antiques, énormes, droits comme des colonnes, et s'étendant, sur une demi-lieue*

---

1. Troupier : soldat.
2. Bourrelet : enveloppe.
3. Futaie : forêt peuplée de grands arbres.

de longueur, sur la rive gauche du ruisseau qui servait de limite à cette
30 immense voûte de feuillage. Le long de l'eau, de grands arbustes avaient
poussé, chauffés par le soleil ; mais sous la futaie, on ne trouvait rien
que de la mousse, de la mousse épaisse, douce et molle, qui répandait
dans l'air stagnant une odeur légère de moisi et de branches mortes.

Médéric ralentit le pas, ôta son képi noir orné d'un galon[1] rouge
35 et s'essuya le front, car il faisait déjà chaud dans les prairies, bien qu'il
ne fût pas encore huit heures du matin.

Il venait de se recouvrir et de reprendre son pas accéléré quand il
aperçut, au pied d'un arbre, un couteau, un petit couteau d'enfant.
Comme il le ramassait, il découvrit encore un dé à coudre, puis un
40 étui à aiguilles deux pas plus loin.

Ayant pris ces objets, il pensa : « Je vas les confier à M. le maire » ;
et il se remit en route ; mais il ouvrait l'œil à présent, s'attendant toujours à trouver autre chose.

Soudain, il s'arrêta net, comme s'il se fût heurté contre une barre
45 de bois ; car, à dix pas devant lui, gisait, étendu sur le dos, un corps
d'enfant, tout nu, sur la mousse. C'était une petite fille d'une douzaine d'années. Elle avait les bras ouverts, les jambes écartées, la face
couverte d'un mouchoir. Un peu de sang maculait ses cuisses.

Mérédic se mit à avancer sur la pointe des pieds, comme s'il eût
50 craint de faire du bruit, redouté quelque danger ; et il écarquillait
les yeux.

Qu'était-ce que cela ? Elle dormait, sans doute ? Puis il réfléchit
qu'on ne dort pas ainsi tout nu, à sept heures et demie du matin, sous
des arbres frais. Alors elle était morte ; et il se trouvait en présence
55 d'un crime. À cette idée, un frisson froid lui courut dans les reins,
bien qu'il fût un ancien soldat. Et puis c'était chose si rare dans le
pays, un meurtre, et le meurtre d'une enfant encore, qu'il n'en pouvait croire ses yeux. Mais elle ne portait aucune blessure, rien que ce
sang figé sur sa jambe. Comment donc l'avait-on tuée ?

60 Il s'était arrêté tout près d'elle ; et il la regardait, appuyé sur son
bâton. Certes, il la connaissait, puisqu'il connaissait tous les habitants
de la contrée ; mais ne pouvant voir son visage, il ne pouvait deviner

---

1. Galon : étroit ruban.

son nom. Il se pencha pour ôter le mouchoir qui lui couvrait la face ; puis s'arrêta, la main tendue, retenu par une réflexion.

65   Avait-il le droit de déranger quelque chose à l'état du cadavre avant les constatations de la justice ? Il se figurait la justice comme une espèce de général à qui rien n'échappe et qui attache autant d'importance à un bouton perdu qu'à un coup de couteau dans le ventre. Sous ce mouchoir, on trouverait peut-être une preuve
70   capitale ; c'était une pièce à conviction, enfin, qui pouvait perdre de sa valeur, touchée par une main maladroite.

Alors, il se releva pour courir chez M. le maire ; mais une autre pensée le retint de nouveau. Si la fillette était encore vivante, par hasard, il ne pouvait pas l'abandonner ainsi. Il se mit à genoux, tout
75   doucement, assez loin d'elle par prudence, et tendit la main vers son pied. Il était froid, glacé, de ce froid terrible qui rend effrayante la chair morte, et qui ne laisse plus de doute. Le facteur, à ce toucher, sentit son cœur retourné, comme il le dit plus tard, et la salive séchée dans sa bouche. Se relevant brusquement, il se mit à courir sous la
80   futaie* vers la maison de M. Renardet.

Il allait au pas gymnastique, son bâton sous le bras, les poings fermés, la tête en avant ; et son sac de cuir, plein de lettres et de journaux, lui battait les reins en cadence.

La demeure du maire se trouvait au bout du bois qui lui servait de
85   parc et trempait tout un coin de ses murailles* dans un petit étang que formait en cet endroit la Brindille.

C'était une grande maison carrée, en pierre grise, très ancienne, qui avait subi des sièges[1] autrefois et terminée par une tour énorme, haute de vingt mètres, bâtie dans l'eau.

90   Du haut de cette citadelle, on surveillait jadis tout le pays. On l'appelait la tour du Renard, sans qu'on sût au juste pourquoi ; et de cette appellation sans doute était venu le nom de Renardet que portaient les propriétaires de ce fief[2] resté dans la même famille depuis plus de deux cents ans, disait-on. Car les Renardet faisaient partie de cette

---

1. Siège : à la guerre, attaque organisée de l'armée.
2. Fief : avant la Révolution française, le domaine d'un noble.

95 bourgeoisie presque noble qu'on rencontrait souvent dans les provinces avant la Révolution.

Le facteur entra d'un élan dans la cuisine où déjeunaient les domestiques et cria : « Monsieur le maire est-il levé ? Faut que je li parle sur l'heure. » On savait Médéric un homme de poids et d'auto-
100 rité, et on comprit aussitôt qu'une chose grave s'était passée.

M. Renardet, prévenu, ordonna qu'on l'amenât. Le piéton, pâle et essoufflé, son képi à la main, trouva le maire assis devant une longue table couverte de papiers épars.

C'était un gros et grand homme, lourd et rouge, fort comme un
105 bœuf, et très aimé dans le pays, bien que violent à l'excès. Âgé à peu près de quarante ans et veuf depuis six mois, il vivait sur ses terres en gentilhomme des champs. Son tempérament fougueux lui avait souvent attiré des affaires pénibles dont le tiraient toujours les magistrats de Roüy-le-Tors, en amis indulgents et discrets. N'avait-il pas, un
110 jour, jeté du haut de son siège le conducteur de la diligence parce qu'il avait failli écraser son chien d'arrêt[1] Micmac ? N'avait-il pas enfoncé les côtes d'un garde-chasse qui verbalisait contre lui, parce qu'il traversait, fusil au bras, une terre appartenant au voisin ? N'avait-il pas même pris au collet le sous-préfet* qui s'arrêtait dans le village au
115 cours d'une tournée administrative qualifiée par M. Renardet de tournée électorale ; car il faisait de l'opposition au gouvernement par tradition de famille.

Le maire demanda : « Qu'y a-t-il donc, Médéric ?

— J'ai trouvé une p'tite fille morte sous vot'futaie. »
120 Renardet se dressa, le visage couleur de brique :

« Vous dites... Une petite fille ?

— Oui, m'sieu, une p'tite fille, toute nue, sur le dos, avec du sang, morte, bien morte ! »

Le maire jura : « Nom de Dieu ! je parie que c'est la petite Roque.
125 On vient de me prévenir qu'elle n'était pas rentrée hier soir chez sa mère. À quel endroit l'avez-vous découverte ? »

---

1. Chien d'arrêt : chien de chasse.

Le facteur expliqua la place, donna des détails, offrit d'y conduire le maire.

Mais Renardet devint brusque : « Non. Je n'ai pas besoin de vous. 130 Envoyez-moi tout de suite le garde champêtre[1], le secrétaire de la mairie et le médecin, et continuez votre tournée. Vite, vite, allez, et dites-leur de me rejoindre sous la futaie*. »

Le piéton, homme de consigne[2], obéit et se retira, furieux et désolé de ne pas assister aux constatations.

135   Le maire sortit à son tour, prit son chapeau, un grand chapeau mou, de feutre gris, à bords très larges, et s'arrêta quelques secondes sur le seuil de sa demeure. Devant lui s'étendait un vaste gazon où éclataient trois grandes taches, rouge, bleue et blanche, trois larges corbeilles de fleurs épanouies, l'une en face de la maison et les autres 140 sur les côtés. Plus loin, se dressaient jusqu'au ciel les premiers arbres de la futaie, tandis qu'à gauche, par-dessus la Brindille élargie en étang, on apercevait de longues prairies, tout un pays vert et plat, coupé par des rigoles et des haies de saules pareils à des monstres, nains trapus, toujours ébranchés, et portant sur un tronc énorme et 145 court un plumeau frémissant de branches minces.

À droite, derrière les écuries, les remises, tous les bâtiments qui dépendaient de la propriété, commençait le village, riche, peuplé d'éleveurs de bœufs.

Renardet descendit lentement les marches de son perron, et, 150 tournant à gauche, gagna le bord de l'eau qu'il suivit à pas lents, les mains derrière le dos. Il allait, le front penché ; et de temps en temps il regardait autour de lui s'il n'apercevait point les personnes qu'il avait envoyé quérir.

Lorsqu'il fut arrivé sous les arbres, il s'arrêta, se découvrit et s'es-155 suya le front comme avait fait Médéric ; car l'ardent soleil de juillet tombait en pluie de feu sur la terre. Puis le maire se remit en route, s'arrêta encore, revint sur ses pas. Soudain, se baissant, il trempa son mouchoir dans le ruisseau qui glissait à ses pieds et l'étendit sur sa tête, sous son chapeau. Des goutte d'eau lui coulaient le long des

---

1. Garde champêtre : employé de la police des campagnes.
2. De consigne : respectueux des règles.

160 tempes, sur ses oreilles toujours violettes, sur son cou puissant et
rouge, et entraient, l'une après l'autre, sous le col blanc de sa chemise.

Comme personne n'apparaissait encore, il se mit à frapper du
pied, puis il appela : « Ohé ! ohé ! »

Une voix répondit à droite : « Ohé ! ohé ! »

165 Et le médecin apparut sous les arbres. C'était un petit homme
maigre, ancien chirurgien militaire, qui passait pour très capable aux
environs. Il boitait, ayant été blessé au service, et s'aidait d'une canne
pour marcher.

Puis on aperçut le garde champêtre et le secrétaire de la mairie,
170 qui, prévenus en même temps, arrivaient ensemble. Ils avaient des
figures effarées* et accouraient en soufflant, marchant et trottant
tour à tour pour se hâter, et agitant si fort leurs bras qu'ils semblaient
accomplir avec eux plus de besogne qu'avec leurs jambes.

Renardet dit au médecin : « Vous savez de quoi il s'agit ?

175 — Oui, un enfant mort trouvé dans le bois par Médéric.

— C'est bien. Allons. »

Ils se mirent à marcher côte à côte, et suivis des deux hommes.
Leurs pas, sur la mousse, ne faisaient aucun bruit ; leurs yeux cherchaient, là-bas, devant eux.

180 Le docteur Labarbe tendit le bras tout à coup :

« Tenez, le voilà ! »

Très loin, sous les arbres, on apercevait quelque chose de clair.
S'ils n'avaient point su ce que c'était, ils ne l'auraient pas deviné. Cela
semblait luisant et si blanc qu'on l'eût pris pour un linge tombé ; car
185 un rayon de soleil glissé entre les branches illuminait la chair pâle
d'une grande raie oblique à travers le ventre. En approchant, ils distinguaient peu à peu la forme, la tête voilée, tournée vers l'eau et les
deux bras écartés comme par un crucifiement.

« J'ai rudement chaud », dit le maire.

190 Et, se baissant vers la Brindille, il y trempa de nouveau son mouchoir qu'il replaça encore sur son front.

Le médecin hâtait le pas, intéressé par la découverte. Dès qu'il fut
auprès du cadavre, il se pencha pour l'examiner, sans y toucher. Il
avait mis un pince-nez comme lorsqu'on regarde un objet curieux, et
195 tournait autour tout doucement.

Il dit sans se redresser : « Viol et assassinat que nous allons constater tout à l'heure. Cette fillette est d'ailleurs presque une femme, voyez sa gorge[1]. »

Les deux seins, assez forts déjà, s'affaissaient sur la poitrine, 200 amollis par la mort.

Le médecin ôta légèrement le mouchoir qui couvrait la face. Elle apparut noire, affreuse, la langue sortie, les yeux saillants. Il reprit : « Parbleu, on l'a étranglée une fois l'affaire faite. »

Il palpait le cou : « Étranglée avec les mains sans laisser d'ailleurs 205 aucune trace particulière, ni marque d'ongle ni empreinte de doigt. Très bien. C'est la petite Roque, en effet. »

Il replaça délicatement le mouchoir : « Je n'ai rien à faire ; elle est morte depuis douze heures au moins. Il faut prévenir le parquet[2]. »

Renardet, debout, les mains derrière le dos, regardait d'un œil fixe 210 le petit corps étalé sur l'herbe. Il murmura : « Quel misérable ! Il faudrait retrouver les vêtements. »

Le médecin tâtait les mains, les bras, les jambes. Il dit : « Elle venait sans doute de prendre un bain. Ils doivent être au bord de l'eau. »

Le maire ordonna : « Toi, Principe (c'était le secrétaire de la 215 mairie), tu vas me chercher ces hardes*-là le long du ruisseau. Toi, Maxime (c'était le garde champêtre*), tu vas courir à Roüy-le-Tors et me ramener le juge d'instruction avec la gendarmerie. Il faut qu'ils soient ici dans une heure. Tu entends ? »

Les deux hommes s'éloignèrent vivement ; et Renardet dit au doc- 220 teur : « Quel gredin a bien pu faire un pareil coup dans ce pays-ci ? »

Le médecin murmura : « Qui sait ? Tout le monde est capable de ça. Tout le monde en particulier et personne en général. N'importe, ça doit être quelque rôdeur, quelque ouvrier sans travail. Depuis que nous sommes en République[3], on ne rencontre que ça sur les routes. »

225 Tous deux étaient bonapartistes[4].

---

1. Gorge : seins d'une femme.
2. Parquet : magistrature.
3. En République : sous la IIIe République (*voir le contexte sociohistorique à la page 225*).
4. Bonapartistes : partisans de l'empereur Napoléon III (*voir le contexte sociohistorique à la page 221*).

Le maire reprit : « Oui, ça ne peut être qu'un étranger, un passant, un vagabond sans feu ni lieu[1]... »

Le médecin ajouta avec une apparence de sourire :

« Et sans femme. N'ayant ni bon souper ni bon gîte, il s'est procuré le
230 reste. On ne sait pas ce qu'il y a d'hommes sur la terre capables d'un for- fait à un moment donné. Saviez-vous que cette petite avait disparu ? »

Et du bout de sa canne, il touchait l'un après l'autre les doigts roidis[2] de la morte, appuyant dessus comme sur les touches d'un piano.

235 « Oui. La mère est venue me chercher hier, vers neuf heures du soir, l'enfant n'étant pas rentrée à sept heures pour souper. Nous l'avons appelée jusqu'à minuit sur les routes ; mais nous n'avons point pensé à la futaie*. Il fallait le jour, du reste, pour opérer des recherches vrai- ment utiles.

240 — Voulez-vous un cigare ? dit le médecin.

— Merci, je n'ai pas envie de fumer. Ça me fait quelque chose de voir ça. »

Ils restaient debout tous les deux en face de ce frêle corps d'adoles- cente, si pâle, sur la mousse sombre. Une grosse mouche à ventre bleu
245 qui se promenait le long d'une cuisse, s'arrêta sur les taches de sang, repartit, remontant toujours, parcourant le flanc de sa marche vive et saccadée, grimpa sur un sein, puis redescendit pour explorer l'autre, cherchant quelque chose à boire sur cette morte. Les deux hommes regardaient ce point noir errant.

250 Le médecin dit : « Comme c'est joli, une mouche[3] sur la peau. Les dames du dernier siècle avaient bien raison de s'en coller sur la figure. Pourquoi a-t-on perdu cet usage-là ? »

Le maire semblait ne point l'entendre, perdu dans ses réflexions.

Mais, tout d'un coup, il se retourna, car un bruit l'avait surpris ;
255 une femme en bonnet et en tablier bleu accourait sous les arbres. C'était la mère, la Roque. Dès qu'elle aperçut Renardet, elle se mit à hurler : « Ma p'tite, ous qu'est ma p'tite ? » tellement affolée qu'elle ne regardait point par terre. Elle la vit tout à coup, s'arrêta net, joignit

---

1. Sans feu ni lieu : sans domicile.

2. Roidis : (vieilli) raidis.

3. Mouche : faux grain de beauté.

les mains et leva ses deux bras en poussant une clameur[1] aiguë et
260 déchirante, une clameur de bête mutilée.

Puis elle s'élança vers le corps, tomba à genoux, et enleva, comme
si elle l'eût arraché, le mouchoir qui couvrait la face. Quand elle
vit cette figure affreuse, noire et convulsée, elle se redressa d'une
secousse, puis s'abattit, le visage contre terre, en jetant dans l'épais-
265 seur de la mousse des cris affreux et continus.

Son grand corps maigre sur qui ses vêtements collaient, secoué
de convulsions, palpitait. On voyait ses chevilles osseuses et ses
mollets secs enveloppés de gros bas bleus frissonner horriblement ;
et elle creusait le sol de ses doigts crochus comme pour y faire un
270 trou et s'y cacher.

Le médecin, ému, murmura : « Pauvre vieille ! » Renardet eut dans
le ventre un bruit singulier ; puis il poussa une sorte d'éternuement
bruyant qui lui sortit en même temps par le nez et par la bouche ; et,
tirant son mouchoir de sa poche, il se mit à pleurer dedans, toussant,
275 sanglotant et se mouchant avec bruit. Il balbutiait : « Cré... cré... cré...
cré nom de Dieu de cochon qui a fait ça... Je... je... voudrais le voir
guillotiner... »

Mais Principe reparut, l'air désolé et les mains vides. Il murmura :
« Je ne trouve rien, m'sieu le maire, rien de rien nulle part. »

280 L'autre, effaré*, répondit d'une voix grasse, noyée dans les larmes :
« Qu'est-ce que tu ne trouves pas ?

— Les hardes* de la petite.

— Eh bien... eh bien... cherche encore... et... et... trouve-les... ou...
tu auras affaire à moi. »

285 L'homme, sachant qu'on ne résistait pas au maire, repartit d'un pas
découragé en jetant sur le cadavre un coup d'œil oblique[2] et craintif.

Des voix lointaines s'élevaient sous les arbres, une rumeur confuse,
le bruit d'une foule qui approchait ; car Médéric, dans sa tournée,
avait semé la nouvelle de porte en porte. Les gens du pays, stupéfaits
290 d'abord, avaient causé de ça dans la rue, d'un seuil à l'autre ; puis

---

1. Clameur : cris.
2. Oblique : détourné.

ils s'étaient réunis; ils avaient jasé, discuté, commenté l'événement pendant quelques minutes; et maintenant ils s'en venaient pour voir.

Ils arrivaient par groupes, un peu hésitants et inquiets, par crainte de la première émotion. Quand ils aperçurent le corps, ils s'arrê-
295 tèrent, n'osant plus avancer et parlant bas. Puis ils s'enhardirent, firent quelques pas, s'arrêtèrent encore, avancèrent de nouveau, et ils formèrent bientôt autour de la morte, de sa mère, du médecin et de Renardet, un cercle épais, agité et bruyant qui se resserrait sous les poussées subites des derniers venus. Bientôt ils touchèrent le cadavre.
300 Quelques-uns même se baissèrent pour le palper. Le médecin les écarta. Mais le maire, sortant brusquement de sa torpeur, devint furieux et, saisissant la canne du docteur Labarbe, il se jeta sur ses administrés en balbutiant: «Foutez-moi le camp... foutez-moi le camp... tas de brutes... foutez-moi le camp...» En une seconde le
305 cordon de curieux s'élargit de deux cents mètres.

La Roque s'était relevée, retournée, assise, et elle pleurait maintenant dans ses mains jointes sur sa face.

Dans la foule, on discutait la chose; et des yeux avides de garçons fouillaient ce jeune corps découvert. Renardet s'en aperçut, et, enle-
310 vant brusquement sa veste de toile, il la jeta sur la fillette qui disparut tout entière sous le vaste vêtement.

Les curieux se rapprochaient doucement; la futaie s'emplissait de monde; une rumeur continue de voix montait sous le feuillage touffu des grands arbres.

315 Le maire, en manches de chemise, restait debout, sa canne à la main, dans une attitude de combat. Il semblait exaspéré par cette curiosité du peuple et répétait: «Si un de vous approche, je lui casse la tête comme à un chien.»

Les paysans avaient grand-peur de lui; ils se tinrent au large. Le
320 docteur Labarbe, qui fumait, s'assit à côté de la Roque, et il lui parla, cherchant à la distraire. La vieille femme aussitôt ôta ses mains de son visage et elle répondit avec un flux de mots larmoyants, vidant sa douleur dans l'abondance de sa parole. Elle raconta toute sa vie, son mariage, la mort de son homme, piqueur[1] de bœufs, tué d'un coup

---

1. Piqueur: paysan en charge de l'écurie, d'un chenil ou, ici, de l'étable.

325 de corne, l'enfance de sa fille, son existence misérable de veuve sans
ressources avec la petite. Elle n'avait que ça, sa petite Louise ; et on
l'avait tuée ; on l'avait tuée dans ce bois. Tout d'un coup, elle voulut
la revoir, et, se traînant sur les genoux jusqu'au cadavre, elle souleva
par un coin le vêtement qui le couvrait ; puis elle le laissa retomber
330 et se remit à hurler. La foule se taisait, regardant avidement tous les
gestes de la mère.

Mais, soudain, un grand remous eut lieu ; on cria :

« Les gendarmes, les gendarmes ! »

Deux gendarmes apparaissaient au loin, arrivant au grand trot,
335 escortant leur capitaine et un petit monsieur à favoris roux, qui dan-
sait comme un singe sur une haute jument blanche.

Le garde champêtre* avait justement trouvé M. Putoin, le juge
d'instruction, au moment où il enfourchait son cheval pour faire sa
promenade de tous les jours, car il posait pour le beau cavalier, à la
340 grande joie des officiers.

Il mit pied à terre avec le capitaine, et serra les mains du maire et
du docteur, en jetant un regard de fouine[1] sur la veste de toile que
gonflait le corps couché dessous.

Quand il fut bien au courant des faits, il fit d'abord écarter le public
345 que les gendarmes chassèrent de la futaie*, mais qui reparut bientôt
dans la prairie, et forma haie*, une grande haie de têtes excitées et
remuantes tout le long de la Brindille, de l'autre côté du ruisseau.

Le médecin, à son tour, donna des explications que Renardet
écrivait au crayon sur son agenda. Toutes les constatations furent
350 faites, enregistrées et commentées sans amener aucune découverte.
[Principe] aussi était revenu dans avoir trouvé trace des vêtements.

Cette disparition surprenait tout le monde, personne ne pouvant
l'expliquer que par un vol ; et, comme ces guenilles ne valaient pas
vingt sous, ce vol même était inadmissible.

355 Le juge d'instruction, le maire, le capitaine et le docteur s'étaient
mis eux-mêmes à chercher deux par deux, écartant les moindres
branches le long de l'eau.

---

1. Fouine : petit mammifère carnassier ; par extension, curieux.

Renardet disait au juge : « Comment se fait-il que ce misérable ait caché ou emporté les hardes* et ait laissé ainsi le corps en plein 360 air, en pleine vue ? »

L'autre, sournois et perspicace, répondit : « Hé ! hé ! Une ruse peut-être ? Ce crime a été commis ou par une brute ou par un madré coquin[1]. Dans tous les cas, nous arriverons bien à le découvrir. »

Un roulement de voiture leur fit tourner la tête. C'étaient le 365 substitut, le médecin et le greffier du tribunal qui arrivaient à leur tour. On recommença les recherches tout en causant avec animation.

Renardet dit tout à coup : « Savez-vous que je vous garde à déjeuner ? »

Tout le monde accepta avec des sourires, et le juge d'instruction, 370 trouvant qu'on s'était assez occupé, pour ce jour-là, de la petite Roque, se tourna vers le maire :

« Je peux faire porter chez vous le corps, n'est-ce pas ? Vous avez bien une chambre pour me le garder jusqu'à ce soir. »

L'autre se troubla, balbutiant : « Oui, non... non... À vrai dire, 375 j'aime mieux qu'il n'entre pas chez moi... à cause... à cause de mes domestiques... qui... qui parlent déjà de revenants dans... dans ma tour, dans la tour du Renard... Vous savez... Je ne pourrais plus en garder un seul... Non... J'aime mieux ne pas l'avoir chez moi. »

Le magistrat se mit à sourire : « Bon... Je vais le faire emporter tout 380 de suite à Roüy, pour l'examen légal. » Et se tournant vers le substitut : « Je peux me servir de votre voiture, n'est-ce pas ?

— Oui, parfaitement. »

Tout le monde revint vers le cadavre. La Roque, maintenant, assise à côté de sa fille, lui tenait la main, et elle regardait devant elle, d'un 385 œil vague et hébété.

Les deux médecins essayèrent de l'emmener pour qu'elle ne vît pas enlever la petite ; mais elle comprit tout de suite ce qu'on allait faire, et, se jetant sur le corps, elle le saisit à plein bras. Couchée dessus, elle criait : « Vous ne l'aurez pas, c'est à moi, c'est à moi à c't'heure. On me 390 l'a tuée ; j'veux la garder, vous l'aurez pas ! »

---

1. Madré coquin : individu sans scrupules (coquin), rusé derrière une apparence d'innocence (madré).

Tous les hommes, troublés et indécis, restaient debout autour d'elle. Renardet se mit à genoux pour lui parler. «Écoutez, la Roque, il le faut, pour savoir celui qui l'a tuée; sans ça on ne saurait pas; il faut bien qu'on le cherche pour le punir. On vous la rendra quand on
395 l'aura trouvé, je vous le promets.»

Cette raison ébranla la femme, et une haine s'éveillant dans son regard affolé: «Alors on le prendra? dit-elle.

— Oui, je vous le promets.»

Elle se releva, décidée à laisser faire ces gens; mais le capitaine
400 ayant murmuré: «C'est surprenant qu'on ne retrouve pas ses vêtements», une idée nouvelle qu'elle n'avait pas encore eue, entra brusquement dans sa tête de paysanne et elle demanda:

«Ous qu'é sont ses hardes*; c'est à mé. Je les veux. Ous qu'on les a mises?»

405 On lui expliqua comment elles demeuraient introuvables; alors elle les réclama avec une obstination désespérée, pleurant et gémissant: «C'est à mé, je les veux; ous qu'é sont, je les veux?»

Plus on tentait de la calmer, plus elle sanglotait, s'obstinait. Elle ne demandait plus le corps, elle voulait les vêtements, les vêtements de sa
410 fille, autant peut-être par inconsciente cupidité de misérable pour qui une pièce d'argent représente une fortune, que par tendresse maternelle.

Et quand le petit corps, roulé en des couvertures qu'on était allé chercher chez Renardet, disparut dans la voiture, la vieille, debout sous les arbres, soutenue par le maire et le capitaine, criait: «J'ai pu rien,
415 pu rien, pu rien au monde, pu rien, pas seulement son p'tit bonnet, son p'tit bonnet; j'ai pu rien, pu rien, pas seulement son p'tit bonnet.»

Le curé venait d'arriver; un tout jeune prêtre déjà gras. Il se chargea d'emmener la Roque, et ils s'en allèrent ensemble vers le village. La douleur de la mère s'atténuait sous la parole sucrée de
420 l'ecclésiastique*, qui lui promettait mille compensations. Mais elle répétait sans cesse: «Si j'avais seulement son p'tit bonnet...» s'obstinant à cette idée qui dominait à présent toutes les autres.

Renardet cria de loin: «Vous déjeunez avec nous, monsieur l'abbé, dans une heure.»

425 Le prêtre tourna la tête et répondit: «Volontiers, monsieur le maire. Je serai chez vous à midi.»

Et tout le monde se dirigea vers la maison dont on apercevait à travers les branches la façade grise et la grande tour plantée au bord de la Brindille.

430 Le repas dura longtemps ; on parlait du crime. Tout le monde se trouva du même avis ; il avait été accompli par quelque rôdeur, passant là par hasard, pendant que la petite prenait un bain.

Puis les magistrats retournèrent à Roüy, en annonçant qu'ils reviendraient le lendemain de bonne heure ; le médecin et le curé ren-
435 trèrent chez eux, tandis que Renardet, après une longue promenade par les prairies, s'en revint sous la futaie* où il se promena jusqu'à la nuit, à pas lents, les mains derrière le dos.

Il se coucha de fort bonne heure et il dormait encore le lendemain quand le juge d'instruction pénétra dans sa chambre. Il se frottait les
440 mains ; il avait l'air content ; il dit :

«Ah ! ah ! vous dormez encore ! Eh bien ! mon cher, nous avons du nouveau ce matin.»

Le maire s'était assis sur son lit :

«Quoi donc ?

445 — Oh quelque chose de singulier. Vous vous rappelez bien comme la mère réclamait, hier, un souvenir de sa fille, son petit bonnet surtout. Eh bien, en ouvrant sa porte, ce matin, elle a trouvé, sur le seuil, les deux petits sabots de l'enfant. Cela prouve que le crime a été commis par quelqu'un du pays, par quelqu'un qui a eu pitié d'elle.
450 Voilà en outre le facteur Médéric qui m'apporte le dé, le couteau et l'étui à aiguilles de la morte. Donc l'homme, en emportant les vêtements pour les cacher, a laissé tomber les objets contenus dans la poche. Pour moi, j'attache surtout de l'importance au fait des sabots, qui indique une certaine culture morale et une faculté d'attendrisse-
455 ment chez l'assassin. Nous allons donc, si vous le voulez bien, passer en revue ensemble les principaux habitants de votre pays[1].»

Le maire s'était levé. Il sonna afin qu'on lui apportât de l'eau chaude pour sa barbe. Il disait : «Volontiers ; mais ce sera assez long, et nous pouvons commencer tout de suite.»

---

1. Pays : région.

460   M. Putoin s'était assis à cheval sur une chaise, continuant ainsi, même dans les appartements, sa manie d'équitation.

Renardet, à présent, se couvrait le menton de mousse blanche en se regardant dans la glace ; puis il aiguisa son rasoir sur le cuir et il reprit : « Le principal habitant de Carvelin s'appelle Joseph
465 Renardet, maire, riche propriétaire, homme bourru qui bat les gardes et les cochers... »

Le juge d'instruction se mit à rire : « Cela suffit ; passons au suivant...

— Le second en importance est M. Pelledent, adjoint, éleveur de
470 bœufs, également riche propriétaire, paysan madré, très sournois, très retors en toute question d'argent, mais incapable, à mon avis, d'avoir commis un tel forfait. »

M. Putoin dit : « Passons. »

Alors, tout en se rasant et se lavant, Renardet continua l'inspec-
475 tion morale de tous les habitants de Carvelin. Après deux heures de discussion, leurs soupçons s'étaient arrêtés sur trois individus assez suspects : un braconnier nommé Cavalle, un pêcheur de truites et d'écrevisses nommé Paquet, et un piqueur* de bœufs nommé Clovis.

II

Les recherches durèrent tout l'été ; on ne découvrit pas le criminel.
480 Ceux qu'on soupçonna et qu'on arrêta prouvèrent facilement leur innocence, et le parquet dut renoncer à la poursuite du coupable.

Mais cet assassinat semblait avoir ému le pays entier d'une façon singulière. Il était resté aux âmes des habitants une inquiétude, une vague peur, une sensation d'effroi mystérieux, venue non seule-
485 ment de l'impossibilité de découvrir aucune trace, mais aussi et surtout de cette étrange trouvaille des sabots devant la porte de la Roque, le lendemain. La certitude que le meurtrier avait assisté aux constatations, qu'il vivait encore dans le village, sans doute, han-tait les esprits, les obsédait, paraissait planer sur le pays comme une
490 incessante menace.

La futaie*, d'ailleurs, était devenue un endroit redouté, évité, qu'on croyait hanté. Autrefois, les habitants venaient s'y promener

chaque dimanche dans l'après-midi. Ils s'asseyaient sur la mousse au pied des grands arbres énormes, ou bien s'en allaient le long de
495 l'eau en guettant les truites qui filaient sous les herbes. Les garçons jouaient aux boules[1], aux quilles, au bouchon[2], à la balle, en certaines places où ils avaient découvert, aplani et battu le sol ; et les filles, par rangs de quatre ou cinq, se promenaient en se tenant par le bras, piaillant de leurs voix criardes des romances qui grattaient l'oreille,
500 dont les notes fausses troublaient l'air tranquille et agaçaient les nerfs des dents ainsi que des gouttes de vinaigre. Maintenant personne n'allait plus sous la voûte épaisse et haute, comme si on se fût attendu à y trouver toujours quelque cadavre couché.

L'automne vint, les feuilles tombèrent. Elles tombaient jour et
505 nuit, descendaient en tournoyant, rondes et légères, le long des grands arbres ; et on commençait à voir le ciel à travers les branches. Quelquefois, quand un coup de vent passait sur les cimes, la pluie lente et continue s'épaississait brusquement, devenait une averse vaguement bruissante[3] qui couvrait la mousse d'un épais tapis jaune,
510 criant un peu sous les pas. Et le murmure presque insaisissable, le murmure flottant, incessant, doux et triste de cette chute, semblait une plainte, et ces feuilles tombant toujours, semblaient des larmes, de grandes larmes versées par les grands arbres tristes qui pleuraient jour et nuit sur la fin de l'année, sur la fin des aurores tièdes et des
515 doux crépuscules, sur la fin des brises chaudes et des clairs soleils, et aussi peut-être sur le crime qu'ils avaient vu commettre sous leur ombre, sur l'enfant violée et tuée à leur pied. Ils pleuraient dans le silence du bois désert et vide, du bois abandonné et redouté, où devait errer, seule, l'âme, la petite âme de la petite morte.

520 La Brindille, grossie par les orages, coulait plus vite, jaune et colère[4], entre ses berges sèches, entre deux haies de saules maigres et nus.

---

1. Aux boules : à la pétanque.
2. Au bouchon : jeu consistant à abattre à distance, au moyen d'un palet (disque épais), des pièces de monnaie placées sur un bouchon de liège.
3. Bruissante : retentissante.
4. Colère : emportée.

Et voilà que Renardet, tout à coup, revint se promener sous la futaie*. Chaque jour, à la nuit tombante, il sortait de sa maison,
525 descendait à pas lents son perron, et s'en allait sous les arbres d'un air songeur, les mains dans ses poches. Il marchait longtemps sur la mousse humide et molle, tandis qu'une légion de corbeaux, accourus de tous les voisinages pour coucher dans les grandes cimes, se déroulait à travers l'espace, à la façon d'un immense voile de deuil flottant
530 au vent, en poussant des clameurs* violentes et sinistres.

Quelquefois, ils se posaient, criblant de taches noires les branches emmêlées sur le ciel rouge, sur le ciel sanglant des crépuscules d'automne. Puis, tout à coup, ils repartaient en croassant affreusement et en déployant de nouveau au-dessus du bois le long feston sombre
535 de leur vol.

Ils s'abattaient enfin sur les faîtes[1] les plus hauts et cessaient peu à peu leurs rumeurs, tandis que la nuit grandissante mêlait leurs plumes noires au noir de l'espace.

Renardet errait encore au pied des arbres, lentement ; puis, quand
540 les ténèbres opaques ne lui permettaient plus de marcher, il rentrait, tombait comme une masse dans son fauteuil, devant la cheminée claire, en tendant au foyer ses pieds humides qui fumaient longtemps contre la flamme.

Or, un matin, une grande nouvelle courut dans le pays : le maire
545 faisait abattre sa futaie.

Vingt bûcherons travaillaient déjà. Ils avaient commencé par le coin le plus proche de la maison, et ils allaient vite en présence du maître.

D'abord, les ébrancheurs grimpaient le long du tronc.
550 Liés à lui par un collier de corde, ils l'enlacent d'abord de leurs bras, puis, levant une jambe, ils le frappent fortement d'un coup de pointe d'acier fixée à leur semelle. La pointe entre dans le bois, y reste enfoncée, et l'homme s'élève dessus comme sur une marche pour frapper de l'autre pied avec l'autre pointe sur laquelle il se soutiendra
555 de nouveau en recommençant avec la première.

---

1. Faîtes : cimes.

Et, à chaque montée, il porte plus haut le collier de corde qui l'attache à l'arbre ; sur ses reins, pend et brille la hachette d'acier. Il grimpe toujours doucement comme une bête parasite attaquant un géant, il monte lourdement le long de l'immense colonne, l'embras-
560 sant et l'éperonnant pour aller le décapiter.

Dès qu'il arrive aux premières branches, il s'arrête, détache de son flanc la serpe[1] aiguë et il frappe. Il frappe avec lenteur, avec méthode, entaillant le membre tout près du tronc ; et, soudain, la branche craque, fléchit, s'incline, s'arrache et s'abat en frôlant dans sa chute les
565 arbres voisins. Puis elle s'écrase sur le sol avec un grand bruit de bois brisé, et toutes ses menues branchettes palpitent longtemps.

Le sol se couvrait de débris que d'autres hommes taillaient à leur tour, liaient en fagots* et empilaient en tas, tandis que les arbres restés encore debout semblaient des poteaux démesurés, des pieux gigan-
570 tesques amputés et rasés par l'acier tranchant des serpes.

Et, quand l'ébrancheur avait fini sa besogne, il laissait au sommet du fût droit et mince le collier de corde qu'il y avait porté, il redescendait ensuite à coups d'éperon le long du tronc découronné que les bûcherons alors attaquaient par la base en frappant à grands coups
575 qui retentissaient dans tout le reste de la futaie.

Quand la blessure du pied semblait assez profonde, quelques hommes tiraient, en poussant un cri cadencé, sur la corde fixée au sommet, et l'immense mât soudain craquait et tombait sur le sol avec le bruit sourd* et la secousse d'un coup de canon lointain.

580 Et le bois diminuait chaque jour, perdant ses arbres abattus comme une armée perd ses soldats.

Renardet ne s'en allait plus ; il restait là du matin au soir, contemplant, immobile et les mains derrière le dos, la mort lente de sa futaie. Quand un arbre était tombé, il posait le pied dessus, ainsi que sur un
585 cadavre. Puis il levait les yeux sur le suivant avec une sorte d'impatience secrète et calme, comme s'il eût attendu, espéré, quelque chose à la fin de ce massacre.

Cependant, on approchait du lieu où la petite Roque avait été trouvée. On y parvint enfin, un soir, à l'heure du crépuscule.

---

1. Serpe : outil à lame recourbée.

590   Comme il faisait sombre, le ciel étant couvert, les bûcherons voulurent arrêter leur travail, remettant au lendemain la chute d'un hêtre énorme, mais le maître s'y opposa, et exigea qu'à l'heure même on ébranchât et abattît ce colosse qui avait ombragé le crime.

    Quand l'ébrancheur l'eut mis à nu, eut terminé sa toilette de
595 condamné, quand les bûcherons en eurent sapé la base, cinq hommes commencèrent à tirer sur la corde attachée au faîte.

    L'arbre résista ; son tronc puissant, bien qu'entaillé jusqu'au milieu, était rigide comme du fer. Les ouvriers, tous ensemble, avec une sorte de saut régulier, tendaient la corde en se couchant jusqu'à terre, et ils
600 poussaient un cri de gorge essoufflé qui montrait et réglait leur effort.

    Deux bûcherons, debout contre le géant, demeuraient la hache au poing, pareils à deux bourreaux prêts à frapper encore, et Renardet, immobile, la main sur l'écorce, attendait la chute avec une émotion inquiète et nerveuse.

605   Un des hommes lui dit : « Vous êtes trop près, monsieur le maire ; quand il tombera, ça pourrait vous blesser. »

    Il ne répondit pas et ne recula point ; il semblait prêt à saisir lui-même à pleins bras le hêtre pour le terrasser comme un lutteur.

    Ce fut tout à coup, dans le pied de la haute colonne de bois,
610 un déchirement qui sembla courir jusqu'au sommet comme une secousse douloureuse ; et elle s'inclina un peu, prête à tomber, mais résistant encore.

    Les hommes, excités, roidirent leurs bras, donnèrent un effort plus grand ; et comme l'arbre, brisé, croulait, soudain Renardet fit un pas
615 en avant, puis s'arrêta, les épaules soulevées pour recevoir le choc irrésistible, le choc mortel qui l'écraserait sur le sol.

    Mais le hêtre, ayant un peu dévié, lui frôla seulement les reins, le jetant sur la face à cinq mètres de là.

    Les ouvriers s'élancèrent pour le relever ; il s'était déjà soulevé lui-
620 même sur les genoux, étourdi, les yeux égarés, et passant la main sur son front, comme s'il se réveillait d'un accès de folie.

    Quand il se fut remis sur ses pieds, les hommes, surpris, l'interrogèrent, ne comprenant point ce qu'il avait fait. Il répondit, en balbutiant, qu'il avait eu un moment d'égarement, ou, plutôt, une seconde

625 de retour à l'enfance, qu'il s'était imaginé avoir le temps de passer
sous l'arbre, comme les gamins passent en courant devant les voitures
au trot, qu'il avait joué au danger, que depuis huit jours, il sentait
cette envie grandir en lui, en se demandant, chaque fois qu'un arbre
craquait pour tomber, si on pourrait passer dessous sans être touché.
630 C'était une bêtise, il l'avouait ; mais tout le monde a de ces minutes
d'insanité et de ces tentations d'une stupidité puérile[1].

Il s'expliquait lentement, cherchant ses mots, la voix sourde* ; puis
il s'en alla en disant : « À demain, mes amis, à demain. »

Dès qu'il fut rentré dans sa chambre, il s'assit devant sa table, que
635 sa lampe, coiffée d'un abat-jour, éclairait vivement, et, prenant son
front entre ses mains, il se mit à pleurer.

Il pleura longtemps, puis s'essuya les yeux, releva la tête et regarda
sa pendule. Il n'était pas encore six heures. Il pensa : « J'ai le temps
avant le dîner », et il alla fermer sa porte à clef. Il revint alors s'asseoir
640 devant sa table ; il fit sortir le tiroir du milieu, prit dedans un revolver
et le posa sur ses papiers, en pleine clarté. L'acier de l'arme luisait,
jetait des reflets pareils à des flammes.

Renardet le contempla quelque temps avec l'œil trouble d'un
homme ivre ; puis il se leva et se mit à marcher.

645 Il allait d'un bout à l'autre de l'appartement, et de temps en temps
s'arrêtait pour repartir aussitôt. Soudain, il ouvrit la porte de son
cabinet de toilette, trempa une serviette dans la cruche à eau et se
mouilla le front, comme il avait fait le matin du crime. Puis il se remit
à marcher. Chaque fois qu'il passait devant sa table, l'arme brillante
650 attirait son regard, sollicitait sa main ; mais il guettait la pendule et
pensait : « J'ai encore le temps. »

La demie de six heures sonna. Il prit alors le revolver, ouvrit la
bouche toute grande avec une affreuse grimace, et enfonça le canon
dedans comme s'il eût voulu l'avaler. Il resta ainsi quelques secondes,
655 immobile, le doigt sur la gâchette, puis, brusquement secoué par un
frisson d'horreur, il cracha le pistolet sur le tapis.

---

1. Puérile : enfantine.

Et il retomba sur son fauteuil en sanglotant : « Je ne peux pas. Je n'ose pas ! Mon Dieu ! Mon Dieu ! Comment faire pour avoir le courage de me tuer ! »

660   On frappait à la porte ; il se dressa, affolé. Un domestique disait : « Le dîner de monsieur est prêt. » Il répondit : « C'est bien. Je descends. »

Alors il ramassa l'arme, l'enferma de nouveau dans le tiroir, puis se regarda dans la glace de la cheminée pour voir si son visage ne lui semblait pas trop convulsé. Il était rouge, comme toujours, un peu plus
665   rouge peut-être. Voilà tout. Il descendit et se mit à table. Il mangea lentement, en homme qui veut faire traîner le repas, qui ne veut point se retrouver seul avec lui-même. Puis il fuma plusieurs pipes dans la salle pendant qu'on desservait. Puis il remonta dans sa chambre.

Dès qu'il s'y fut enfermé, il regarda sous son lit, ouvrit toutes ses
670   armoires, explora tous les coins, fouilla tous les meubles. Il alluma ensuite les bougies de sa cheminée, et, tournant plusieurs fois sur lui-même, parcourut de l'œil tout l'appartement avec une angoisse d'épouvante qui lui crispait la face, car il savait bien qu'il allait la voir, comme toutes les nuits, la petite Roque, la petite fille qu'il avait violée,
675   puis étranglée.

Toutes les nuits, l'odieuse vision recommençait. C'était d'abord dans ses oreilles une sorte de ronflement comme le bruit d'une machine à battre[1] ou le passage lointain d'un train sur un pont. Il commençait alors à haleter, à étouffer, et il lui fallait déboutonner son
680   col de chemise et sa ceinture. Il marchait pour faire circuler le sang, il essayait de lire, il essayait de chanter ; c'était en vain ; sa pensée, malgré lui, retournait au jour du meurtre, et le lui faisait recommencer dans ses détails les plus secrets, avec toutes ses émotions les plus violentes de la première minute à la dernière.

685   Il avait senti, en se levant, ce matin-là, le matin de l'horrible jour, un peu d'étourdissement et de migraine qu'il attribuait à la chaleur, de sorte qu'il était resté dans sa chambre jusqu'à l'appel du déjeuner. Après le repas, il avait fait la sieste ; puis il était sorti vers la fin de l'après-midi pour respirer la brise fraîche et calmante sous les arbres
690   de sa futaie*.

---

1. Machine à battre : batteuse (machine à battre le blé).

Mais, dès qu'il fut dehors, l'air lourd et brûlant de la plaine l'oppressa davantage. Le soleil, encore haut dans le ciel, versait sur la terre calcinée, sèche et assoiffée, des flots de lumière ardente. Aucun souffle de vent ne remuait les feuilles. Toutes les bêtes, les oiseaux, les
695 sauterelles elles-mêmes se taisaient. Renardet gagna les grands arbres et se mit à marcher sur la mousse où la Brindille évaporait un peu de fraîcheur sous l'immense toiture de branches. Mais il se sentait mal à l'aise. Il lui semblait qu'une main inconnue, invisible, lui serrait le cou ; et il ne songeait presque à rien, ayant d'ordinaire peu
700 d'idées dans la tête. Seule une pensée vague le hantait depuis trois mois, la pensée de se remarier. Il souffrait de vivre seul, il en souffrait moralement et physiquement. Habitué depuis dix ans à sentir une femme près de lui, accoutumé à sa présence de tous les instants, à son étreinte quotidienne, il avait besoin, un besoin impérieux et confus,
705 de son contact incessant et de son baiser régulier. Depuis la mort de Mme Renardet, il souffrait sans cesse sans bien comprendre pourquoi, il souffrait de ne plus sentir sa robe frôler ses jambes tout le jour, et de ne plus pouvoir se calmer et s'affaiblir entre ses bras, surtout. Il était veuf depuis six mois à peine et il cherchait déjà dans les envi-
710 rons quelle jeune fille ou quelle veuve il pourrait épouser lorsque son deuil serait fini.

Il avait une âme chaste[1], mais logée dans un corps puissant d'Hercule, et des images charnelles commençaient à troubler son sommeil et ses veilles. Il les chassait ; elles revenaient ; et il murmurait
715 par moments en souriant de lui-même : « Me voici comme saint Antoine[2]. »

Ayant eu ce matin-là plusieurs de ces visions obsédantes, le désir lui vint tout à coup de se baigner dans la Brindille pour se rafraîchir et apaiser l'ardeur de son sang.

720 Il connaissait un peu plus loin un endroit large et profond où les gens du pays venaient se tremper quelquefois en été. Il y alla.

Des saules épais cachaient ce bassin clair où le courant se reposait, sommeillait un peu avant de repartir. Renardet, en approchant,

---

1. Chaste : pure.
2. Antoine le Grand : ermite (251-356) qui, selon la légende, aurait été tenté par le Diable alors qu'il se recueillait dans le désert.

crut entendre un léger bruit, un faible clapotement qui n'était point
725 celui du ruisseau sur les berges. Il écarta doucement les feuilles et
regarda. Une fillette, toute nue, toute blanche à travers l'onde trans-
parente, battait l'eau des deux mains, en dansant un peu dedans,
et tournant sur elle-même avec des gestes gentils. Ce n'était plus
un enfant, ce n'était pas encore une femme ; elle était grasse et
730 formée, tout en gardant un air de gamine précoce, poussée vite,
presque mûre. Il ne bougeait plus, perclus* de surprise, d'angoisse,
le souffle coupé par une émotion bizarre et poignante. Il demeurait
là, le cœur battant comme si un de ses rêves sensuels venait de se
réaliser, comme si une fée impure eût fait apparaître devant lui cet
735 être troublant et trop jeune, cette petite Vénus[1] paysanne, née dans
les bouillons du ruisselet, comme l'autre, la grande, dans les vagues
de la mer.

Soudain l'enfant sortit du bain, et, sans le voir, s'en vint vers lui
pour chercher ses hardes* et se rhabiller. À mesure qu'elle approchait
740 à petits pas hésitants, par crainte des cailloux pointus, il se sentait
poussé vers elle par une force irrésistible, par un emportement bestial
qui soulevait toute sa chair, affolait son âme et le faisait trembler des
pieds à la tête.

Elle resta debout, quelques secondes, derrière le saule qui le
745 cachait. Alors, perdant toute raison, il ouvrit les branches, se rua sur
elle et la saisit dans ses bras. Elle tomba, trop effarée* pour résister,
trop épouvantée pour appeler, et il la posséda sans comprendre ce
qu'il faisait.

Il se réveilla de son crime, comme on se réveille d'un cauchemar.
750 L'enfant commençait à pleurer.

Il dit : « Tais-toi, tais-toi donc. Je te donnerai de l'argent. »

Mais elle n'écoutait pas ; elle sanglotait.

Il reprit : « Mais tais-toi donc. Tais-toi donc. Tais-toi donc. »

Elle hurla en se tordant pour s'échapper.

755 Il comprit brusquement qu'il était perdu ; et il la saisit par le cou
pour arrêter dans sa bouche ces clameurs* déchirantes et terribles.

---

1. Vénus : dans la mythologie romaine, déesse de l'Amour, née de l'écume de l'océan.

Comme elle continuait à se débattre avec la force exaspérée d'un être qui veut fuir la mort, il ferma ses mains de colosse sur la petite gorge gonflée de cris, et il l'eut étranglée en quelques instants, tant il ser-
760 rait furieusement, sans qu'il songeât à la tuer, mais seulement pour la faire taire.

Puis il se dressa, éperdu d'horreur.

Elle gisait devant lui, sanglante et la face noire. Il allait se sauver, quand surgit dans son âme bouleversée l'instinct mystérieux et
765 confus qui guide tous les êtres en danger.

Il faillit jeter le corps à l'eau ; mais une autre impulsion le poussa vers les hardes dont il fit un mince paquet. Alors, comme il avait de la ficelle dans ses poches, il le lia et le cacha dans un trou profond du ruisseau, sous un tronc d'arbre dont le pied baignait dans la Brindille.
770 Puis il s'en alla, à grands pas, gagna les prairies, fit un immense détour pour se montrer à des paysans qui habitaient fort loin de là, de l'autre côté du pays, et il rentra pour dîner à l'heure ordinaire en racontant à ses domestiques tout le parcours de sa promenade.

Il dormit pourtant cette nuit-là ; il dormit d'un épais sommeil de
775 brute, comme doivent dormir quelquefois les condamnés à mort. Il n'ouvrit les yeux qu'aux premières lueurs du jour, et il attendit, tor-turé par la peur du forfait découvert, l'heure ordinaire de son réveil.

Puis il dut assister à toutes les constatations. Il le fit à la façon des somnambules, dans une hallucination qui lui montrait les choses et
780 les hommes à travers une sorte de songe, dans un nuage d'ivresse, dans ce doute d'irréalité qui trouble l'esprit aux heures des grandes catastrophes.

Seul le cri déchirant de la Roque lui traversa le cœur. À ce moment il faillit se jeter aux genoux de la vieille femme en criant : « C'est moi. »
785 Mais il se contint. Il alla pourtant, durant la nuit, repêcher les sabots de la morte, pour les porter sur le seuil de sa mère.

Tant que dura l'enquête, tant qu'il dut guider et égarer la justice, il fut calme, maître de lui, rusé et souriant. Il discutait paisiblement avec les magistrats toutes les suppositions qui leur passaient par l'esprit,
790 combattait leurs opinions, démolissait leurs raisonnements. Il prenait même un certain plaisir âcre et douloureux à troubler leurs perquisi-tions, à embrouiller leurs idées, à innocenter ceux qu'ils suspectaient.

Mais à partir du jour où les recherches furent abandonnées, il devint peu à peu nerveux, plus excitable encore qu'autrefois, bien
795 qu'il maîtrisât ses colères. Les bruits soudains le faisaient sauter de peur ; il frémissait pour la moindre chose, tressaillait parfois des pieds à la tête quand une mouche se posait sur son front. Alors un besoin impérieux de mouvement l'envahit, le força à des courses prodigieuses, le tint debout des nuits entières, marchant à travers sa chambre.
800 Ce n'était point qu'il fût harcelé par des remords. Sa nature brutale ne se prêtait à aucune nuance de sentiment ou de crainte morale. Homme d'énergie et même de violence, né pour faire la guerre, ravager les pays conquis et massacrer les vaincus, plein d'instincts sauvages de chasseur et de batailleur, il ne comptait guère la vie humaine.
805 Bien qu'il respectât l'Église, par politique, il ne croyait ni à Dieu, ni au diable, n'attendant par conséquent, dans une autre vie, ni châtiment, ni récompense de ses actes en celle-ci. Il gardait pour toute croyance une vague philosophie faite de toutes les idées des encyclopédistes[1] du siècle dernier ; et il considérait la Religion comme une sanction
810 morale de la Loi, l'une et l'autre ayant été inventées par les hommes pour régler les rapports sociaux.

Tuer quelqu'un en duel, ou à la guerre, ou dans une querelle, ou par accident, ou par vengeance, ou même par forfanterie[2], lui eût semblé une chose amusante et crâne[3], et n'eût pas laissé plus de
815 traces en son esprit que le coup de fusil tiré sur un lièvre ; mais il avait ressenti une émotion profonde du meurtre de cette enfant. Il l'avait commis d'abord dans l'affolement d'une ivresse irrésistible, dans une espèce de tempête sensuelle emportant sa raison. Et il avait gardé au cœur, gardé dans sa chair, gardé sur ses lèvres, gardé jusque
820 dans ses doigts d'assassin une sorte d'amour bestial, en même temps qu'une horreur épouvantée pour cette fillette surprise par lui et tuée lâchement. À tout instant sa pensée revenait à cette scène horrible ; et bien qu'il s'efforçât de chasser cette image, qu'il l'écartât avec terreur,

---

1. Encyclopédistes : les philosophes du siècle des Lumières.
2. Forfanterie : bravade.
3. Crâne : audacieuse.

avec dégoût, il la sentait rôder dans son esprit, tourner autour de lui,
825 attendant sans cesse le moment de réapparaître.

Alors il eut peur des soirs, peur de l'ombre tombant autour
de lui. Il ne savait pas encore pourquoi les ténèbres lui semblaient
effrayantes ; mais il les redoutait d'instinct ; il les sentait peuplées
de terreur. Le jour clair ne se prête point aux épouvantes. On y voit
830 les choses et les êtres ; aussi n'y rencontre-t-on que les choses et les
êtres naturels qui peuvent se montrer dans la clarté. Mais la nuit, la
nuit opaque, plus épaisse que des murailles*, et vide, la nuit infinie,
si noire, si vaste, où l'on peut frôler d'épouvantables choses, la nuit
où l'on sent errer, rôder l'effroi mystérieux, lui paraissait cacher un
835 danger inconnu, proche et menaçant ! Lequel ?

Il le sut bientôt. Comme il était dans son fauteuil, assez tard, un
soir qu'il ne dormait pas, il crut voir remuer le rideau de sa fenêtre. Il
attendit, inquiet, le cœur battant ; la draperie ne bougeait plus ; puis,
soudain, elle s'agita de nouveau ; du moins il pensa qu'elle s'agitait. Il
840 n'osait point se lever ; il n'osait plus respirer ; et pourtant il était brave ;
il s'était battu souvent et il aurait aimé découvrir chez lui des voleurs.

Était-il vrai qu'il remuait, ce rideau ? Il se le demandait, craignant
d'être trompé par ses yeux. C'était si peu de chose, d'ailleurs, un
léger frisson de l'étoffe, une sorte de tremblement des plis, à peine
845 une ondulation comme celle que produit le vent. Renardet demeurait les yeux fixes, le cou tendu ; et brusquement il se leva, honteux
de sa peur, fit quatre pas, saisit la draperie à deux mains et l'écarta
largement. Il ne vit rien d'abord que les vitres noires, noires comme
des plaques d'encre luisante. La nuit, la grande nuit impénétrable
850 s'étendait par-derrière jusqu'à l'invisible horizon. Il restait debout
en face de cette ombre illimitée ; et tout à coup il y aperçut une lueur,
une lueur mouvante, qui semblait éloignée. Alors il approcha son
visage du carreau, pensant qu'un pêcheur d'écrevisses braconnait
sans doute dans la Brindille, car il était minuit passé, et cette lueur
855 rampait au bord de l'eau, sous la futaie*. Comme il ne distinguait pas
encore, Renardet enferma ses yeux entre ses mains ; et brusquement
cette lueur devint une clarté, et il aperçut la petite Roque nue et sanglante sur la mousse.

Il recula crispé d'horreur, heurta son siège et tomba sur le dos.
860 Il y resta quelques minutes l'âme en détresse, puis il s'assit et se mit à
réfléchir. Il avait eu une hallucination, voilà tout ; une hallucination
venue de ce qu'un maraudeur[1] de nuit marchait au bord de l'eau
avec son fanal. Quoi d'étonnant d'ailleurs à ce gue le souvenir de son
crime jetât en lui, parfois, la vision de la morte.

865 S'étant relevé, il but un verre d'eau, puis s'assit. Il songeait : « Que
vais-je faire, si cela recommence ? » Et cela recommencerait, il le sentait, il en était sûr. Déjà la fenêtre sollicitait son regard, l'appelait,
l'attirait. Pour ne plus la voir, il tourna sa chaise ; puis il prit un livre
et essaya de lire ; mais il lui sembla entendre bientôt s'agiter quelque
870 chose derrière lui, et il fit brusquement pivoter sur un pied son fauteuil. Le rideau remuait encore ; certes, il avait remué, cette fois ; il
n'en pouvait plus douter ; il s'élança et le saisit d'une main si brutale
qu'il le jeta bas avec sa galerie[2] ; puis il colla avidement sa face contre
la vitre. Il ne vit rien. Tout était noir au-dehors ; et il respira avec la
875 joie d'un homme dont on vient de sauver la vie.

Donc il retourna s'asseoir ; mais presque aussitôt le désir le reprit
de regarder de nouveau par la fenêtre. Depuis que le rideau était
tombé, elle faisait une sorte de trou sombre attirant, redoutable, sur
la campagne obscure. Pour ne point céder à cette dangereuse tenta-
880 tion, il se dévêtit, souffla ses lumières, se coucha et ferma les yeux.

Immobile, sur le dos, la peau chaude et moite, il attendait le sommeil. Une grande lumière tout à coup traversa ses paupières. Il les
ouvrit, croyant sa demeure en feu. Tout était noir, et il se mit sur son
coude pour tâcher de distinguer sa fenêtre qui l'attirait toujours, invin-
885 ciblement. À force de chercher à voir, il aperçut quelques étoiles ; et il
se leva, traversa sa chambre à tâtons, trouva les carreaux avec ses mains
étendues, appliqua son front dessus. Là-bas, sous les arbres, le corps de
la fillette luisait comme du phosphore, éclairant l'ombre autour de lui !

Renardet poussa un cri et se sauva vers son lit, où il resta jusqu'au
890 matin, la tête cachée sous l'oreiller.

---

1. Maraudeur : voleur.
2. Galerie : ornement.

À partir de ce moment, sa vie devint intolérable. Il passait ses jours dans la terreur des nuits ; et chaque nuit, la vision recommençait. À peine enfermé dans sa chambre, il essayait de lutter ; mais en vain. Une force irrésistible le soulevait et le poussait à sa vitre, comme pour
895 appeler le fantôme et il le voyait aussitôt, couché d'abord au lieu du crime, couché les bras ouverts, les jambes ouvertes, tel que le corps avait été trouvé. Puis la morte se levait et s'en venait, à petits pas, ainsi que l'enfant avait fait en sortant de la rivière. Elle s'en venait, douce- ment, tout droit en passant sur le gazon et sur la corbeille de fleurs
900 desséchées ; puis elle s'élevait dans l'air, vers la fenêtre de Renardet. Elle venait vers lui, comme elle était venue le jour du crime, vers le meurtrier. Et l'homme reculait devant l'apparition, il reculait jusqu'à son lit et s'affaissait dessus, sachant bien que la petite était entrée et qu'elle se tenait maintenant derrière le rideau qui remuerait tout à
905 l'heure. Et jusqu'au jour il le regardait, ce rideau, d'un œil fixe, s'at- tendant sans cesse à voir sortir sa victime. Mais elle ne se montrait plus ; elle restait là, sous l'étoffe agitée parfois d'un tremblement. Et Renardet, les doigts crispés sur ses draps, les serrait ainsi qu'il avait serré la gorge de la petite Roque. Il écoutait sonner les heures ; il
910 entendait battre dans le silence le balancier de sa pendule et les coups profonds de son cœur. Et il souffrait, le misérable, plus qu'aucun homme n'avait jamais souffert.

Puis, dès qu'une ligne blanche apparaissait au plafond, annonçant le jour prochain, il se sentait délivré, seul enfin, seul dans sa chambre ;
915 et il se recouchait. Il dormait alors quelques heures, d'un sommeil inquiet et fiévreux, où il recommençait souvent en rêve l'épouvan- table vision de ses veilles.

Quand il descendait plus tard pour le déjeuner de midi, il se sentait courbaturé comme après de prodigieuses fatigues ; et il man-
920 geait à peine, hanté toujours par la crainte de celle qu'il reverrait la nuit suivante.

Il savait bien pourtant que ce n'était pas une apparition, que les morts ne reviennent point, et que son âme malade, son âme obsédée par une pensée unique, par un souvenir inoubliable, était la seule
925 cause de son supplice, la seule évocatrice de la morte ressuscitée par elle, appelée par elle et dressée aussi par elle devant ses yeux où

restait empreinte l'image ineffaçable. Mais il savait aussi qu'il ne guérirait pas, qu'il n'échapperait jamais à la persécution sauvage de sa mémoire ; et il se résolut à mourir, plutôt que de supporter plus 930 longtemps ces tortures.

Alors il chercha comment il se tuerait. Il voulait quelque chose de simple et de naturel, qui ne laisserait pas croire à un suicide. Car il tenait à sa réputation, au nom légué par ses pères ; et si on soupçonnait la cause de sa mort, on songerait sans doute au crime inexpliqué, 935 à l'introuvable meurtrier, et on ne tarderait point à l'accuser du forfait.

Une idée étrange lui était venue, celle de se faire écraser par l'arbre au pied duquel il avait assassiné la petite Roque. Il se décida donc à faire abattre sa futaie* et à simuler un accident. Mais le hêtre refusa de lui casser les reins.

940 Rentré chez lui, en proie à un désespoir éperdu, il avait saisi son revolver, et puis il n'avait pas osé tirer.

L'heure du dîner sonna ; il avait mangé, puis était remonté. Et il ne savait pas ce qu'il allait faire. Il se sentait lâche, maintenant qu'il avait échappé une première fois. Tout à l'heure il était prêt, fortifié, décidé, 945 maître de son courage et de sa résolution ; à présent, il était faible et il avait peur de la mort, autant que de la morte.

Il balbutiait : « Je n'oserai plus, je n'oserai plus » ;.et il regardait avec terreur, tantôt l'arme sur sa table, tantôt le rideau qui cachait sa fenêtre. Il lui semblait aussi que quelque chose d'horrible aurait 950 lieu sitôt que sa vie cesserait ! Quelque chose ? Quoi ? Leur rencontre peut-être ? Elle le guettait, elle l'attendait, l'appelait, et c'était pour le prendre à son tour, pour l'attirer dans sa vengeance et le décider à mourir qu'elle se montrait ainsi tous les soirs.

Il se mit à pleurer comme un enfant, répétant : « Je n'oserai plus, 955 je n'oserai plus. » Puis il tomba sur les genoux, et balbutia : « Mon Dieu, mon Dieu. » Sans croire à Dieu, pourtant. Et il n'osait plus, en effet, regarder sa fenêtre où il savait blottie l'apparition, ni sa table où luisait son revolver.

Quand il se fut relevé, il dit tout haut : « Ça ne peut pas durer, il 960 faut en finir. » Le son de sa voix dans la chambre silencieuse lui fit passer un frisson de peur le long des membres ; mais comme il ne se décidait à prendre aucune résolution ; comme il sentait bien que le doigt de sa main refuserait toujours de presser la gâchette de l'arme, il retourna cacher sa tête sous les couvertures de son lit, et il réfléchit.

965   Il lui fallait trouver quelque chose qui le forcerait à mourir, inventer une ruse contre lui-même qui ne lui laisserait plus aucune hésitation, aucun retard, aucun regret possibles. Il enviait les condamnés qu'on mène à l'échafaud au milieu des soldats. Oh ! s'il pouvait prier quelqu'un de tirer ; s'il pouvait, avouant l'état de son âme, avouant

970   son crime à un ami sûr qui ne le divulguerait jamais, obtenir de lui la mort. Mais à qui demander ce service terrible ? À qui ? Il cherchait parmi les gens qu'il connaissait. Le médecin ? Non. Il raconterait cela plus tard, sans doute ? Et tout à coup, une bizarre pensée traversa son esprit. Il allait écrire au juge d'instruction, qu'il connaissait

975   intimement, pour se dénoncer lui-même. Il lui dirait tout, dans cette lettre, et le crime, et les tortures qu'il endurait, et sa résolution de mourir, et ses hésitations, et le moyen qu'il employait pour forcer son courage défaillant. Il le supplierait au nom de leur vieille amitié de détruire sa lettre dès qu'il aurait appris que le coupable s'était fait

980   justice. Renardet pouvait compter sur ce magistrat, il le savait sûr, discret, incapable même d'une parole légère. C'était un de ces hommes qui ont une conscience inflexible gouvernée, dirigée, réglée par leur seule raison.

À peine eut-il formé ce projet qu'une joie bizarre envahit son

985   cœur. Il était tranquille à présent. Il allait écrire sa lettre, lentement, puis, au jour levant, il la déposerait dans la boîte clouée au mur de sa métairie*, puis il monterait sur sa tour pour voir arriver le facteur, et quand l'homme à la blouse bleue s'en irait, il se jetterait la tête la première sur les roches où s'appuyaient les fondations. Il pren-

990   drait soin d'être vu d'abord par les ouvriers qui abattaient son bois. Il pourrait donc grimper sur la marche avancée qui portait le mât du drapeau déployé aux jours de fête. Il casserait ce mât d'une secousse et se précipiterait avec lui. Comment douter d'un accident ? Et il se tuerait net, étant donné son poids et la hauteur de sa tour.

995   Il sortit aussitôt de son lit, gagna sa table de nuit et se mit à écrire ; il n'oublia rien, pas un détail du crime, pas un détail de sa vie d'angoisses, pas un détail des tortures de son cœur, et il termina en annonçant qu'il s'était condamné lui-même, qu'il allait exécuter

le criminel, et en priant son ami, son ancien ami, de veiller à ce que
1000 jamais on n'accusât sa mémoire.

En achevant sa lettre, il s'aperçut que le jour était venu. Il la ferma,
la cacheta, écrivit l'adresse, puis il descendit à pas légers, courut
jusqu'à la petite boîte blanche collée au mur, au coin de la ferme, et
quand il eut jeté dedans ce papier qui énervait sa main, il revint vite,
1005 referma les verrous de la grande porte et grimpa sur sa tour pour
attendre le passage du piéton qui emporterait son arrêt de mort.

Il se sentait calme, maintenant, délivré, sauvé!

Un vent froid, sec, un vent de glace lui passait sur la face. Il l'as-
pirait avidement, la bouche ouverte, buvant sa caresse gelée. Le ciel
1010 était rouge, d'un rouge ardent, d'un rouge d'hiver, et toute la plaine
blanche de givre brillait sous les premiers rayons du soleil, comme si
elle eût été poudrée de verre pilé. Renardet, debout, nu-tête, regardait
le vaste pays, les prairies à gauche, à droite le village dont les chemi-
nées commençaient à fumer pour le repas du matin.
1015 À ses pieds il voyait couler la Brindille, dans les roches où il s'écraserait tout à l'heure. Il se sentait renaître dans cette belle aurore glacée, et
plein de force, plein de vie. La lumière le baignait, l'entourait, le pénétrait
comme une espérance. Mille souvenirs l'assaillaient, des souvenirs de
matins pareils, de marche rapide sur la terre dure qui sonnait sous les pas,
1020 de chasses heureuses au bord des étangs où dorment les canards sauvages.
Toutes les bonnes choses qu'il aimait, les bonnes choses de l'existence
accouraient dans son souvenir, l'aiguillonnaient de désirs nouveaux,
réveillaient tous les appétits vigoureux de son corps actif et puissant.

Et il allait mourir? Pourquoi? Il allait se tuer stupidement, parce
1025 qu'il avait peur d'une ombre? peur de rien? Il était riche et jeune
encore! Quelle folie! Mais il lui suffisait d'une distraction, d'une
absence, d'un voyage pour oublier! Cette nuit même, il ne l'avait pas
vue, l'enfant, parce que sa pensée, préoccupée, s'était égarée sur autre
chose. Peut-être ne la reverrait-il plus? Et si elle le hantait encore
1030 dans cette maison, certes, elle ne le suivrait pas ailleurs! Le terre était
grande, et l'avenir long! Pourquoi mourir?

Son regard errait sur les prairies, et il aperçut une tache bleue
dans le sentier le long de la Brindille. C'était Médéric qui s'en venait
apporter les lettres de la ville et emporter celles du village.

1035   Renardet eut un sursaut, la sensation d'une douleur le traversant, et il s'élança dans l'escalier tournant pour reprendre sa lettre, pour la réclamer au facteur. Peu lui importait d'être vu, maintenant ; il courut à travers l'herbe où moussait la glace légère des nuits, et il arriva devant la boîte, au coin de la ferme, juste en même temps
1040   que le piéton.

L'homme avait ouvert la petite porte de bois et prenait les quelques papiers déposés là par des habitants du pays.

Renardet lui dit :

« Bonjour Médéric.

1045   — Bonjour, m'sieu le maire.

— Dites donc, Médéric, j'ai jeté à la boîte une lettre dont j'ai besoin. Je viens vous demander de me la rendre.

— C'est bien, m'sieu le maire, on vous la donnera. »

Et le facteur leva les yeux. Il demeura stupéfait devant le visage de
1050   Renardet ; il avait les joues violettes, le regard trouble, cerclé de noir, comme enfoncé dans la tête, les cheveux en désordre, la barbe mêlée, la cravate défaite. Il était visible qu'il ne s'était point couché.

L'homme demanda : « C'est-il que vous êtes malade, m'sieu le maire ? »

L'autre, comprenant soudain que son allure devait être étrange,
1055   perdit contenance, balbutia : « Mais non... mais non... Seulement, j'ai sauté du lit pour vous demander cette lettre... Je dormais... Vous comprenez ?... »

Un vague soupçon passa dans l'esprit de l'ancien soldat.

Il reprit : « Qué lettre ?

1060   — Celle que vous allez me rendre. »

Maintenant, Médéric hésitait, l'attitude du maire ne lui paraissait pas naturelle. Il y avait peut-être un secret dans cette lettre, un secret de politique. Il savait que Renardet n'était pas républicain, et il connaissait tous les trucs et toutes les supercheries qu'on emploie
1065   aux élections.

Il demanda : « À qui qu'elle est adressée, c'te lettre ?

— À M. Putoin, le juge d'instruction ; vous savez bien, M. Putoin, mon ami ! »

Le piéton chercha dans les papiers et trouva celui qu'on lui récla-
1070   mait. Alors il se mit à le regarder, le tournant et le retournant dans

ses doigts, fort perplexe, fort troublé par la crainte de commettre une faute grave ou de se faire un ennemi du maire.

Voyant son hésitation, Renardet fit un mouvement pour saisir la lettre et la lui arracher. Ce geste brusque convainquit Médéric
1075 qu'il s'agissait d'un mystère important et le décida à faire son devoir, coûte que coûte.

Il jeta donc l'enveloppe dans son sac et le referma, en répondant : « Non, j' peux pas, m'sieu le maire. Du moment qu'elle allait à la justice, j' peux pas. »
1080   Une angoisse affreuse étreignit le cœur de Renardet, qui balbutia : « Mais vous me connaissez bien. Vous pouvez même reconnaître mon écriture. Je vous dis que j'ai besoin de ce papier.

— J'peux pas.

— Voyons, Médéric, vous savez que je suis incapable de vous
1085 tromper, je vous dis que j'en ai besoin.

— Non. J'peux pas. »

Un frisson de colère passa dans l'âme violente de Renardet.

« Mais, sacrebleu, prenez garde. Vous savez que je ne badine[1] pas, moi, et que je peux vous faire sauter de votre place, mon bonhomme,
1090 et sans tarder encore. Et puis je suis le maire du pays, après tout ; et je vous ordonne maintenant de me rendre ce papier. »

Le piéton répondit avec fermeté : « Non, je n'peux pas, m'sieu le maire ! »

Alors Renardet, perdant la tête, le saisit par les bras pour lui enlever
1095 son sac ; mais l'homme se débarrassa d'une secousse et, reculant, leva son gros bâton de houx*. Il prononça, toujours calme : « Oh ! ne me touchez pas, m'sieu le maire, ou je cogne. Prenez garde. Je fais mon devoir, moi ! »

Se sentant perdu, Renardet, brusquement, devint humble, doux,
1100 implorant comme un enfant qui pleure.

« Voyons, voyons, mon ami, rendez-moi cette lettre, je vous récompenserai, je vous donnerai de l'argent, tenez, tenez, je vous donnerai cent francs, vous entendez, cent francs. »

---

1. Badine : plaisante.

L'homme tourna les talons et se mit en route.

1105 Renardet le suivit, haletant*, balbutiant :

« Médéric, Médéric, écoutez, je vous donnerai mille francs, vous entendez, mille francs. »

L'autre allait toujours, sans répondre. Renardet reprit : « Je ferai votre fortune... vous entendez, ce que vous voudrez... Cinquante mille
1110 francs... Cinquante mille francs pour cette lettre... Qu'est-ce que ça vous fait ?... Vous ne voulez pas ?... Eh bien, cent mille... dites... cent mille francs... comprenez-vous ?... cent mille francs... cent mille francs. »

Le facteur se retourna, la face dure, l'œil sévère :

« En voilà assez, ou bien je répéterai à la justice tout ce que vous
1115 venez de me dire là. »

Renardet s'arrêta net. C'était fini. Il n'avait plus d'espoir. Il se retourna et se sauva vers sa maison, galopant comme une bête chassée.

Alors Médéric à son tour s'arrêta et regarda cette fuite avec stupéfaction. Il vit le maire rentrer chez lui, et il attendit encore comme si
1120 quelque chose de surprenant ne pouvait manquer d'arriver.

Bientôt, en effet, la haute taille de Renardet apparut au sommet de la tour du Renard. Il courait autour de la plate-forme comme un fou ; puis il saisit le mât du drapeau et le secoua avec fureur sans parvenir à le briser, puis soudain, pareil à un nageur qui pique une tête, il se
1125 lança dans le vide, les deux mains en avant.

Mérédic s'élança pour porter secours. En traversant le parc, il aperçut les bûcherons allant au travail. Il les héla[1] en leur criant l'accident ; et ils trouvèrent au pied des murs un corps sanglant dont la tête s'était écrasée sur une roche. La Brindille entourait cette roche, et
1130 sur ses eaux élargies en cet endroit, claires et calmes, on voyait couler un long filet rose de cervelle et de sang mêlés.

---

1. Héla : appela de loin.

JORIS-KARL HUYSMANS
(1848-1907)

SAC AU DOS

Aussitôt que j'eus achevé mes études, mes parents jugèrent utile de me faire comparoir[1] devant une table habillée de drap vert et surmontée de bustes de vieux messieurs qui s'inquiétèrent de savoir si j'avais appris assez de langue morte pour être promu au grade de bachelier.

5 L'épreuve fut satisfaisante. – Un dîner où tout l'arrière-ban[2] de ma famille fut convoqué, célébra mes succès, s'inquiéta de mon avenir, et résolut enfin que je ferais mon droit.

Je passai tant bien que mal le premier examen et je mangeai l'argent de mes inscriptions de deuxième année avec une blonde qui 10 prétendait avoir de l'affection pour moi, à certaines heures.

Je fréquentai assidûment le Quartier latin[3] et j'y appris beaucoup de choses, entre autres à m'intéresser à des étudiants qui crachaient, tous les soirs, dans des bocks, leurs idées sur la politique, puis à goûter aux œuvres de George Sand et de Heine, d'Edgar Quinet et d'Henri Murger[4].

---

1. Comparoir : comparaître.
2. Tout l'arrière-ban : dans l'Ancien Régime, l'arrière-ban désignait le corps de la noblesse mandé pour la guerre par le roi ; Huysmans utilise le terme ironiquement pour désigner les membres de sa famille.
3. Quartier latin : quartier universitaire de Paris.
4. George Sand (1804-1876), Heinrich Heine (1797-1856), Edgar Quinet (1803-1875), Henri Murger (1822-1861) : écrivains de gauche.

15   La puberté de la sottise m'était venue.

Cela dura bien un an ; je mûrissais peu à peu, les luttes électorales de la fin de l'Empire[1] me laissèrent froid ; je n'étais le fils ni d'un sénateur ni d'un proscrit, je n'avais qu'à suivre sous n'importe quel régime les traditions de médiocrité et de misère depuis longtemps
20 adoptées par ma famille.

Le droit ne me plaisait guère. Je pensais que le Code[2] avait été mal rédigé exprès pour fournir à certaines gens l'occasion d'ergoter[3], à perte de vue, sur ses moindres mots ; aujourd'hui encore, il me semble qu'une phrase clairement écrite ne peut raisonnablement comporter
25 des interprétations aussi diverses.

Je me sondais, cherchant un état que je pusse embrasser sans trop de dégoût, quand feu l'Empereur[4] m'en trouva un ; il me fit soldat de par la maladresse de sa politique.

La guerre avec la Prusse éclata[5]. À vrai dire, je ne compris pas les
30 motifs qui rendaient nécessaires ces boucheries d'armées. Je n'éprouvais ni le besoin de tuer les autres, ni celui de me faire tuer par eux. Quoi qu'il en fût, incorporé dans la Garde mobile[6] de la Seine, je reçus l'ordre, après être allé chercher une vêture et des godillots[7], de passer chez un perruquier et de me trouver à sept heures du soir à la
35 caserne de la rue de Lourcine.

Je fus exact au rendez-vous. Après l'appel des noms, une partie du régiment se jeta sur les portes et emplit la rue. Alors la chaussée houla[8] et les zincs[9] furent pleins.

Pressés les uns contre les autres, des ouvriers en sarrau, des
40 ouvrières en haillons, des soldats sanglés et guêtrés[10], sans armes, scandaient, avec le cliquetis des verres, *La Marseillaise* qu'ils

---

1. Voir le contexte sociohistorique à la page 217.
2. Le Code : le Code civil.
3. Ergoter : discuter, couper les cheveux en quatre (péjoratif).
4. Feu l'Empereur : Napoléon III ; voir le contexte sociohistorique à la page 222.
5. La guerre avec la Prusse : voir le contexte sociohistorique à la page 224.
6. Garde mobile : régiment composé de soldats d'infanterie et d'artillerie.
7. Une vêture et des godillots : un costume et des souliers militaires.
8. Houler : tanguer, onduler.
9. Zincs : comptoirs des marchands de vin.
10. Guêtrés : vêtus de guêtres, pièces de tissu ou de cuir servant à protéger les jambes et le dessus du pied de la saleté.

s'époumonaient à chanter faux. Coiffés de képis d'une profondeur incroyable et ornés de visières d'aveugles et de cocardes tricolores[1] en fer-blanc, affublés d'une jaquette[2] d'un bleu-noir avec col et pare-
45 ments garance[3], culottes d'un pantalon bleu de lin traversé d'une bande rouge, les mobiles[4] de la Seine hurlaient à la lune avant que d'aller faire la conquête de la Prusse. C'était un hourvari[5] assour-dissant chez les mastroquets[6], un vacarme de verres, de bidons, de cris, coupé, çà et là, par le grincement des fenêtres que le vent
50 battait. Soudain un roulement de tambour couvrit toutes ces cla-meurs*. Une nouvelle colonne[7] sortait de la caserne ; alors ce fut une noce, une godaille[8] indescriptible. Ceux des soldats qui buvaient dans les boutiques s'élancèrent dehors, suivis de leurs parents et de leurs amis qui se disputaient l'honneur de porter leur sac ; les rangs
55 étaient rompus, c'était un pêle-mêle de militaires et de bourgeois ; des mères pleuraient, des pères plus calmes suaient le vin, des enfants sautaient de joie et braillaient, de toute leur voix aiguë, des chansons patriotiques !

On traversa tout Paris à la débandade[9], à la lueur des éclairs qui fla-
60 gellaient de blancs zigzags les nuages en tumulte. La chaleur était écra-sante, le sac était lourd, on buvait à chaque coin de rue, on arriva enfant à la gare d'Aubervilliers. Il y eut un moment de silence rompu par des bruits de sanglots, dominés encore par une hurlée de *La Marseillaise,* puis on nous empila comme des bestiaux dans des wagons. « Bonsoir,
65 Jules ! à bientôt ! sois raisonnable ! écris-moi surtout ! » – On se serra la main une dernière fois, le train siffla, nous avions quitté la gare.

Nous étions bien une pelletée de cinquante hommes dans la boîte qui nous roulait. Quelques-uns pleuraient à grosses gouttes, hués par d'autres qui, soûls perdus, plantaient des chandelles

---

1. Cocardes tricolores : insigne circulaire aux couleurs de la France.
2. Jaquette : veste.
3. Parements garance : étoffes décoratives d'un rouge vif.
4. Les mobiles : les soldats de la Garde mobile.
5. Hourvari : vacarme.
6. Mastroquets : taverniers.
7. Colonne : file de militaires.
8. Godaille : festin.
9. À la débandade : de façon désordonnée.

70 allumées dans leur pain de munition[1] et gueulaient à tue-tête : « À
bas Badinguet et vive Rochefort[2] ! » Plusieurs, à l'écart dans un coin,
regardaient, silencieux et mornes, le plancher qui trépidait[3] dans
la poussière. Tout à coup le convoi fait halte, – je descends. – Nuit
complète, – minuit vingt-cinq minutes.

75   De tous côtés, s'étendent des champs, et au loin, éclairés par les
feux saccadés des éclairs, une maisonnette, un arbre, dessinent leur
silhouette sur un ciel gonflé d'orage. On n'entend que le gron-
dement de la machine dont les gerbes d'étincelles filant du tuyau
s'éparpillent comme un bouquet d'artifice le long du train. Tout le
80 monde descend, remonte jusqu'à la locomotive qui grandit dans la
nuit et devient immense. L'arrêt dura bien deux heures. Les disques[4]
flambaient rouges, le mécanicien attendait qu'ils tournassent. Ils
redevinrent blancs ; nous remontons dans les wagons, mais un
homme qui arrive en courant et en agitant une lanterne, dit quelques
85 mots au conducteur qui recule tout de suite jusqu'à une voie de
garage où nous reprenons notre immobilité. Nous ne savions, ni les
uns ni les autres, où nous étions. Je redescends de voiture et, assis sur
un talus, je grignotais un morceau de pain et buvais un coup, quand
un vacarme d'ouragan souffla au loin, s'approcha, hurlant et crachant
90 des flammes, et un interminable train d'artillerie passa à toute vapeur,
charriant des chevaux, des hommes, des canons dont les cous de
bronze étincelaient dans un tumulte de lumières. Cinq minutes après,
nous reprîmes notre marche lente, interrompue par des haltes de plus
en plus longues. Le jour finit par se lever et, penché à la portière du
95 wagon, fatigué par les secousses de la nuit, je regarde la campagne qui
nous environne : une enfilade de plaines crayeuses et, fermant l'horizon, une bande d'un vert pâle comme celui des turquoises malades,
un pays plat, triste, grêle, la Champagne[5] pouilleuse !

---

1. Pain de munition : pain cuisiné pour les soldats.
2. À bas Badinguet et vive Rochefort ! : Badinguet est le surnom satirique de Napoléon III ; Henri
Rochefort (1831-1913) est un journaliste français, ennemi de l'Empereur.
3. Trépidait : tremblotait.
4. Disques : plaques circulaires rouges d'un côté et blanches de l'autre, et dont la rotation indique
si la voie est libre ou non.
5. Champagne : région du nord-est de la France.

Peu à peu le soleil s'allume, nous roulions toujours ; nous finîmes
100 pourtant bien par arriver ! Partis le soir à huit heures, nous étions
rendus le lendemain à trois heures de l'après-midi à Châlons[1]. Deux
mobiles étaient restés en route, l'un qui avait piqué une tête du haut
d'un wagon dans une rivière ; l'autre qui s'était brisé la tête au
rebord d'un pont. Le reste, après avoir pillé les cahutes[2] et les jardins
105 rencontrés sur la route, aux stations de train, bâillait, les lèvres bouffies
de vin et les yeux gros, ou bien jouait, se jetant d'un bout de la voiture
à l'autre des tiges d'arbustes et des cages à poulets qu'ils avaient volées.

Le débarquement s'opéra avec le même ordre que le départ.
Rien n'était prêt : ni cantine, ni paille, ni manteaux, ni armes, rien,
110 absolument rien. Des tentes seulement pleines de fumier et de poux,
quittées à l'instant par des troupes parties à la frontière. Trois jours
durant, nous vécûmes au hasard de Mourmelon[3], mangeant un cervelas[4] un jour, buvant un bol de café au lait un autre, exploités à
outrance par les habitants, couchant n'importe comment, sans paille
115 et sans couverture. Tout cela n'était vraiment pas fait pour nous
engager à prendre goût au métier qu'on nous infligeait.

Une fois installées, les compagnies se scindèrent ; les ouvriers s'en furent
dans les tentes habitées par leurs semblables, et les bourgeois firent de
même. La tente où je me trouvais n'était pas mal composée, car nous étions
120 parvenus à expulser, à la force des titres[5], deux gaillards dont la puanteur
de pieds native s'aggravait d'une incurie[6] prolongée et volontaire.

Un jour ou deux s'écoulent ; on nous faisait monter la garde avec
des piquets, nous buvions beaucoup d'eau-de-vie, et les claquedents[7] de Mourmelon étaient sans cesse pleins, quand subitement
125 Canrobert[8] nous passe en revue sur le front de bandière[9]. Je le vois

---

1. Châlons : commune (territoire) de France.
2. Cahutes : cabanes.
3. Mourmelon : commune (territoire) de France.
4. Cervelas : sorte de saucisson.
5. À la force des titres : par la force que leur confère leur rang social.
6. Incurie : absence d'hygiène personnelle.
7. Claquedents : tripots, bordels.
8. François Certain de Canrobert : (1809-1895) maréchal de France, le grade le plus haut chez les militaires français.
9. Sur le front de bandière : en première ligne.

encore, sur un grand cheval, courbé en deux sur la selle, les cheveux
au vent, les moustaches cirées dans un visage blême. Une révolte
éclate. Privés de tout, et mal convaincus par ce maréchal que nous
ne manquions de rien, nous beuglâmes en chœur, lorsqu'il parla
130 de réprimer par la force nos plaintes : « Ran, plan, plan ! cent mille
hommes par terre, à Paris ! à Paris ! »

Canrobert devint livide et il cria, en plantant son cheval au milieu
de nous : « Chapeau bas devant un maréchal de France ! » De nouvelles huées partirent des rangs ; alors tournant bride, suivi de son
135 état-major en déroute, il nous menaça du doigt, sifflant entre ses
dents serrées : « Vous me le payerez cher, messieurs les Parisiens ! »

Deux jours après cet épisode, l'eau glaciale du camp me rendit tellement malade que je dus entrer d'urgence à l'hôpital. Je boucle mon
sac après la visite du médecin, et sous la garde d'un caporal me voilà
140 parti clopin-clopant, traînant la jambe et suant sous mon harnais[1].
L'hôpital regorgeait de monde, on me renvoie. Je vais alors à l'une
des ambulances les plus voisines, un lit restait vide, je suis admis. Je
dépose enfin mon sac, et en attendant que le major m'interdise de
bouger, je vais me promener dans le petit jardin qui relie le corps des
145 bâtiments. Soudain surgit d'une porte un homme à la barbe hérissée
et aux yeux glauques. Il plante ses mains dans ses poches d'une longue
robe couleur de cachou et me crie du plus loin qu'il m'aperçoit :

— Eh ! l'homme ! qu'est-ce que vous foutez là ?

Je m'approche, je lui explique le motif qui m'amène. Il secoue les
150 bras et hurle :

— Rentrez ! vous n'aurez le droit de vous promener dans le jardin
que lorsqu'on vous aura donné un costume.

Je rentre dans la salle, un infirmier arrive et m'apporte une
capote*, un pantalon, des savates et un bonnet. Je me regarde ainsi
155 fagoté[2] dans ma petite glace. Quelle figure et quel accoutrement, bon
Dieu ! avec mes yeux culottés et mon teint hâve[3], avec mes cheveux
coupés ras et mon nez dont les bosses luisent, avec ma grande robe

---

1. Harnais : habit militaire (vieilli).
2. Fagoté : mal habillé.
3. Hâve : pâle.

gris souris, ma culotte d'un roux pisseux, mes savates immenses et sans talons, mon bonnet de coton gigantesque, je suis prodigieuse-
160 ment laid. Je ne puis m'empêcher de rire. Je tourne la tête du côté de mon voisin de lit, un grand garçon au type juif, qui crayonne mon portrait sur un calepin. Nous devenons tout de suite amis ; je lui dis m'appeler Eugène Lejantel, il me répond se nommer Francis Émonot. Nous connaissons l'un et l'autre tel et tel peintre, nous entamons des
165 discussions d'esthétique et oublions nos infortunes. Le soir arrive, on nous distribue un plat de bouilli perlé de noir par quelques lentilles, on nous verse à pleins verres du coco clairet[1] et je me déshabille, ravi de m'étendre dans un lit sans garder mes hardes* et mes bottes.

Le lendemain matin je suis réveillé vers six heures par un grand
170 fracas de porte et par des éclats de voix. Je me mets sur mon séant[2], je me frotte les yeux et j'aperçois le monsieur de la veille, toujours vêtu de sa houppelande[3] couleur de cachou, qui s'avance majestueux, suivi d'un cortège d'infirmiers. C'était le major.

À peine entré, il roule de droite à gauche et de gauche à droite ses
175 yeux d'un vert morne, enfonce ses mains dans ses poches et braille :

— Numéro 1, montre ta jambe... ta sale jambe. Eh ! elle va mal, cette jambe, cette plaie coule comme une fontaine ; lotion d'eau blanche, charpie, demi-ration, bonne tisane de réglisse.

— Numéro 2, montre ta gorge... ta sale gorge. Elle va de plus en
180 plus mal cette gorge ; on lui coupera demain les amygdales.

— Mais, docteur...

— Eh ! je ne te demande rien, à toi ; si tu dis un mot, je te fous à la diète.

— Mais enfin...

— Vous foutrez cet homme à la diète. Écrivez : diète, gargarisme,
185 bonne tisane de réglisse.

Il passa ainsi la revue des malades, prescrivant à tous, vénériens[4] et blessés, fiévreux et dysentériques[5], sa bonne tisane de réglisse.

---

1. Coco clairet : mauvais alcool.
2. Je me mets sur mon séant : je m'assieds.
3. Houppelande : long manteau sans manches.
4. Vénériens : personnes affectées par une maladie transmise sexuellement.
5. Dysentérique : souffrant d'une inflammation des intestins.

Il arriva devant moi, me dévisagea, m'arracha les couvertures, me bourra le ventre de coups de poing, m'ordonna de l'eau albuminée[1],
190 l'inévitable tisane et sortit, reniflant et traînant les pieds.

La vie était difficile avec les gens qui nous entouraient. Nous étions vingt et un dans la chambrée. À ma gauche couchait mon ami, le peintre, à ma droite un grand diable de clairon[2], grêlé comme un dé à coudre et jaune comme un verre de bile. Il cumulait deux professions,
195 celle de savetier[3] pendant le jour et celle de souteneur de filles pendant la nuit. C'était, au demeurant, un garçon cocasse, qui gambadait sur la tête, sur les mains, vous racontant le plus naïvement du monde la façon dont il activait à coups de souliers le travail de ses marmites, ou bien qui entonnait d'une voix touchante des chansons sentimentales :

200
Je n'ai gardé dans mon malheur-heur,
Que l'amitié d'une hirondelle !

Je conquis ses bonnes grâces en lui donnant vingt sous pour acheter un litre, et bien nous prit de n'être pas mal avec lui, car le reste de la chambrée, composée en partie de procureurs de la rue
205 Maubuée[4], était fort disposé à nous chercher noise[5].

Un soir, entre autres, le 15 août, Francis Émonot menaça de gifler deux hommes qui lui avaient pris une serviette. Ce fut un charivari formidable dans le dortoir. Les injures pleuvaient, nous étions traités de « roule-en-cul » et de « duchesses ». Étant deux contre dix-
210 neuf, nous avions la chance de recevoir une soigneuse raclée quand le clairon intervint, prit à part les plus acharnés, les amadoua et fit rendre l'objet volé. Pour fêter la réconciliation qui suivit cette scène, Francis et moi, nous donnâmes trois francs chacun, et il fut entendu que le clairon, avec l'aide de ses camarades, tâcherait de se faufiler au-
215 dehors de l'ambulance et rapporterait de la viande et du vin.

La lumière avait disparu à la fenêtre du major, le pharma-cien éteignit enfin la sienne, nous rampons en dehors du fourré,

---

1. Eau albuminée : eau additionnée d'une solution de protéines.
2. Clairon : soldat chargé de sonner le clairon.
3. Savetier : raccommodeur de vieux souliers.
4. Rue Maubuée : une des rues de Paris associées à l'insurrection républicaine de 1832.
5. Chercher noise : chercher querelle.

examinons les alentours, prévenons les hommes qui se glissent le long des murs, ne rencontrent pas de sentinelles sur leur route, se
220 font la courte échelle et sautent dans la campagne. Une heure après ils étaient de retour, chargés de victuailles; ils nous les passent, rentrent avec nous dans le dortoir; nous supprimons les deux veilleuses, allumons des bout de bougie par terre, et autour de mon lit, en chemise, nous formons le cercle. Nous avions absorbé trois
225 ou quatre litres et dépecé la bonne moitié d'un gigotin[1], quand un énorme bruit de bottes se fait entendre: je souffle les bouts de bougie à coups de savate, chacun se sauve sous les lits. La porte s'ouvre, le major paraît, pousse un formidable « Nom de Dieu! » trébuche dans l'obscurité, sort et revient avec un falot[2] et l'inévi-
230 table cortège des infirmiers. Je profite du moment de répit pour faire disparaître les reliefs du festin; le major traverse au pas accéléré le dortoir, sacrant, menaçant de nous faire tous empoigner et coller au bloc[3].

Nous nous tordons de rire sous nos couvertures, des fanfares
235 éclatent à l'autre bout du dortoir. Le major nous met tous à la diète, puis il s'en va, nous prévenant que nous connaîtrons dans quelques instants le bois dont il se chauffe.

Une fois parti nous nous esclaffons à qui mieux mieux; des roulements, des fusées de rire grondent et pétillent; le clairon fait la roue
240 dans le dortoir, un de ses amis lui fait vis-à-vis, un troisième saute sur sa couche* comme sur un tremplin et bondit et rebondit, les bras flottants, la chemise envolée; son voisin entame un cancan triomphal; le major rentre brusquement, ordonne à quatre lignards[4] qu'il amène d'empoigner les danseurs et nous annonce qu'il va rédiger un
245 rapport et l'envoyer à qui de droit.

Le calme est enfin rétabli; le lendemain nous faisons acheter des mangeailles par les infirmiers. Les jours s'écoulent sans autres incidents. Nous commencions à crever d'ennui dans cette ambulance, quand à cinq heures, un jour, le médecin se précipite dans la

---

1. Gigotin: cuissot d'animal, généralement d'agneau.
2. Falot: lanterne.
3. Coller au bloc: emprisonner.
4. Lignards: soldats de l'infanterie de ligne.

250 salle, nous ordonne de reprendre nos vêtements de troupiers* et de boucler nos sacs.

Nous apprenons, dix minutes après, que les Prussiens marchent sur Châlons.

Une morne stupeur règne dans la chambrée. Jusque-là nous ne nous
255 doutions pas des événements qui se passaient. Nous avions appris la trop célèbre victoire de Sarrebrück[1], nous ne nous attendions pas aux revers qui nous accablaient. Le major examine chaque homme; aucun n'est guéri, tout le monde a été trop longtemps gorgé d'eau de réglisse et privé de soins. Il renvoie néanmoins dans leurs corps les moins
260 malades et il ordonne aux autres de coucher tout habillés et le sac prêt.

Francis et moi nous étions au nombre de ces derniers. La journée se passe, la nuit se passe, rien, mais j'ai toujours la colique[2] et je souffre; enfin vers neuf heures du matin apparaît une longue file de cacolets[3] conduits par des tringlots[4]. Nous grimpons à deux sur
265 l'appareil. Francis et moi nous étions hissés sur le même mulet, seulement, comme le peintre était très gras et moi très maigre, le système bascula; je montai dans les airs tandis qu'il descendait en bas sous la panse de la bête qui, tirée par-devant, poussée par-derrière, gigota et rua furieusement. Nous courions dans un tourbillon de poussière,
270 aveuglés, ahuris, secoués, nous cramponnant à la barre du cacolet, fermant les yeux, riant et geignant. Nous arrivâmes à Châlons plus morts que vifs; nous tombâmes comme un bétail harassé sur le sable, puis on nous empila dans des wagons et nous quittâmes la ville pour aller où?... personne ne le savait.

275 Il faisait nuit; nous volions sur les rails. Les malades étaient sortis des wagons et se promenaient sur les plates-formes. La machine siffle, ralentit son vol et s'arrête dans une gare, celle de Reims, je suppose, mais je ne pourrais l'affirmer. Nous mourions de faim, l'Intendance[5] n'avait oublié qu'une chose : nous donner
280 un pain pour la route. Je descends et j'aperçois un buffet ouvert.

---

1. Victoire de Sarrebrück : victoire de la France à Sarrebrück, en Allemagne, en août 1870.
2. Colique : douleur intestinale.
3. Cacolets : double siège que l'on plaçait sur le dos des mulets pour le transport des blessés.
4. Tringlots : soldats en charge de l'approvisionnement.
5. Intendance : direction.

J'y cours, mais d'autres m'avaient devancé. On se battait alors que j'y arrivai. Les uns s'emparaient de bouteilles, les autres de viandes, ceux-ci de pain, ceux-là de cigares. Affolé, furieux, le restaurateur défendait sa boutique à coups de broc*. Poussé par leurs
285 camarades qui venaient en bande, le premier rang des mobiles se rue sur le comptoir qui s'abat, entraînant dans sa chute le patron du buffet et ses garçons. Ce fut alors un pillage réglé ; tout y passa, depuis les allumettes jusqu'aux cure-dents. Pendant ce temps une cloche sonne et le train part. Aucun de nous ne se dérange,
290 et, tandis qu'assis sur la chaussée, j'explique au peintre que ses bronches travaillent, la contexture[1] du sonnet, le train recule sur ses rails pour nous chercher.

Nous remontons dans nos compartiments, et nous passons la revue du butin conquis. À vrai dire, les mets étaient peu variés : de la
295 charcuterie, et rien que de la charcuterie ! Nous avions six rouelles[2] de cervelas à l'ail, une langue écarlate[3], deux saucissons, une superbe tranche de mortadelle, une tranche au liséré[4] d'argent, aux chairs d'un rouge sombre marbrées de blanc, quatre litres de vin, une demi-bouteille de cognac et des bouts de bougie. Nous fichâmes les lumi-
300 gnons[5] dans le col de nos gourdes qui se balancèrent, retenues aux parois du wagon par des ficelles. C'était, par instants, quand le train sautait sur les aiguilles des embranchements, une pluie de gouttes chaudes qui se figeaient presque aussitôt en de larges plaques, mais nos habits en avaient vu bien d'autres !
305 Nous commençâmes immédiatement le repas qu'interrompaient les allées et venues de ceux des mobiles qui, courant sur les marchepieds, tout le long du train, venaient frapper au carreau et nous demandaient à boire. Nous chantions à tue-tête, nous buvions, nous trinquions ; jamais malades ne firent autant de bruit et ne gam-
310 badèrent ainsi sur un train de marche ! On eût dit d'une cour des

---

1. Contexture : structure.
2. Rouelles : rondelles.
3. Langue écarlate : langue de bœuf.
4. Liséré : ruban (employé ici par Huysmans au sens de « couenne »).
5. Lumignons : bouts de bougies.

Miracles[1] roulante ; les estropiés sautaient à pieds joints, ceux dont les intestins brûlaient les arrosaient de lampées de cognac, les borgnes ouvraient les yeux, les fiévreux cabriolaient, les gorges malades beuglaient et pintaient, c'était inouï !

315 Cette turbulence finit cependant par se calmer. Je profite de cet apaisement pour passer le nez à la fenêtre. Il n'y avait pas une étoile, par même un bout de lune, le ciel et la terre ne semblaient faire qu'un, et dans cette intensité d'un noir d'encre clignotaient comme des yeux de couleur différente des lanternes attachées à la tôle des disques. Le
320 mécanicien jetait ses coups de sifflet, la machine fumait et vomissait sans relâche des flammèches. Je referme le carreau et je regarde mes compagnons. Les uns ronflaient ; les autres, gênés par les cahots du coffre, ronchonnaient et juraient, se retournant sans cesse, cherchant une place pour étendre leurs jambes, pour caler leur tête qui vacillait
325 à chaque secousse.

À force de les regarder, je commençais à m'assoupir, quand l'arrêt complet du train me réveilla. Nous étions dans une gare, et le bureau du chef flamboyait comme un feu de forge dans la sombreur de la nuit. J'avais une jambe engourdie, je frisson-
330 nais de froid, je descends pour me réchauffer un peu. Je me pro- mène de long en large sur la chaussée, je vais regarder la machine que l'on dételle et que l'on remplace par une autre, et, longeant le bureau, j'écoute la sonnerie et le tic-tac du télégraphe. L'employé, me tournant le dos, était un peu penché sur la droite, de sorte que,
335 du point où j'étais placé, je ne voyais que le derrière de sa tête et le bout de son nez qui brillait, rose et perlé de sueur, tandis que le reste de la figure disparaissait dans l'ombre que projetait l'abat- jour d'un bec de gaz[2].

On m'invite à remonter en voiture, et je retrouve mes camarades
340 tels que je les ai laissés. Cette fois, je m'endors pour tout de bon. Depuis combien de temps mon sommeil durait-il ? Je ne sais, quand un grand cri me réveille : Paris ! Paris ! Je me précipite à la portière.

---

1. Cour des Miracles : au Moyen Âge, cour de Paris fréquentée par des mendiants, des aveugles et des handicapés.
2. Bec de gaz : lampadaire fonctionnant au gaz.

Au loin, sur une bande d'or pâle se détachent, en noir, des tuyaux de fabriques et d'usines. Nous étions à Saint-Denis[1]; la nouvelle court
345 de wagon en wagon. Tout le monde est sur pied. La machine accélère le pas. La gare du Nord se dessine au loin, nous y arrivons, nous descendons, nous nous jetons sur les portes, une partie d'entre nous parvient à s'échapper, l'autre est arrêtée par les employés du chemin de fer et par les troupes, on nous fait remonter de force dans un train
350 qui chauffe, et nous revoilà partis Dieu sait pour où!

Nous roulons derechef*, toute la journée. Je suis las de regarder ces ribambelles de maisons et d'arbres qui filent devant mes yeux, et puis j'ai toujours la colique et je souffre. Vers quatre heures de l'après-midi, la machine ralentit son essor et s'arrête dans un débar-
355 cadère où nous attendait un vieux général autour duquel s'ébattait une volée de jeunes gens, coiffés de képis roses, culottés de rouge et chaussés de bottes à éperons jaunes. Le général nous passe en revue et nous divise en deux escouades; l'une part pour le séminaire[2], l'autre est dirigée sur l'hôpital. Nous sommes, paraît-il, à Arras. Francis et
360 moi, nous faisions partie de la première escouade. On nous hisse sur des charrettes bourrées de paille, et nous arrivons devant un grand bâtiment qui farde[3] et semble vouloir s'abattre dans la rue. Nous montons au deuxième étage, dans une pièce qui contient une trentaine de lits; chacun déboucle son sac, se peigne et s'assied. Un
365 médecin arrive.

— Qu'avez-vous? dit-il au premier.

— Un anthrax[4].

— Ah! Et vous?

— Une dysenterie.

370 — Ah! Et vous?

— Un bubon[5].

— Mais alors vous n'avez pas été blessés pendant la guerre?

— Pas le moins du monde.

---

1. Saint-Denis: commune française en bordure de Paris.
2. Séminaire: lieu où sont formés les hommes d'Église.
3. Qui farde: qui s'affaisse.
4. Anthrax: maladie infectieuse, appelée communément «maladie du charbon».
5. Bubon: inflammation d'un des ganglions.

— Eh bien ! vous pouvez reprendre vos sacs. L'archevêque ne
375 donne les lits des séminaristes qu'aux blessés.

Je remets dans mon sac les bibelots que j'en avais tirés, et nous
repartons, cahin-caha[1], pour l'hospice de la ville. Il n'y avait plus
de place. En vain les sœurs s'ingénient à rapprocher les lits de fer,
les salles sont pleines. Fatigué de toutes ces lenteurs, j'empoigne un
380 matelas, Francis en prend un autre, et nous allons nous étendre dans
le jardin, sur une grande pelouse.

Le lendemain matin, je cause avec le directeur, un homme affable et
charmant. Je lui demande pour le peintre et pour moi la permission de
sortir dans la ville. Il y consent, la porte s'ouvre, nous sommes libres !
385 nous allons enfin déjeuner ! manger de la vraie viande, boire du vrai
vin ! Ah ! nous n'hésitons pas, nous allons au plus bel hôtel de la ville.
On nous sert un succulent repas. Il y a des fleurs sur la table, de magnifiques bouquets de roses et de fuchsias qui s'épanouissent dans des
cornets de verre ! Le garçon nous apporte une entrecôte qui saigne dans
390 un lac de beurre ; le soleil se met de la fête, fait étinceler les couverts
et les lames de couteaux, blute[2] sa poudre d'or au travers des carafes,
et, lutinant le pommard[3] qui se balance doucement dans les verres,
pique d'une étoile sanglante la nappe damassée[4].

Ô sainte joie des bâfres[5] ! j'ai la bouche pleine, et Francis est soûl !
395 Le fumet des rôtis se mêle au parfum des fleurs, la pourpre des vins
lutte d'éclat avec la rougeur des roses, le garçon qui nous sert a l'air
d'un idiot, nous, nous avons l'air de goinfres, ça nous est bien égal.
Nous nous empiffrons rôtis sur rôtis, nous nous ingurgitons bor-
deaux sur bourgogne, chartreuse sur cognac. Au diable les vinasses et
400 les trois-six que nous buvons depuis notre départ de Paris ! au diable
ces ratas[6] sans nom, ces gargotailles[7] inconnues dont nous nous
sommes si maigrement gavés depuis près d'un mois ! Nous sommes

---

1. Cahin-caha : tant bien que mal.
2. Blute : tamise.
3. Lutinant le pommard : taquinant le vin.
4. Damassée : faite de soie tissée.
5. Bâfres : goinfres.
6. Ratas : ragoût de mauvaise qualité.
7. Gargotailles : mets médiocres.

méconnaissables ; nos mines de faméliques[1] rougeoient comme des trognes, nous braillons, le nez en l'air, nous allons à la dérive ! Nous
405 parcourons ainsi toute la ville.

Le soir arrive, il faut pourtant rentrer ! La sœur qui surveillait la salle des vieux nous dit avec sa petite voix flûtée :

— Messieurs les militaires, vous avez eu bien froid la nuit dernière, mais vous allez avoir un bon lit.

410 Et elle nous emmène dans une grande salle où fignolent au plafond trois veilleuses mal allumées. J'ai un lit blanc, je m'enfonce avec délices dans les draps qui sentent encore la bonne odeur de la lessive. On n'entend plus que le souffle ou le ronflement des dormeurs. J'ai bien chaud, mes yeux se ferment, je ne sais plus où je suis, quand un gloussement
415 prolongé me réveille. J'ouvre un œil et j'aperçois, au pied de mon lit, un individu qui me contemple. Je me dresse sur mon séant. J'ai devant moi un vieillard, long, sec, l'œil hagard, les lèvres bavant dans une barbe pas faite. Je lui demande ce qu'il me veut. – Pas de réponse. – Je lui crie :

— Allez-vous-en, laissez-moi dormir !

420 Il me montre le poing. Je le soupçonne d'être un aliéné ; je roule une serviette au bout de laquelle je tortille sournoisement un nœud ; il avance d'un pas, je saute sur le parquet, je pare le coup de poing qu'il m'envoie, et lui assène en riposte, sur l'œil gauche, un coup de serviette à toute volée. Il en voit trente-six chandelles, se rue sur moi ;
425 je me recule et lui décoche un vigoureux coup de pied dans l'estomac. Il culbute, entraîne dans sa chute une chaise qui rebondit ; le dortoir est réveillé ; Francis accourt en chemise pour me prêter main-forte, la sœur arrive, les infirmiers s'élancent sur le fou qu'ils fessent et parviennent à grand-peine à recoucher.

430 L'aspect du dortoir était éminemment cocasse. Aux lueurs d'un rose vague qu'épandaient autour d'elles les veilleuses mourantes, avait succédé le flamboiement de trois lanternes. Le plafond noir avec ses ronds de lumière qui dansaient au-dessus des mèches en combustion éclatait maintenant avec ses teintes de plâtre fraîchement crépi[2].
435 Les malades, une réunion de Guignols hors d'âge, avaient empoigné

---

1. Faméliques : affamés.
2. Crépi : recouvert.

le morceau de bois qui pendait au bout d'une ficelle au-dessus de leurs lits, s'y cramponnaient d'une main, et faisaient de l'autre des gestes terrifiés. À cette vue, ma colère tombe, je me tords de rire, le peintre suffoque, il n'y a que la sœur qui garde son sérieux et arrive,

440 à force de menaces et de prières, à rétablir l'ordre dans la chambrée.

La nuit s'achève tant bien que mal ; le matin, à six heures, un roulement de tambour nous réunit, le directeur fait l'appel des hommes. Nous partons pour Rouen.

Arrivés dans cette ville, un officier dit au malheureux qui nous

445 conduisait que l'hospice était plein et ne pouvait nous loger. En attendant, nous avons une heure d'arrêt. Je jette mon sac dans un coin de la gare, et bien que mon ventre grouille, nous voilà partis, Francis et moi, errant à l'aventure, nous extasiant devant l'église de Saint-Ouen[1], nous ébahissant devant les vieilles maisons. Nous admirons

450 tant et tant, que l'heure s'était écoulée depuis longtemps avant même que nous eussions songé à retrouver la gare.

— Il y a beau temps que vos camarades sont partis, nous dit un employé du chemin de fer ; ils sont à Évreux !

Diable ! le premier train ne part plus qu'à neuf heures. – Allons

455 dîner ! – Quand nous arrivâmes à Évreux, la pleine nuit était venue. Nous ne pouvions nous présenter à pareille heure dans un hospice, nous aurions eu l'air de malfaiteurs. La nuit est superbe, nous traversons la ville, et nous nous trouvons en rase campagne. C'était le temps de la fenaison[2], les gerbes étaient en tas. Nous avisons une petite

460 meule dans un champ, nous y creusons deux niches confortables, et je ne sais si c'est l'odeur troublante de notre couche* ou le parfum pénétrant des bois qui nous émeuvent, mais nous éprouvons le besoin de parler de nos amours défuntes. Le thème était inépuisable ! Peu à peu, cependant, les paroles deviennent plus rares, les enthousiasmes

465 s'affaiblissent, nous nous endormons. « Sacrebleu ! crie mon voisin qui s'étire, quelle heure peut-il bien être ? » Je me réveille à mon tour. Le soleil ne va pas tarder à se lever, car le grand rideau bleu se galonne à l'horizon de franges roses. Quelle misère ! il va falloir aller frapper à

---

1. Église de Saint-Ouen : église médiévale de Rouen.
2. Fenaison : récolte des foins.

la porte de l'hospice, dormir dans des salles imprégnées de cette sen-
470 teur fade sur laquelle revient, comme une ritournelle[1] obstinée, l'âcre
fleur de la poudre d'iodoforme[2] !

Nous reprenons tout tristes le chemin de l'hôpital. On nous
ouvre, mais hélas ! un seul de nous est admis, Francis, – et moi on
m'envoie au lycée.

475 La vie n'était plus possible, je méditais une évasion, quand un
jour l'interne de service descend dans la cour. Je lui montre ma carte
d'étudiant en droit ; il connaît Paris, le Quartier latin*. Je lui explique
ma situation. « Il faut absolument, lui dis-je, ou que Francis vienne au
lycée, ou que j'aille le rejoindre à l'hôpital. » Il réfléchit, et le soir, arri-
480 vant près de mon lit, me glisse ces mots dans l'oreille : « Dites, demain
matin, que vous souffrez davantage. » Le lendemain, en effet, vers sept
heures, le médecin fait son entrée ; un brave et excellent homme, qui
n'avait que deux défauts : celui de puer des dents et celui de vouloir se
débarrasser de ses malades, coûte que coûte. Tous les matins, la scène
485 suivante avait lieu :

« Ah ! ah ! le gaillard, criait-il, quelle mine il a ! bon teint, pas de
fièvre ; levez-vous et allez prendre une bonne tasse de café ; mais pas
de bêtises, vous savez, ne courez pas après les jupes, je vais vous signer
votre *exeat*[3], vous retournerez demain à votre régiment. »

490 Malades ou pas malades, il en renvoyait trois par jour. Ce matin-là,
il s'arrête devant moi et dit :

— Ah ! saperlotte, mon garçon, vous avez meilleure mine !

Je me récrie, jamais je n'ai tant souffert ! Il me tâte le ventre. « Mais
ça va mieux, murmure-t-il, le ventre est moins dur. » – Je proteste.

495 – Il semble étonné, l'interne lui dit alors tout bas :

— Il faudrait peut-être lui donner un lavement, et nous n'avons ici
ni seringue ni clysopompe[4] ; si nous l'envoyions à l'hôpital ?

— Tiens, mais c'est une idée, dit le brave homme, enchanté de se
débarrasser de moi, et séance tenante, il signe mon billet d'admis-
500 sion ; je boucle radieux mon sac, et sous la garde d'un servant du

---

1. Ritournelle : refrain.
2. Poudre d'iodoforme : composé chimique utilisé comme antiseptique.
3. *Exeat* : billet de sortie.
4. Clysopompe : tuyau muni d'une pompe et servant à administrer un lavement.

lycée, je fais mon entrée à l'hôpital. Je retrouve Francis ! Par une chance incroyable, le corridor Saint-Vincent où il couche, faute de place dans les salles, contient un lit vide près du sien ! Nous sommes enfin réunis ! En sus de nos deux lits, cinq grabats[1] longent à la queue

505 leu leu les murs enduits de jaune. Ils ont pour habitants un soldat de la ligne, deux artilleurs, un dragon et un hussard[2]. Le reste de l'hôpital se compose de quelques vieillards fêlés et gâteux, de quelques jeunes hommes, rachitiques ou bancroches[3], et d'un grand nombre de soldats, épaves de l'armée de Mac-Mahon[4], qui, après avoir roulé

510 d'ambulances en ambulances, étaient venus échouer sur cette berge. Francis et moi, nous sommes les seuls qui portions l'uniforme de la mobile de la Seine ; nos voisins de lit étaient d'assez gentils garçons, plus insignifiants, à vrai dire, les uns que les autres ; c'étaient, pour la plupart, des fils de paysans ou de fermiers rappelés sous les drapeaux

515 lors de la déclaration de guerre.

Tandis que j'enlève ma veste, arrive une sœur, si frêle, si jolie, que je ne puis me lasser de la regarder ; les beaux grands yeux ! les longs cils blonds ! les jolies dents ! – Elle me demande pourquoi j'ai quitté le lycée ; je lui explique en des phrases nébuleuses comment l'absence

520 d'une pompe foulante[5] m'a fait renvoyer du collège. Elle sourit doucement et me dit :

— Oh ! monsieur le militaire, vous auriez pu nommer la chose par son nom, nous sommes habituées à tout.

Je crois bien qu'elle devait être habituée à tout, la malheureuse,

525 car les soldats ne se gênaient guère pour se livrer à d'indiscrètes propretés[6] devant elle. Jamais d'ailleurs je ne la vis rougir ; elle passait entre eux, muette, les yeux baissés, semblait ne pas entendre les grossières facéties[7] qui se débitaient autour d'elle.

Dieu ! m'a-t-elle gâté ! Je la vois encore, le matin, alors que

530 le soleil cassait sur les dalles l'ombre des barreaux de fenêtres,

---

1. Grabats : civières.
2. Un dragon et un hussard : un cavalier fantassin et un membre de la cavalerie légère.
3. Bancroches : boiteux.
4. Mac-Mahon : Patrice de Mac-Mahon (1808-1893), maréchal de France.
5. Pompe foulante : voir la note 4 à la page précédente (clysopompe).
6. Propretés : terme utilisé de manière ironique par Huysmans, au sens de « saletés ».
7. Facéties : farces.

s'avancer lentement, au fond du corridor, les grandes ailes de son bonnet battant sur son visage. Elle arrivait près de mon lit avec une assiette qui fumait et sur le bord de laquelle luisait son ongle bien taillé. « La soupe est un peu claire ce matin, disait-elle, avec
535 son joli sourire, je vous apporte du chocolat ; mangez vite pendant qu'il est chaud ! »

Malgré les soins qu'elle me prodiguait, je m'ennuyais à mourir dans cet hôpital. Mon ami et moi nous étions arrivés à ce degré d'abrutissement qui vous jette sur un lit, s'essayant à tuer, dans une
540 somnolence de bête, les longues heures des insupportables journées. Les seules distractions qui nous fussent offertes, consistaient en un déjeuner et un dîner composés de bœuf bouilli, de pastèque, de pruneaux et d'un doigt de vin, le tout en insuffisante quantité pour nourrir un homme.

545 Grâce à ma simple politesse vis-à-vis des sœurs et aux étiquettes de pharmacie que j'écrivais pour elles, j'obtenais heureusement une côtelette de temps à autre et une poire cueillie dans le verger de l'hô-pital. J'étais donc, en somme, le moins à plaindre de tous les soldats entassés pêle-mêle dans les salles, mais, les premiers jours, je ne
550 parvenais même point à avaler ma pitance le matin. C'était l'heure de la visite et le docteur choisissait ce moment pour faire ses opérations. Le second jour après mon arrivée, il fendit une cuisse du haut en bas ; j'entendis un cri déchirant ; je fermai les yeux, pas assez cependant pour que je ne visse une pluie rouge s'éparpiller en larges gouttes sur
555 son tablier. Ce matin-là, je ne pus manger. Peu à peu, cependant, je finis par m'aguerrir[1] ; bientôt, je me contentai de détourner la tête et de préserver ma soupe.

En attendant, la situation devenait intolérable. Nous avions essayé, mais en vain, de nous procurer des journaux et des livres, nous en
560 étions réduits à nous déguiser, à mettre pour rire la veste du hussard ; mais cette gaieté puérile* s'éteignait vite et nous nous étirions, toutes les vingt minutes, échangeant quelques mots, nous renfonçant la tête dans le traversin*.

---

1. M'aguerrir : m'endurcir.

Il n'y avait pas grande conversation à tirer de nos camarades. Les
565 deux artilleurs et le hussard étaient trop malades pour causer. Le
dragon jurait des « Nom de Dieu » sans parler, se levait à tout instant,
enveloppé dans son grand manteau blanc et allait aux latrines[1] dont
il rapportait l'ordure gâchée[2] par ses pieds nus. L'hôpital manquait de
thomas[3]; quelques-uns des plus malades avaient cependant sous leur
570 lit une vieille casserole que les convalescents faisaient sauter comme
des cuisinières, offrant, par plaisanterie, le ragoût aux sœurs.

Restait donc seulement le soldat de la ligne : un malheureux garçon
épicier, père d'un enfant, rappelé sous les drapeaux, battu constamment par la fièvre, grelottant sous ses couvertures.

575 Assis en tailleur sur nos lits, nous l'écoutions raconter la bataille
où il s'était trouvé.

Jeté près de Froeschwiller[4], dans une plaine entourée de bois, il
avait vu des lueurs rouges filer dans des bouquets de fumée blanche,
et il avait baissé la tête, tremblant, ahuri par la canonnade, effaré* par
580 le sifflet des balles. Il avait marché, mêlé aux régiments, dans de la
terre grasse, ne voyant aucun Prussien, ne sachant où il était, entendant à ses côtés des gémissements traversés par des cris brefs, puis
les rangs des soldats placés devant lui s'étaient tout à coup retournés
et dans la bousculade d'une fuite, il avait été, sans savoir comment,
585 jeté par terre. Il s'était relevé, s'était sauvé, abandonnant son fusil et
son sac, et à la fin, épuisé par les marches forcées subies depuis huit
jours, exténué par la peur et affaibli par la faim, il s'était assis dans un
fossé. Il était resté là, hébété, inerte, assourdi par le vacarme des obus,
résolu à ne plus se défendre, à ne plus bouger ; puis il avait songé à
590 sa femme, et pleurant, se demandant ce qu'il avait fait pour qu'on
le fît ainsi souffrir, il avait ramassé, sans savoir pourquoi une feuille
d'arbre qu'il avait gardée et à laquelle il tenait, car il nous la montrait
souvent, séchée et ratatinée dans le fond de ses poches.

Un officier était passé, sur ces entrefaites, le revolver au poing,
595 l'avait traité de lâche et menacé de lui casser la tête s'il ne marchait pas.

---

1. Aux latrines : aux toilettes.
2. Gâchée : labourée.
3. Thomas : pot de chambre.
4. Froeschwiller : commune française de l'Alsace.

Il avait dit : « J'aime mieux ça ; ah ! que ça finisse ! » Mais l'officier, au moment où il le secouait pour le remettre sur ses jambes, s'était étalé, giclant le sang par la nuque. Alors, la peur l'avait repris, il s'était enfui et avait pu rejoindre une lointaine route, inondée de fuyards, noire
600 de troupes, sillonnée d'attelages dont les chevaux emportés crevaient et broyaient les rangs.

On était enfin parvenu à se mettre à l'abri. Le cri de trahison s'élevait des groupes. De vieux soldats paraissaient résolus encore, mais les recrues se refusaient à continuer. « Qu'ils aillent se faire tuer,
605 disaient-ils, en désignant les officiers, c'est leur métier à eux ! Moi, j'ai des enfants, c'est pas l'État qui les nourrira si je suis mort ! » Et l'on enviait le sort des gens un peu blessés et des malades qui pouvaient se réfugier dans les ambulances.

« Ah ! ce qu'on a peur et puis ce qu'on garde dans l'oreille la voix
610 des gens qui appellent leur mère et demandant à boire », ajoutait-il, tout frissonnant. Il se taisait, et regardant le corridor d'un air ravi, il reprenait : « C'est égal, je suis bien heureux d'être ici ; et puis, comme cela, ma femme peut m'écrire », et il tirait de sa culotte des lettres, disant avec satisfaction : « Le petit a écrit, voyez », et il montrait au bas
615 du papier, sous l'écriture pénible de sa femme, des bâtons formant une phrase dictée où il y avait des « J'embrasse papa » dans des pâtés d'encre.

Nous écoutâmes vingt fois au moins cette histoire, et nous dûmes subir pendant de mortelles heures les rabâchages[1] de cet homme
620 enchanté de posséder un fils. Nous finissions par nous boucher les oreilles et par tâcher de dormir pour ne plus l'entendre.

Cette déplorable vie menaçait de se prolonger, quand un matin Francis qui, contrairement à son habitude, avait rôdé toute la journée de la veille dans la cour, me dit : « Eh ! Eugène, viens-tu respirer un
625 peu l'air des champs ? » Je dresse l'oreille. « Il y a un préau[2] réservé aux fous, poursuit-il ; ce préau est vide ; en grimpant sur le toit des cabanons, et c'est facile, grâce aux grilles qui garnissent les fenêtres, nous atteignons la crête du mur, nous sautons et nous tombons

---

1. Rabâchages : radotages.
2. Préau : cour.

dans la campagne. À deux pas de ce mur s'ouvre l'une des portes
630 d'Évreux[1]. Qu'en dis-tu ?

Je dis... je dis que je suis tout disposé à sortir ; mais comment
ferons-nous pour rentrer ?

— Je n'en sais rien ; partons d'abord, nous aviserons ensuite.
Lève-toi, on va servir la soupe, nous sautons sur le mur après. »

635 Je me lève. L'hôpital manquait d'eau, de sorte que j'en étais réduit
à me débarbouiller avec de l'eau de Seltz[2] que la sœur m'avait fait
avoir. Je prends mon siphon, je vise le peintre qui crie au feu, je presse
la détente, la décharge lui arrive en pleine figure ; je me pose à mon
tour devant lui, je reçois le jet dans la barbe, je me frotte le nez avec
640 la mousse, je m'essuie. Nous sommes prêts, nous descendons. Le
préau est désert ; nous escaladons le mur. Francis prend son élan et
saute. Je suis assis à califourchon sur la crête, je jette un regard rapide
autour de moi ; en bas, un fossé et de l'herbe ; à droite, une des portes
de la ville ; au loin, une forêt qui moutonne et enlève ses déchirures
645 d'or rouge sur une bande de bleu pâle. Je suis debout ; j'entends du
bruit dans la cour, je saute ; nous rasons les murailles*, nous sommes
dans Évreux !

— Si nous mangions ?

— Adopté.

650 Chemin faisant, à la recherche d'un gîte, nous apercevons deux
petites femmes qui tortillent des hanches ; nous les suivons et leur
offrons à déjeuner ; elles refusent ; nous insistons, elles répondent
non plus mollement ; nous insistons encore, elles disent oui. Nous
allons chez elles, avec un pâté, des bouteilles, des œufs, un poulet
655 froid. Ça nous paraît drôle de nous trouver dans une chambre claire,
tendue de papier moucheté de fleurs lilas et feuillé de vert ; il y a, aux
croisées*, des rideaux en damas groseille, une glace sur la cheminée,
une gravure représentant un Christ embêté par des pharisiens[3], six
chaises en merisier, une table ronde avec une toile cirée montrant
660 les rois de France, un lit pourvu d'un édredon de percale[4] rose.

---

1. Portes d'Évreux : portes de l'hôpital d'Évreux.
2. Eau de Seltz : eau gazeuse contenue dans un siphon.
3. Pharisiens : membres du peuple juif.
4. Percale : tissu de coton de grande qualité.

Nous dressons la table, nous regardons d'un œil goulu[1] les filles qui tournent autour ; le couvert est long à mettre, car nous les arrêtons au passage pour les embrasser ; elles sont laides et bêtes, du reste. Mais, qu'est-ce que ça nous fait ? il y a si longtemps que nous n'avons flairé
665 de la bouche de femme !

Je découpe le poulet, les bouchons sautent, nous buvons comme des chantres* et bâfrons comme des ogres. Le café fume dans les tasses, nous le dorons avec du cognac ; ma tristesse s'envole, le punch s'allume, les flammes bleues du kirsch voltigent dans le saladier qui
670 crépite, les filles rigolent, les cheveux dans les yeux et les seins fouillés ; soudain quatre coups sonnent lentement au cadran de l'église. Il est quatre heures. Et l'hôpital, Seigneur Dieu ! nous l'avions oublié ! Je deviens pâle, Francis me regarde avec effroi, nous nous arrachons des bras de nos hôtesses, nous sortons au plus vite.

675   — Comment rentrer ? dit le peintre.

— Hélas ! nous n'avons pas le choix ; nous arriverons à grand-peine pour l'heure de la soupe. À la grâce de Dieu, filons par la grande porte !

Nous arrivons, nous sonnons ; la sœur concierge vient nous ouvrir et reste ébahie. Nous la saluons, et je dis assez haut pour être
680 entendu d'elle :

— Sais-tu, dis donc, qu'ils ne sont pas aimables à l'Intendance, le gros surtout nous a reçus plus ou moins poliment...

La sœur ne souffle mot ; nous courons au galop vers la cham-brée : il était temps, j'entendais la voix de sœur Angèle qui distribuait
685 les rations. Je me couche au plus vite sur mon lit, je dissimule avec la main un suçon que ma belle m'a posé le long du cou ; la sœur me regarde, trouve à mes yeux un éclat inaccoutumé et me dit avec intérêt :

— Souffrez-vous davantage ?
690   Je la rassure et lui réponds :

— Au contraire, je vais mieux, ma sœur, mais cette oisiveté et cet emprisonnement me tuent.

Quand je lui exprimais l'effroyable ennui que j'éprouvais, perdu dans cette troupe, au fond d'une province, loin des miens, elle ne

---

1. Goulu : vorace.

695 répondait pas, mais ses lèvres se serraient, ses yeux prenaient une indéfinissable expression de mélancolie et de pitié. Un jour pourtant elle m'avait dit d'un ton sec : « Oh ! la liberté ne vous vaudrait rien », faisant allusion à une conversation qu'elle avait surprise entre Francis et moi, discutant sur les joyeux appas des Parisiennes ; puis elle s'était
700 adoucie et avait ajouté avec sa petite moue charmante :

— Vous n'êtes vraiment pas sérieux, monsieur le militaire.

Le lendemain matin nous convenons, le peintre et moi, qu'aussitôt la soupe avalée nous escaladerons de nouveau les murs. À l'heure dite, nous rôdons autour du préau*, la porte est fermée ! « Bast[1], tant pis !
705 dit Francis, en avant ! » et il se dirige vers la grande porte de l'hôpital. Je le suis. La sœur tourière[2] nous demande où nous allons. « À l'Intendance. » La porte s'ouvre, nous sommes dehors.

Arrivés sur la grande place de la ville, en face de l'église, j'avise, tandis que nous contemplions les sculptures du porche*, un gros
710 monsieur, une face de lune rouge hérissée de moustaches blanches, qui nous regardait avec étonnement. Nous le dévisageons à notre tour, effrontément, et nous poursuivons notre route. Francis mourait de soif, nous entrons dans un café, et, tout en dégustant ma demi-tasse, je jette les yeux sur le journal du pays, et j'y trouve un nom
715 qui me fait rêver. Je ne connaissais pas, à vrai dire, la personne qui le portait, mais ce nom rappelait en moi des souvenirs effacés depuis longtemps. Je me rappelais que l'un de mes amis avait un parent haut placé dans la ville d'Évreux. « Il faut absolument que je le voie », dis-je au peintre ; je demande son adresse au cafetier, il l'ignore ; je
720 sors et je vais chez tous les boulangers et chez tous les pharmaciens que je rencontre. Tout le monde mange du pain et boit des potions ; il est impossible que l'un de ces industriels ne connaisse pas l'adresse de M. de Fréchêde. Je la trouve, en effet ; j'époussette ma vareuse[3], j'achète une cravate noire, des gants et je vais sonner doucement, rue
725 Chartraine, à la grille d'un hôtel qui dresse ses façades de brique et ses toitures d'ardoise dans le fouillis ensoleillé d'un parc. Un domestique m'introduit. M. de Fréchêde est absent, mais Madame est là. J'attends,

---

1. Bast : Ça suffit.
2. Tourière : portière.
3. Vareuse : chemise de toile.

pendant quelques secondes, dans un salon ; la portière se soulève et une vieille dame paraît. Elle a l'air si affable[1] que je suis rassuré. Je lui
730 explique, en quelques mots, qui je suis.

— Monsieur, me dit-elle, avec un bon sourire, j'ai beaucoup entendu parler de votre famille ; je crois même avoir vu chez Mme Lezant, madame votre mère, lors de mon dernier voyage à Paris ; vous êtes ici le bienvenu.

735 Nous causons longuement ; moi, un peu gêné, dissimulant avec mon képi, le suçon[2] de mon cou ; elle, cherchant à me faire accepter de l'argent que je refuse.

— Voyons, me dit-elle enfin, je désire de tout mon cœur vous être utile ; que puis-je faire ?

740 — Mon Dieu ! madame, si vous pouviez obtenir qu'on me renvoie à Paris, vous me rendriez un grand service ; les communications vont être prochainement interceptées, si j'en crois les journaux ; on parle d'un nouveau coup d'État ou du renversement de l'Empire ; j'ai grand besoin de retrouver ma mère, et surtout de ne pas me laisser faire
745 prisonnier ici, si les Prussiens y viennent.

Sur ces entrefaites rentre M. de Fréchêde. Il est mis, en deux mots, au courant de la situation.

— Si vous voulez venir avec moi chez le médecin de l'hospice, me dit-il, nous n'avons pas de temps à perdre.

750 — Chez le médecin ! bon Dieu ! et comment lui expliquer ma sortie de l'hôpital ? Je n'ose souffler mot ; je suis mon protecteur, me demandant comment tout cela va finir. Nous arrivons, le docteur me regarde d'un air stupéfait. Je ne lui laisse pas le temps d'ouvrir la bouche, et je lui débite avec une prodigieuse volubilité un
755 chapelet de jérémiades sur ma triste position.

M. de Fréchêde prend à son tour la parole et lui demande, en ma faveur, un congé de convalescence de deux mois.

— Monsieur est, en effet, assez malade, dit le médecin, pour avoir droit à deux mois de repos ; si mes collègues et si le général

---

1. Affable : bienveillante.
2. Suçon : marque laissée sur la peau par un baiser.

760 partagent ma manière de voir, votre protégé pourra, sous peu de jours, retourner à Paris.

— C'est bien, réplique M. de Fréchêde ; je vous remercie docteur ; je parlerai ce soir même au général.

Nous sommes dans la rue, je pousse un soupir de soulagement, je
765 serre la main de l'excellent homme qui veut bien s'intéresser à moi, je cours à la recherche de Francis. Nous n'avons que bien juste le temps de rentrer, nous arrivons à la grille de l'hôpital ; Francis sonne, je salue la sœur. Elle m'arrête :

— Ne m'aviez-vous pas dit, ce matin, que vous alliez à l'Intendance ?
770 — Mais certainement, ma sœur.

— Eh bien ! le général sort d'ici. Allez voir le directeur et la sœur Angèle, ils vous attendent ; vous leur expliquerez, sans doute, le but de vos visites à l'Intendance.

Nous remontons, tout penauds, l'escalier du dortoir. Sœur Angèle
775 est là qui m'attend et qui me dit :

— Jamais je n'aurais cru pareille chose ; vous avez couru par toute la ville, hier et aujourd'hui, et Dieu sait la vie que vous avez menée !

— Oh ! par exemple, m'écriai-je.

Elle me regarda si fixement que je ne soufflai plus mot.

780 — Toujours est-il, poursuivit-elle, que le général vous a rencontrés aujourd'hui même sur la Grand-Place. J'ai nié que vous fussiez sortis, et je vous ai cherchés par tout l'hôpital. Le général avait raison, vous n'étiez pas ici. Il m'a demandé vos noms ; j'ai donné celui de l'un d'entre vous, j'ai refusé de livrer l'autre, et j'ai eu tort, bien certaine-
785 ment, car vous ne le méritez pas !

— Oh ! combien je vous remercie, ma sœur !... Mais sœur Angèle ne m'écoutait pas, elle était indignée de ma conduite ! Je n'avais qu'un parti à prendre, me taire et recevoir l'averse sans même tenter de me mettre à l'abri. Pendant ce temps, Francis était appelé chez le direc-
790 teur, et comme, je ne sais pourquoi, on le soupçonnait de me débau-cher, et qu'il était d'ailleurs, à cause de ses gouailleries[1], au plus mal avec le médecin et avec les sœurs, il lui fut annoncé qu'il partirait le lendemain pour rejoindre son corps.

---

1. Gouailleries : plaisanteries.

— Les drôlesses chez lesquelles nous avons déjeuné hier sont des
795 filles en carte qui nous ont vendus, m'affirmait-il, furieux. C'est le
directeur lui-même qui me l'a dit.

Tandis que nous maudissions ces coquines et que nous déplo-
rions notre uniforme qui nous faisait si facilement reconnaître, le
bruit court que l'Empereur est prisonnier et que la République est
800 proclamée à Paris ; je donne 1 franc à un vieillard qui pouvait sortir
et qui me rapporte un numéro du *Gaulois*. La nouvelle est vraie.
L'hôpital exulte. « Enfoncé Badingue ! c'est pas trop tôt, v'là la guerre
qui est enfin finie ! » Le lendemain matin, Francis et moi, nous nous
embrassons, et il part. « À bientôt, me crie-t-il en fermant la grille,
805 et rendez-vous à Paris ! »

Oh ! les journées qui suivirent ce jour-là ! quelles souffrances !
quel abandon ! Impossible de sortir de l'hôpital ; une sentinelle se
promenait, en mon honneur, de long en large, devant la porte. J'eus
cependant le courage de ne pas m'essayer à dormir ; je me promenais
810 comme une bête encagée, dans le préau*. Je rôdai ainsi douze heures
durant. Je connaissais ma prison dans ses moindres coins. Je savais
les endroits où les pariétaires[1] et la mousse poussaient, les pans de
muraille* qui fléchissaient en se lézardant. Le dégoût de mon corridor, de mon grabat* aplati comme une galette, de mon geigneux[2],
815 de mon linge pourri de crasse, m'était venu. Je vivais, isolé, ne parlant
à personne, battant à coups de pied les cailloux de la cour, errant
comme une âme en peine sous les arcades badigeonnées d'ocre jaune
ainsi que les salles, revenant à la grille d'entrée surmontée d'un drapeau, montant au premier où était ma couche*, descendant au bas
820 où la cuisine étincelait, mettant les éclairs de son cuivre rouge dans
la nudité blafarde de la pièce. Je me rongeais les poings d'impatience, regardant, à certaines heures, les allées et venues des civils et
des soldats mêlés, passant et repassant à tous les étages, emplissant les
galeries de leur marche lente.

825   Je n'avais plus la force de me soustraire aux poursuites des sœurs,
qui nous rabattaient le dimanche dans la chapelle. Je devenais

---

1. Pariétaire : plante qui pousse sur les murailles.
2. Geigneux : grande tasse.

monomane[1]; une idée fixe me hantait : fuir au plus vite cette lamentable geôle. Avec cela, des ennuis d'argent m'opprimaient. Ma mère m'avait adressé cent francs à Dunkerque, où je devais me trouver,
830 paraît-il. Cet argent ne revenait point. Je vis le moment où je n'aurais plus un sou pour acheter du tabac ou du papier.

En attendant, les jours se suivaient. Les de Fréchêde semblaient m'avoir oublié et j'attribuais leur silence à mes escapades, qu'ils avaient sans doute apprises. Bientôt à toutes ces angoisses vinrent
835 s'ajouter d'horribles douleurs : mal soignées et exaspérées par les prétantaines[2] que j'avais courues, mes entrailles flambaient. Je souffris tellement que j'en vins à craindre de ne plus pouvoir supporter le voyage. Je dissimulais mes souffrances, craignant que le médecin ne me forçât à demeurer plus longtemps à l'hôpital. Je gardai le lit
840 quelques jours ; puis, comme je sentais mes forces diminuer, je voulus me lever quand même et je descendis dans la cour. Sœur Angèle ne me parlait plus, et le soir, alors qu'elle faisait sa ronde dans les corridors et les chambrées, se détournant pour ne point voir le point de feu des pipes qui scintillait dans l'ombre, elle passait devant moi,
845 indifférente, froide, détournant les yeux.

Une matinée, cependant, comme je me traînais dans la cour et m'affaissais sur tous les bancs, elle me vit si changé, si pâle, qu'elle ne put se défendre d'un mouvement de compassion. Le soir, après qu'elle eut terminé sa visite des dortoirs, je m'étais accoudé sur mon
850 traversin* et, les yeux grands ouverts, je regardais les traînées bleuâtres que la lune jetait par les fenêtres du couloir, quand la porte du fond s'ouvrit de nouveau, et j'aperçus, tantôt baignée de vapeurs d'argent, tantôt sombre et comme vêtue d'un crêpe* noir, selon qu'elle passait devant les croisées* ou devant les murs, sœur Angèle qui venait à moi.
855 Elle souriait doucement. « Demain matin, me dit-elle, vous passerez la visite des médecins. J'ai vu Mme de Fréchêde aujourd'hui, il est probable que vous partirez dans deux ou trois jours pour Paris. » Je fais un saut dans mon lit, ma figure s'éclaire, je voudrais pouvoir sauter et chanter ; jamais je ne fus plus heureux. Le matin se lève, je m'habille

---

1. Monomane : obsédé.
2. Courir la prétantaine : avoir de nombreuses aventures galantes.

860 et inquiet cependant, je me dirige vers la salle où siège une réunion
d'officiers et de médecins.

Un à un, les soldats étalaient des torses creusés de trous ou bou-
quetés de poils. Le général se grattait un ongle, le colonel de la gendarmerie s'éventait avec un papier, les praticiens[1] causaient en palpant
865 les hommes. Mon tour arrive enfin : on m'examine des pieds à la tête,
on me pèse sur le ventre qui est gonflé et tendu comme un ballon,
et, à l'unanimité des voix, le conseil m'accorde un congé de convales-
lescence de soixante jours. Je vais enfin revoir ma mère ! retrouver
mes bibelots, mes livres ! Je ne sens plus ce fer rouge qui me brûle les
870 entrailles, je saute comme un cabri[2] !

J'annonce à ma famille la bonne nouvelle. Ma mère m'écrit lettres
sur lettres, s'étonnant que je n'arrive point. Hélas ! mon congé doit
être visé à la Division de Rouen. Il revient après cinq jours ; je suis
en règle, je vais trouver sœur Angèle, je la prie de m'obtenir, avant
875 l'heure fixée pour mon départ, une permission de sortie afin d'aller
remercier les de Fréchêde qui ont été si bons pour moi. Elle va trouver
le directeur et me la rapporte ; je cours chez ces braves gens, qui me
forcent à accepter un foulard et cinquante francs pour la route ; je vais
chercher ma feuille à l'Intendance, je rentre à l'hospice, je n'ai plus
880 que quelques minutes à moi. Je me mets en quête de sœur Angèle que
je trouve dans le jardin, et je lui dis, tout ému :

— Ô chère sœur, je pars ; comment pourrai-je jamais m'acquitter
envers vous ?

Je lui prends la main qu'elle veut retirer, et je la porte à mes lèvres.
885 Elle devient rouge. – Adieu ! murmure-t-elle, et me menaçant du
doigt, elle ajoute gaiement : soyez sage, et surtout ne faites pas de
mauvaises rencontres en route !

— Oh ! ne craignez rien, ma sœur, je vous le promets ! L'heure
sonne, la porte s'ouvre, je me précipite vers la gare, je saute dans un
890 wagon, le train s'ébranle, j'ai quitté Évreux.

La voiture est à moitié pleine, mais j'occupe heureusement l'une
des encoignures[3]. Je mets le nez à la fenêtre, je vois quelques arbres

---

1. Praticiens : médecins.
2. Cabri : chevreau.
3. Encoignures : coins.

écimés, quelques bouts de collines qui serpentent au loin et un pont
enjambant une grande mare qui scintille au soleil comme un éclat
895 de vitre. Tout cela n'est pas bien joyeux. Je me renfonce dans mon
coin, regardant parfois les fils du télégraphe qui règlent l'outremer[1]
de leurs lignes noires, quand le train s'arrête, les voyageurs qui m'entourent descendent, la portière se ferme, puis s'ouvre à nouveau et
livre passage à une jeune femme.

900 Tandis qu'elle s'assied et défripe sa robe, j'entrevois sa figure sous
l'envolée du voile. Elle est charmante, avec ses yeux pleins de bleu de
ciel, ses lèvres tachées de pourpre, ses dents blanches, ses cheveux
couleur de maïs mûr.

J'engage la conversation ; elle s'appelle Reine et brode des fleurs :
905 nous causons en amis. Soudain elle devient pâle et va s'évanouir ;
j'ouvre les lucarnes, je lui tends un flacon de sels[2] que j'ai emporté,
lors de mon départ de Paris, à tout hasard ; elle me remercie, ce ne
sera rien, dit-elle, et elle s'appuie sur mon sac pour tâcher de dormir.
Heureusement que nous sommes seuls dans le compartiment, mais la
910 barrière de bois qui sépare, en tranches égales, la caisse de la voiture ne
s'élève qu'à mi-corps, et l'on voit et surtout on entend les clameurs*
et les gros rires des paysans et des paysannes. Je les aurais battus de
bon cœur, ces imbéciles qui troublaient son sommeil ! Je me contentai
d'écouter les médiocres aperçus qu'ils échangeaient sur la politique.
915 J'en ai vite assez ; je me bouche les oreilles ; j'essaye, moi aussi, de
dormir ; mais cette phrase qui a été dite par le chef de la dernière
station : « Vous n'arriverez pas à Paris, la voie est coupée à Mantes[3] »,
revient dans toutes mes rêveries comme un refrain entêté. J'ouvre les
yeux, ma voisine se réveille elle aussi ; je ne veux pas lui faire partager
920 mes craintes : nous causons à voix basse, elle m'apprend qu'elle va
rejoindre sa mère à Sèvres[4]. « Mais, lui dis-je, le train n'entrera guère
dans Paris avant onze heures du soir, vous n'aurez jamais le temps de
regagner l'embarcadère de la rive gauche. – Comment faire, dit-elle,
si mon frère n'est pas en bas, à l'arrivée ?

---

1. Outremer : bleu.
2. Sels : sels volatils qu'on faisait respirer pour ranimer les esprits.
3. Mantes : commune française non loin de Paris.
4. Sèvres : commune française à proximité de Paris.

925 Ô misère, je suis sale comme un peigne et mon ventre brûle! je ne puis songer à l'emmener dans mon logement de garçon, et puis, je veux avant tout aller chez ma mère. Que faire? Je regarde Reine avec angoisse, je prends sa main; à ce moment, le train change de voie, la secousse la jette en avant, nos lèvres sont proches, elles se touchent,

930 j'appuie les miennes bien vite, elle devient rouge. Seigneur Dieu! sa bouche remue imperceptiblement, elle me rend mon baiser; un long frisson me court sur l'échine, au contact de ces braises adentes je me sens défaillir: Ah! sœur Angèle, sœur Angèle, on ne peut se refaire!

Et le train rugit et roule sans ralentir sa marche, nous filons à toute

935 vapeur sur Mantes; mes craintes sont vaines, la voie est libre. Reine ferme à demi ses yeux, sa tête tombe sur mon épaule, ses petits frisons s'emmêlent dans ma barbe et me chatouillent les lèvres, je soutiens sa taille qui ploie et je la berce. Paris n'est pas loin, nous passons devant les docks à marchandises, devant les rotondes[1] où grondent, dans une

940 vapeur rouge, les machines en chauffe; le train s'arrête, on prend les billets. Tout bien réfléchi, je conduirai d'abord Reine dans mon loge-ment de garçon. Pourvu que son frère ne l'attende pas à l'arrivée! Nous descendons des voitures, son frère est là. Dans cinq jours, me dit-elle, dans un baiser, et le bel oiseau s'envole! Cinq jours après

945 j'étais dans mon lit atrocement malade, et les Prussiens occupaient Sèvres. Jamais plus depuis je ne l'ai revue.

J'ai le cœur serré, je pousse un gros soupir; ce n'est pourtant pas le moment d'être triste! Je cahote[2] maintenant dans un fiacre[3], je reconnais mon quartier, j'arrive devant la maison de ma mère, je

950 grimpe les escaliers, quatre à quatre, je sonne précipitamment, la bonne ouvre. C'est Monsieur! et elle court prévenir ma mère qui s'élance à ma rencontre, devient pâle, m'embrasse, me regarde des pieds à la tête, s'éloigne un peu, me regarde encore et m'embrasse de nouveau. Pendant ce temps, la bonne a dévalisé le buffet. Vous devez

955 avoir faim, monsieur Eugène? – Je crois bien que j'ai faim! je dévore tout ce qu'on me donne, j'avale de grands verres de vin; à vrai dire, je ne sais ce que je mange et ce que je bois!

---

1. Rotondes: remises pour les locomotives.
2. Cahote: verbe au double sens de « se faire ballotter » et « se tourmenter ».
3. Fiacre: carrosse.

Je retourne enfin chez moi pour me coucher ! – Je retrouve mon logement tel que je l'ai laissé. Je le parcours, radieux, puis je m'assieds sur le divan et je reste là, extasié, béat, m'emplissant les yeux de la vue de mes bibelots et de mes livres. Je me déshabille pourtant, je me nettoie à grande eau, songeant que pour la première fois depuis des mois, je vais entrer dans un lit propre avec des pieds blancs et des ongles faits. Je saute sur le sommier qui bondit, je m'enfouis la tête dans la plume, mes yeux se ferment, je vogue à pleines voiles dans le pays du rêve.

Il me semble voir Francis qui allume sa vaste pipe de bois, sœur Angèle qui me considère avec sa petite moue, puis Reine s'avance vers moi, je me réveille en sursaut, je me traite d'imbécile et me renfonce dans les oreillers, mais les douleurs d'entrailles un moment domptées se réveillent maintenant que les nerfs sont moins tendus et je me frotte doucement le ventre, pensant que toute l'horreur de la dysenterie qu'on traîne dans des lieux où tout le monde opère, sans pudeur, ensemble, n'est enfin plus ! Je suis chez moi, dans des cabinets à moi ! et je me dis qu'il faut avoir vécu dans la promiscuité[1] des hospices et des camps pour apprécier la valeur d'une cuvette d'eau, pour savourer la solitude des endroits où l'on met culotte bas, à l'aise.

---

1. Promiscuité : proximité.

ALPHONSE DAUDET
(1840-1897)

LA PARTIE DE BILLARD

Comme on se bat depuis deux jours et qu'ils ont passé la nuit sac au dos sous une pluie torrentielle, les soldats sont exténués. Pourtant voilà trois mortelles heures qu'on les laisse se morfondre, l'arme au pied, dans les flaques des grandes routes, dans la boue des champs 5 détrempés.

Alourdis par la fatigue, les nuits passées, les uniformes pleins d'eau, ils se serrent les uns contre les autres pour se réchauffer, pour se soutenir. Il y en a qui dorment tout debout, appuyés au sac d'un voisin, et la lassitude, les privations se voient mieux sur ces visages détendus, 10 abandonnés dans le sommeil. La pluie, la boue, pas de feu, pas de soupe, un ciel bas et noir, l'ennemi qu'on sent tout autour. C'est lugubre...

Qu'est-ce qu'on fait là ? Qu'est-ce qui passe ?

Les canons, la gueule tournée vers le bois, ont l'air de guetter quelque chose. Les mitrailleuses embusquées regardent fixement 15 l'horizon. Tout semble prêt pour une attaque. Pourquoi n'attaque-t-on pas ? Qu'est-ce qu'on attend ?...

On attend des ordres, et le quartier général n'en envoie pas.

Il n'est pas loin cependant le quartier général. C'est ce beau château Louis XIII[1] dont les briques rouges, lavées par la pluie, luisent

---

1. Château Louis XIII : château de l'époque de Louis XIII (1601-1643).

20 à mi-côte entre les massifs. Vraie demeure princière, bien digne de
porter le fanion d'un maréchal de France[1]. Derrière un grand fossé et
une rampe de pierre qui les séparent de la route, les pelouses montent
tout droit jusqu'au perron, unies et vertes, bordées de vases fleuris.
De l'autre côté, du côté intime de la maison, les charmilles[2] font des
25 trouées lumineuses, la pièce d'eau où nagent des cygnes s'étale comme
un miroir, et sous le toit en pagode[3] d'une immense volière[4], lançant
des cris aigus dans le feuillage, des paons, des faisans dorés battent
des ailes et font la roue. Quoique les maîtres soient partis, on ne sent
pas là l'abandon, le grand lâchez-tout de la guerre. L'oriflamme[5] du
30 chef de l'armée a préservé jusqu'aux moindres fleurettes des pelouses,
et c'est quelque chose de saisissant de trouver, si près du champ de
bataille, ce calme opulent qui vient de l'ordre des choses, de l'aligne-
ment correct des massifs, de la profondeur silencieuse des avenues.

La pluie, qui tasse là-bas de si vilaine boue sur les chemins et
35 creuse des ornières si profondes, n'est plus ici qu'une ondée élégante,
aristocratique, avivant la rougeur des briques, le vert des pelouses,
lustrant les feuilles des orangers, les plumes blanches des cygnes. Tout
reluit, tout est paisible. Vraiment, sans le drapeau qui flotte à la crête
du toit, sans les deux soldats en faction devant la grille, jamais on ne
40 se croirait au quartier général. Les chevaux reposent dans les écuries. Çà et là on rencontre des brosseurs, des ordonnances[6] en petite
tenue flânant aux abords des cuisines, ou quelque jardinier en pantalon rouge promenant tranquillement son râteau dans le sable des
grandes cours.

45 La salle à manger, dont les fenêtres donnent sur le perron, laisse
voir une table à moitié desservie, des bouteilles débouchées, des
verres ternis et vides, blafards[7] sur la nappe froissée, toute une fin
de repas, les convives partis. Dans la pièce à côté, on entend des
éclats de voie, des rires, des billes qui roulent, des verres qui se

---

1. Maréchal de France : le grade le plus haut chez les militaires français.
2. Charmilles : allée bordée de charmes (espèce d'arbre).
3. Toit en pagode : toit ondulé comme ceux des pagodes (temples bouddhistes).
4. Volière : enclos de grande taille pour les oiseaux.
5. Oriflamme : bannière, drapeau.
6. Ordonnance : soldat s'occupant des tâches personnelles d'un officier.
7. Blafards : pâles.

50 choquent. Le maréchal est en train de faire sa partie, et voilà pourquoi l'armée attend des ordres. Quand le maréchal a commencé sa
partie, le ciel peut bien crouler, rien au monde ne saurait l'empêcher de la finir.

Le billard !

55 C'est sa faiblesse à ce grand homme de guerre. Il est là, sérieux
comme à la bataille, en grande tenue, la poitrine couverte de plaques[1],
l'œil brillant, les pommettes enflammées, dans l'animation du repas,
du jeu, des grogs[2]. Ses aides de camp l'entourent, empressés, respectueux, se pâmant d'admiration à chacun de ses coups. Quand le
60 maréchal fait un point, tous se précipitent vers la marque ; quand
le maréchal a soif, tous veulent lui préparer son grog.

C'est un froissement d'épaulettes et de panaches, un cliquetis de
croix et d'aiguillettes[3], et de voir tous ces jolis sourires, ces fines révé-
rences de courtisans, tant de broderies et d'uniformes neufs, dans
65 cette haute salle à boiseries de chêne, ouverte sur des parcs, sur des
cours d'honneur, cela rappelle les automnes de Compiègne[4] et repose
un peu des capotes* souillées qui se morfondent là-bas, au long des
routes, et font des groupes si sombres sous la pluie.

Le partenaire du maréchal est un petit capitaine d'état-major,
70 sanglé, frisé, ganté de clair, qui est de première force au billard et
capable de rouler tous les maréchaux de la terre, mais il sait se tenir à
une distance respectueuse de son chef, et s'applique à ne pas gagner,
à ne pas perdre non plus trop facilement. C'est ce qu'on appelle un
officier d'avenir...

75 « Attention, jeune homme, tenons-nous bien. Le maréchal en a
quinze et vous dix. Il s'agit de mener la partie jusqu'au bout comme
cela, et vous aurez fait plus pour votre avancement que si vous étiez
dehors avec les autres, sous ces torrents d'eau qui noient l'horizon, à
salir votre bel uniforme, à tenir l'or de vos aiguillettes, attendant des
80 ordres qui ne viennent pas. »

---

1. Plaques : décorations militaires.
2. Grogs : boissons chaudes à base de rhum.
3. Croix, aiguillettes : décorations militaires.
4. Compiègne : commune française au nord de Paris.

C'est une partie vraiment intéressante. Les billes courent, se frôlent, croisent leurs couleurs. Les bandes rendent bien, le tapis s'échauffe... Soudain la flamme d'un coup de canon passe dans le ciel. Un bruit sourd* fait trembler les vitres. Tout le monde tressaille ; on
85 se regarde avec inquiétude. Seul le maréchal n'a rien vu, rien entendu : penché sur le billard, il est en train de combiner un magnifique effet de recul[1] ; c'est sont fort, à lui, les effets de recul !...

Mais voilà un nouvel éclair, puis un autre. Les coups de canon se succèdent, se précipitent. Les aides de camp courent aux fenêtres.
90 Est-ce que les Prussiens attaqueraient ?

« Eh bien, qu'ils attaquent ! dit le maréchal en mettant du blanc... À vous de jouer, capitaine. »

L'état-major frémit d'admiration. Turenne endormi sur un affût[2] n'est rien auprès de ce maréchal, si calme devant son billard au
95 moment de l'action... Pendant ce temps, le vacarme redouble. Aux secousses du canon se mêlent les déchirements des mitrailleuses, les roulements des feux de peloton. Une buée rouge, noire sur les bords monte au bout des pelouses. Tout le fond du parc est embrasé. Les paons, les faisans effarés* clament dans la volière ; les chevaux arabes,
100 sentant la poudre, se cabrent au fond des écuries. Le quartier général commence à s'émouvoir. Dépêches sur dépêches. Les estafettes[3] arrivent à bride abattue[4]. On demande le maréchal.

Le maréchal est inabordable. Quand je vous disais que rien ne pourrait l'empêcher d'achever sa partie.
105 « À vous de jouer, capitaine. »

Mais le capitaine a des distractions. Ce que c'est pourtant que d'être jeune ! Le voilà qui perd la tête, oublie son jeu et fait coup sur coup deux séries[5], qui lui donnent presque partie gagnée. Cette fois le

---

1. Effet de recul : effet que l'on peut donner à une boule de billard lorsqu'on la frappe d'un certain angle.
2. Turenne endormi sur un affût : Henri de La Tour d'Auvergne, vicomte de Turenne (1611-1675), maréchal de France. Pour prouver à son père qu'il était apte à mener une vie de militaire, le jeune Turenne passa une nuit d'hiver sur les remparts d'une forteresse. On le retrouva endormi sur la base (affût) d'un canon.
3. Estafettes : messagers.
4. À bride abattue : rapidement.
5. Deux séries : deux coups enchaînés.

maréchal devient furieux. La surprise, l'indignation éclatent sur son
110 mâle visage. Juste à ce moment, un cheval lancé ventre à terre s'abat
dans la cour. Un aide de camp couvert de boue force la consigne,
franchit le perron d'un saut : « Maréchal ! maréchal !... » Il faut voir
comme il est reçu... Tout bouffant de colère et rouge comme un coq,
le maréchal paraît à la fenêtre, sa queue de billard à la main :
115   « Qu'est-ce qu'il y a ?... Qu'est-ce que c'est ?... Il n'y a donc pas de
factionnaire[1] par ici ?
        — Mais, maréchal...
        — C'est bon... Tout à l'heure... Qu'on attende mes ordres, nom
de... D...! »
120   Et la fenêtre se referme avec violence.
        Qu'on attende ses ordres !
        C'est bien ce qu'ils font, les pauvres gens. Le vent leur chasse la pluie
et la mitraille en pleine figure. Des bataillons entiers sont écrasés, pendant que d'autres restent, inutiles, l'arme au bras, sans pouvoir se rendre
125 compte de leur inaction. Rien à faire. On attend des ordres... Par exemple,
comme on n'a pas besoin d'ordres pour mourir, les hommes tombent
par centaines derrière les buissons, dans les fossés, en face du grand
château silencieux. Même tombés, la mitraille les déchire encore, et par
leurs blessures ouvertes coule sans bruit le sang généreux de la France...
130 Là-haut, dans la salle de billard, cela chauffe terriblement : le maréchal
a repris son avance ; mais le petit capitaine se défend comme un lion...
        Dix-sept ! dix-huit ! dix-neuf !...
        À peine a-t-on le temps de marquer les points. Le bruit de la
bataille se rapproche. Le maréchal ne joue plus que pour un. Déjà
135 des obus arrivent dans le parc. En voilà un qui éclate au-dessus de
la pièce d'eau. Le miroir s'éraille ; un cygne nage, épeuré, dans un
tourbillon de plumes sanglantes. C'est le dernier coup...
        Maintenant, un grand silence. Rien que la pluie qui tombe sur les
charmilles, un roulement confus au bas du coteau, et, par les chemins
140 détrempés, quelque chose comme le piétinement d'un troupeau qui
se hâte... L'armée est en pleine déroute. Le maréchal a gagné sa partie.

---

1. Factionnaire : militaire en faction (surveillance).

ÉMILE ZOLA
(1840-1902)

LA MORT D'OLIVIER BÉCAILLE

I

C'est un samedi, à six heures du matin, que je suis mort, après trois jours de maladie. Ma pauvre femme fouillait depuis un instant dans la malle, où elle cherchait du linge. Lorsqu'elle s'est relevée et qu'elle m'a vu rigide, les yeux ouverts, sans un souffle, elle est accourue, croyant à 5 un évanouissement, me touchant les mains, se penchant sur mon visage. Puis, la terreur l'a prise; et, affolée, elle a bégayé, en éclatant en larmes:

«Mon Dieu! mon Dieu! il est mort!»

J'entendais tout, mais les sons affaiblis semblaient venir de très loin. Seul mon œil gauche percevait encore une lueur confuse, une 10 lumière blanchâtre où les objets se fondaient; l'œil droit se trouvait complètement paralysé. C'était une syncope[1] de mon être entier, comme un coup de foudre qui m'avait anéanti. Ma volonté était morte, plus une fibre de ma chair ne m'obéissait pas. Et, dans ce néant, au-dessus de mes membres inertes, la pensée seule demeurait, 15 lente et paresseuse, mais d'une netteté parfaite.

Ma pauvre Marguerite pleurait, tombée à genoux devant le lit, répétant d'une voix déchirée:

«Il est mort, mon Dieu! il est mort!»

---

1. Syncope: diminution subite et temporaire des battements de cœur, accompagnée d'un arrêt de la respiration et d'une perte de conscience.

Était-ce donc la mort, ce singulier état de torpeur, cette chair
20 frappée d'immobilité, tandis que l'intelligence fonctionnait toujours ? Était-ce mon âme qui s'attardait ainsi dans mon crâne, avant
de prendre son vol ? Depuis mon enfance, j'étais sujet à des crises
nerveuses. Deux fois, tout jeune, des fièvres aiguës avaient failli
m'emporter. Puis, autour de moi, on s'était habitué à me voir maladif ;
25 et moi-même j'avais défendu à Marguerite d'aller chercher un
médecin, lorsque je m'étais couché le matin de notre arrivée à Paris,
dans cet hôtel meublé de la rue Dauphine. Un peu de repos suffirait,
c'était la fatigue du voyage qui me courbaturait ainsi. Pourtant, je me
sentais plein d'une angoisse affreuse.

30 Nous avions quitté brusquement notre province, très pauvres,
ayant à peine de quoi attendre les appointements[1] de mon premier
mois dans l'administration où je m'étais assuré une place. Et voilà
qu'une crise subite m'emportait !

Était-ce bien la mort ? Je m'étais imaginé une nuit plus noire, un
35 silence plus lourd. Tout petit, j'avais déjà peur de mourir. Comme
j'étais débile[2] et que les gens me caressaient avec compassion, je
pensais constamment que je ne vivrais pas, qu'on m'enterrerait de
bonne heure. Et cette pensée de la terre me causait une épouvante,
à laquelle je ne pouvais m'habituer, bien qu'elle me hantât nuit
40 et jour. En grandissant, j'avais gardé cette idée fixe. Parfois, après des
journées de réflexion, je croyais avoir vaincu ma peur. Eh bien ! on
mourait, c'était fini ; tout le monde mourait un jour ; rien ne devait
être plus commode ni meilleur. J'arrivais presque à être gai, je regardais la mort en face. Puis, un frisson brusque me glaçait, me rendait
45 à mon vertige, comme si une main géante m'eût balancé au-dessus
d'un gouffre noir. C'était la pensée de la terre qui revenait et emportait mes raisonnements. Que de fois, la nuit, je me suis réveillé en
sursaut, ne sachant quel souffle avait passé sur mon sommeil, joi-
gnant les mains avec désespoir, balbutiant : « Mon Dieu ! mon Dieu !
50 il faut mourir ! » Une anxiété me serrait la poitrine, la nécessité de la
mort me paraissait plus abominable, dans l'étourdissement du réveil.

---

1. Appointements : salaire.
2. Débile : faible.

Je ne me rendormais qu'avec peine, le sommeil m'inquiétait, tellement il ressemblait à la mort. Si j'allais dormir toujours ! Si je fermais les yeux pour ne les rouvrir jamais !

55 J'ignore si d'autres ont souffert ce tourment. Il a désolé ma vie. La mort s'est dressée entre moi et tout ce que j'ai aimé. Je me souviens des plus heureux instants que j'ai passés avec Marguerite. Dans les premiers mois de notre mariage, lorsqu'elle dormait la nuit à mon côté, lorsque je songeais à elle en faisant des rêves d'avenir, sans cesse l'at-

60 tente d'une séparation fatale gâtait mes joies, détruisait mes espoirs. Il faudrait nous quitter, peut-être demain, peut-être dans une heure. Un immense découragement me prenait, je me demandais à quoi bon le bonheur d'être ensemble, puisqu'il devait aboutir à un déchirement si cruel. Alors, mon imagination se plaisait dans le deuil. Qui partirait

65 le premier, elle ou moi ? Et l'une ou l'autre alternative m'attendrissait aux larmes, en déroulant le tableau de nos vies brisées. Aux meilleures époques de mon existence, j'ai eu ainsi des mélancolies soudaines que personne ne comprenait. Lorsqu'il m'arrivait une bonne chance, on s'étonnait de me voir sombre. C'était que, tout d'un coup, l'idée de

70 mon néant avait traversé ma joie. Le terrible : « À quoi bon ? » sonnait comme un glas* à mes oreilles. Mais le pis de ce tourment, c'est qu'on l'endure dans une honte secrète. On n'ose dire son mal à personne. Souvent le mari et la femme, couchés côte à côte, doivent frissonner du même frisson, quand la lumière est éteinte ; et ni l'un ni l'autre

75 ne parle, car on ne parle pas de la mort, pas plus qu'on ne prononce certains mots obscènes. On a peur d'elle jusqu'à ne point la nommer, on la cache comme on cache son sexe.

Je réfléchissais à ces choses, pendant que ma chère Marguerite continuait à sangloter. Cela me faisait grand-peine de ne savoir com-

80 ment calmer son chagrin, en lui disant que je ne souffrais pas. Si la mort n'était que cet évanouissement de la chair, en vérité j'avais eu tort de la tant redouter. C'était un bien-être égoïste, un repos dans lequel j'oubliais mes soucis. Ma mémoire surtout avait pris une vivacité extraordinaire. Rapidement, mon existence entière passait devant

85 moi, ainsi qu'un spectacle auquel je me sentais désormais étranger. Sensation étrange et curieuse qui m'amusait : on aurait dit une voix lointaine qui me racontait mon histoire.

Il y avait un coin de campagne, près de Guérande[1], sur la route de Piriac, dont le souvenir me poursuivait. La route tourne, un petit bois
90 de pins descend à la débandade* une pente rocheuse. Lorsque j'avais sept ans, j'allais là avec mon père, dans une maison à demi écroulée, manger des crêpes chez les parents de Marguerite, des paludiers[2] qui vivaient déjà péniblement des salines[3] voisines. Puis, je me rappelais le collège de Nantes[4] où j'avais grandi, dans l'ennui des vieux murs,
95 avec le continuel désir du large horizon de Guérande, les marais salants à perte de vue, au bas de la ville, et la mer immense, étalée sous le ciel. Là, un trou noir se creusait : mon père mourait, j'entrais à l'administration de l'hôpital comme employé, je commençais une vie monotone, ayant pour unique joie mes visites du dimanche à la veille
100 maison de la route de Piriac. Les choses y marchaient de mal en pis, car les salines ne rapportaient presque plus rien, et le pays tombait à une grande misère. Marguerite n'était encore qu'une enfant. Elle m'aimait, parce que je la promenais dans une brouette. Mais, plus tard, le matin où je la demandai en mariage, je compris, à son geste
105 effrayé, qu'elle me trouvait affreux. Les parents me l'avaient donnée tout de suite ; ça les débarrassait. Elle, soumise, n'avait pas dit non. Quand elle se fut habituée à l'idée d'être ma femme, elle ne parut pas trop ennuyée. Le jour du mariage, à Guérande, je me souviens qu'il pleuvait à torrents ; et, quand nous rentrâmes, elle dut se mettre en
110 jupon, car sa robe était trempée.

Voilà toute ma jeunesse. Nous avons vécu quelques temps là-bas. Puis, un jour, en rentrant, je surpris ma femme pleurant à chaudes larmes. Elle s'ennuyait, elle voulait partir. Au bout de six mois, j'avais des économies, faites sou à sou, à l'aide de travaux supplémentaires ; et,
115 comme un ancien ami de ma famille s'était occupé de me trouver une place à Paris, j'emmenai la chère enfant, pour qu'elle ne pleurât plus. En chemin de fer, elle riait, la banquette des troisièmes classes étant très dure, je la pris sur mes genoux, afin qu'elle pût dormir mollement.

---

1. Guérande : commune de l'ouest de la France.
2. Paludiers : individu qui cultive les marais salants.
3. Salines : endroit où l'on extrait le sel de l'eau des marais salants.
4. Nantes : commune de l'ouest de la France.

C'était là le passé. Et, à cette heure, je venais de mourir sur cette
120 couche* étroite d'hôtel meublé, tandis que ma femme, tombée à
genoux sur le carreau[1], se lamentait. La tache blanche que percevait
mon œil gauche pâlissait peu à peu; mais je me rappelais très nettement la chambre. À gauche, était la commode, à droite, la cheminée,
au milieu de laquelle une pendule détraquée, sans balancier, marquait
125 dix heures six minutes. La fenêtre s'ouvrait sur la rue Dauphine, noire
et profonde. Tout Paris passait là, et dans un tel vacarme, que j'entendais les vitres trembler.

Nous ne connaissions personne à Paris. Comme nous avions
pressé notre départ, on ne m'attendait que le lundi suivant à mon
130 administration. Depuis que j'avais dû prendre le lit, c'était une
étrange sensation que cet emprisonnement dans cette chambre,
où le voyage venait de nous jeter, encore effarés* de quinze heures
de chemin de fer, étourdis du tumulte des rues. Ma femme m'avait
soigné avec sa douceur souriante; mais je sentais combien elle était
135 troublée. De temps à autre, elle s'approchait de la fenêtre, donnait un coup d'œil à la rue, puis revenait toute pâle, effrayée par ce
grand Paris dont elle ne connaissait pas une pierre et qui grondait
si terriblement. Et qu'allait-elle faire, si je ne me réveillais plus?
Qu'allait-elle devenir dans cette ville immense, seule, sans un sou-
140 tien, ignorante de tout?

Marguerite avait pris une de mes mains qui pendait, inerte au
bord du lit; et elle la baisait, et elle répétait follement:

«Olivier, réponds-moi... Mon Dieu! il est mort! il est mort!»

La mort n'était donc pas le néant, puisque j'entendais et que je
145 raisonnais. Seul, le néant m'avait terrifié, depuis mon enfance. Je ne
m'imaginais pas la disparition de mon être, la suppression totale
de ce que j'étais; et cela pour toujours, pendant des siècles et des
siècles encore, sans que jamais mon existence pût recommencer.
Je frissonnais parfois, lorsque je trouvais dans un journal une date
150 future du siècle prochain: je ne vivrais certainement plus à cette
date, et cette année d'un avenir que je ne verrais pas, où je ne serais

---

1. Carreau: plancher de carreaux de céramique.

pas, m'emplissait d'angoisse. N'étais-je pas le monde, et tout ne croulerait-il pas, lorsque je m'en irais?

Rêver de la vie dans la mort, tel avait toujours été mon espoir. Mais
155 ce n'était pas la mort sans doute. J'allais certainement me réveiller tout à l'heure. Oui, tout à l'heure, je me pencherais et je saisirais Marguerite entre mes bras, pour sécher ses larmes. Quelle joie de nous retrouver! Et comme nous nous aimerions davantage! Je prendrais encore deux jours de repos, puis, j'irais à mon administration. Une vie nouvelle
160 commencerait pour nous, plus heureuse, plus large. Seulement, je n'avais pas de hâte. Tout à l'heure, j'étais trop accablé. Marguerite avait tort de se désespérer ainsi, car je ne me sentais pas la force de tourner la tête sur l'oreiller pour lui sourire. Tout à l'heure, lorsqu'elle dirait de nouveau : « Il est mort! mon Dieu! il est mort! » je l'embrasserais,
165 je murmurerais très bas, afin de ne pas l'effrayer : « Mais non, chère enfant. Je dormais. Tu vois bien que je vis et que je t'aime. »

II

Aux cris que Marguerite poussait, la porte a été brusquement ouverte, et une voix s'est écriée :

« Qu'y a-t-il donc, ma voisine!... Encore une crise, n'est-ce pas? »
170 J'ai reconnu la voix. C'était celle d'une vieille femme, Mme Gabin, qui demeurait sur le même palier que nous. Elle s'était montrée très obligeante[1], dès notre arrivée, émue par notre position. Tout de suite, elle nous avait raconté son histoire. Une propriétaire intraitable lui avait vendu ses meubles, l'hiver dernier; et, depuis ce temps, elle
175 logeait à l'hôtel, avec sa fille Adèle, une gamine de dix ans. Toutes deux découpaient des abat-jour, c'était au plus si elles gagnaient quarante sous à cette besogne.

« Mon Dieu! est-ce que c'est fini? » demanda-t-elle en baissant la voix.
180 Je compris qu'elle s'approchait. Elle me regarda, me toucha, puis elle reprit avec pitié :

« Ma pauvre petite! Ma pauvre petite! »

---

1. Obligeante : aimable.

Marguerite, épuisée, avait des sanglots d'enfant. Mme Gabin la souleva, l'assit dans le fauteuil boiteux qui se trouvait près de la che-
185 minée ; et, là, elle tâcha de la consoler.

« Vrai, vous allez vous faire du mal. Ce n'est pas parce que votre mari est parti, que vous devez vous crever de désespoir. Bien sûr, quand j'ai perdu Gabin, j'étais pareille à vous, je suis restée trois jours sans pouvoir avaler gros comme ça de nourriture. Mais ça ne m'a
190 avancée à rien ; au contraire, ça m'a enfoncée davantage... Voyons, pour l'amour de Dieu ! soyez raisonnable. »

Peu à peu, Marguerite se tut. Elle était à bout de force ; et, de temps à autre, une crise de larmes la secouait encore. Pendant ce temps, la vieille femme prenait possession de la chambre, avec une autorité
195 bourrue[1].

« Ne vous occupez de rien, répétait-elle. Justement, Dédé est allée reporter l'ouvrage ; puis, entre voisins, il faut bien s'entraider... Dites donc, vos malles ne sont pas encore complètement défaites ; mais il y a du linge dans la commode, n'est-ce pas ? »
200 Je l'entendis ouvrir la commode. Elle dut prendre une serviette, qu'elle vint étendre sur la table de nuit. Ensuite, elle frotta une allumette, ce qui me fit penser qu'elle allumait près de moi une des bougies de la cheminée, en guise de cierge. Je suivais chacun de ses mouvements dans la chambre, je me rendais compte de ses
205 moindres actions.

« Ce pauvre monsieur ! murmura-t-elle. Heureusement que je vous ai entendue crier, ma chère. »

Et, tout d'un coup, la lueur vague que je voyais encore de mon œil gauche disparut. Mme Gabin venait de me fermer les yeux. Je n'avais
210 pas eu la sensation de son doigt sur ma paupière. Quand j'eus compris, un léger froid commença à me glacer.

Mais la porte s'était ouverte. Dédé, la gamine de dix ans, entrait en criant de sa voix flûtée :

« Maman ! maman ! ah ! je savais bien que tu étais ici !... Tiens, voilà
215 ton compte, trois francs quatre sous... J'ai rapporté vingt douzaines d'abat-jour... »

---

1. Bourrue : brusque.

— Chut ! chut ! tais-toi donc ! » répétait vainement la mère.

Comme la petite continuait, elle lui montra le lit. Dédé s'arrêta, et je la sentis inquiète, reculant vers la porte.

220   « Est-ce que le monsieur dort ? demanda-t-elle très bas.

— Oui, va-t'en jouer », répondit Mme Gabin.

Mais l'enfant ne s'en allait pas. Elle devait me regarder de ses yeux agrandis, effarée* et comprenant vaguement. Brusquement, elle parut prise d'une peur folle, elle se sauva en culbutant une chaise.

225   « Il est mort, oh ! maman, il est mort. »

Un profond silence régna. Marguerite, accablée dans le fauteuil, ne pleurait plus. Mme Gabin rôdait toujours par la chambre. Elle se remit à parler entre ses dents.

« Les enfants savent tout, au jour d'aujourd'hui. Voyez celle-là.
230   Dieu sait si je l'élève bien ! Lorsqu'elle va faire une commission ou que je l'envoie reporter l'ouvrage, je calcule les minutes, pour être sûre qu'elle ne galopine[1] pas... Ça ne fait rien, elle sait tout, elle a vu d'un coup d'œil ce qu'il en était. Pourtant, on ne lui a jamais montré qu'un mort, son oncle François, et, à cette époque, elle n'avait
235   pas quatre ans...

Enfin, il n'y a plus d'enfants, que voulez-vous ! »

Elle s'interrompit, elle passa sans transition à un autre sujet.

« Dites donc, ma petite, il faut songer aux formalités, la déclaration à la mairie, puis tous les détails du convoi[2]. Vous n'êtes pas en état
240   de vous occuper de ça. Moi, je ne veux pas vous laisser seule... Hein ? si vous le permettez, je vais voir si M. Simoneau est chez lui. »

Marguerite ne répondit pas. J'assistais à toutes ces scènes comme de très loin. Il me semblait, par moments, que je volais, ainsi qu'une flamme subtile, dans l'air de la chambre, tandis qu'un étranger, une
245   masse informe reposait inerte sur le lit. Cependant, j'aurais voulu que Marguerite refusât les services de ce Simoneau. Je l'avais aperçu trois ou quatre fois durant ma courte maladie. Il habitait une chambre voisine et se montrait très serviable. Mme Gabin nous avait raconté qu'il se trouvait simplement de passage à Paris, où il venait recueillir

---

1. Galopine : faire comme un galopin (un enfant qui joue de mauvais tours).
2. Convoi : corbillard.

250 d'anciennes créances de son père, retiré en province et mort dernière-
ment. C'était un grand garçon, très beau, très fort. Je le détestais,
peut-être parce qu'il se portait bien. La veille, il était encore entré,
et j'avais souffert de le voir assis près de Marguerite. Elle était si jolie,
si blanche à côté de lui !

255 Et il l'avait regardée si profondément, pendant qu'elle lui souriait,
en disant qu'il était bien bon de venir ainsi prendre de mes nouvelles !

« Voici M. Simoneau », murmura Mme Gabin, qui rentrait.

Il poussa doucement la porte, et, dès qu'elle l'aperçut, Marguerite
de nouveau éclata en larmes. La présence de cet ami, du seul homme
260 qu'elle connût, réveillait en elle sa douleur. Il n'essaya pas de la
consoler. Je ne pouvais le voir ; mais, dans les ténèbres qui m'enve-
loppaient, j'évoquais sa figure, et je le distinguais nettement, troublé,
chagrin[1] de trouver la pauvre femme dans un tel désespoir. Et qu'elle
devait être belle pourtant, avec ses cheveux blonds dénoués, sa face
265 pâle, ses chères petites mains d'enfant brûlantes de fièvre !

« Je me mets à votre disposition, madame, murmura Simoneau.
Si vous voulez bien me charger de tout... »

Elle ne lui répondit que par des paroles entrecoupées. Mais,
comme le jeune homme se retirait, Mme Gabin l'accompagna, et je
270 l'entendis qui parlait d'argent, en passant près de moi. Cela coûtait
toujours très cher ; elle craignait bien que la pauvre petite n'eût pas
un sou. En tout cas, on pouvait la questionner. Simoneau fit taire la
veille femme. Il ne voulait pas qu'on tourmentât Marguerite. Il allait
passer à la mairie et commander le convoi.

275 Quand le silence recommença, je me demandai si ce cauchemar
durerait longtemps ainsi. Je vivais, puisque je percevais les moindres
faits extérieurs. Et je commençais à me rendre un compte exact de
mon état. Il devait s'agir d'un de ces cas de catalepsie[2] dont j'avais
entendu parler. Déjà, quand j'étais enfant, à l'époque de ma grande
280 maladie nerveuse, j'avais eu des syncopes de plusieurs heures.
Évidemment, c'était une crise de cette nature qui me tenait rigide,
comme mort, et qui trompait tout le monde autour de moi. Mais le

---

1. Chagrin : triste.
2. Catalepsie : forme de paralysie générale.

cœur allait reprendre ses battements, le sang circulerait de nouveau dans la détente des muscles ; et je m'éveillerais, et je consolerais

285 Marguerite. En raisonnant ainsi, je m'exhortai[1] à la patience.

Les heures passaient. Mme Gabin avait apporté son déjeuner. Marguerite refusait toute nourriture. Puis, l'après-midi s'écoula. Par la fenêtre laissée ouverte montaient les bruits de la rue Dauphine. À un léger tintement du cuivre du chandelier sur le marbre de la

290 table de nuit, il me sembla qu'on venait de changer la bougie. Enfin, Simoneau reparut.

« Eh bien ? lui demanda à demi-voix la vieille femme.

— Tout est réglé, répondit-il. Le convoi est pour demain onze heures... Ne vous inquiétez de rien et ne parlez pas de ces choses

295 devant cette pauvre femme. »

Mme Gabin reprit quand même :

« Le médecin des morts n'est pas venu encore. »

Simoneau alla s'asseoir près de Marguerite, l'encouragea, et se tut. Le convoi était pour le lendemain onze heures : cette parole retentissait

300 dans mon crâne comme un glas*. Et ce médecin qui ne venait point, ce médecin des morts, comme le nommait Mme Gabin ! Lui, verrait bien tout de suite que j'étais simplement en léthargie[2]. Il ferait le nécessaire, il saurait m'éveiller. Je l'attendais dans une impatience affreuse.

Cependant, la journée s'écoula. Mme Gabin, pour ne pas perdre

305 son temps, avait fini par apporter ses abat-jour. Même, après en avoir demandé la permission à Marguerite, elle fit venir Dédé, parce que, disait-elle, elle n'aimait guère laisser les enfants longtemps seuls.

« Allons, entre, murmura-t-elle en amenant la petite, et ne fais pas la bête, ne regarde pas de ce côté, ou tu auras affaire à moi. »

310 Elle lui défendait de me regarder, elle trouvait cela plus convenable. Dédé, sûrement, glissait des coups d'œil de temps à autre, car j'entendais sa mère lui allonger des claques sur les bras. Elle lui répétait furieusement :

« Travaille, ou je te fais sortir. Et, cette nuit, le monsieur ira te tirer

315 les pieds. »

---

1. Je m'exhortai à la patience : je me poussai à être patient.
2. Léthargie : état qui donne au malade l'apparence d'un mort.

Toutes deux, la mère et la fille, s'étaient installées devant notre table. Le bruit de leurs ciseaux découpant les abat-jour me parvenait distinctement ; ceux-là, très délicats, demandaient sans doute découpage compliqué, car elles n'allaient pas vite : je les comptais un 320 à un, pour combattre mon angoisse croissante.

Et, dans la chambre, il n'y avait que le petit bruit des ciseaux. Marguerite, vaincue par la fatigue, devait s'être assoupie. À deux reprises, Simoneau se leva. L'idée abominable qu'il profitait du sommeil de Marguerite, pour effleurer des lèvres ses cheveux, me tor-325 turait. Je ne connaissais pas cet homme, et je sentais qu'il aimait ma femme. Un rire de la petite Dédé acheva de m'irriter.

« Pourquoi ris-tu, imbécile ? lui demanda sa mère. Je vais te mettre sur le carré [1]... Voyons, réponds, qu'est-ce qui te faire rire ? »

L'enfant balbutiait. Elle n'avait pas ri, elle avait toussé. Moi, 330 je m'imaginais qu'elle devait avoir vu Simoneau se pencher vers Marguerite, et que cela lui paraissait drôle.

La lampe était allumée, lorsqu'on frappa.

« Ah ! voici le médecin », dit la vieille femme.

C'était le médecin, en effet. Il ne s'excusa même pas de venir si 335 tard. Sans doute, il avait eu bien des étages à monter, dans la journée. Comme la lampe éclairait très faiblement la chambre, il demanda :

« Le corps est ici ?

— Oui, monsieur », répondit Simoneau.

Marguerite s'était levée, frissonnante. Mme Gabin avait mis Dédé 340 sur le palier, parce qu'un enfant n'a pas besoin d'assister à ça ; et elle s'efforçait d'entraîner la femme vers la fenêtre, afin de lui épargner un tel spectacle.

Pourtant, le médecin venait de s'approcher d'un pas rapide. Je le devinais fatigué, pressé, impatienté. M'avait-il touché la main ? 345 Avait-il posé la sienne sur mon cœur ? Je ne saurais le dire. Mais il me sembla qu'il s'était simplement penché d'un air indifférent.

« Voulez-vous que je prenne la lampe pour vous éclairer ? offrit Simoneau avec obligeance.

---

1. Sur le carré : sur le palier.

— Non, inutile », dit le médecin tranquillement.

350   Comment ! inutile ! Cet homme avait ma vie entre les mains, et il
jugeait inutile de procéder à un examen attentif. Mais je n'étais pas
mort ! J'aurais voulu crier que je n'étais pas mort !

« À quelle heure est-il mort ? reprit-il.

— À six heures du matin », répondit Simoneau.

355   Une furieuse révolte montait en moi, dans les liens terribles qui
me liaient. Oh ! ne pouvoir parler, ne pouvoir remuer un membre !

Le médecin ajouta :

« Ce temps lourd est mauvais... Rien n'est fatigant comme ces premières journées de printemps. »

360   Et il s'éloigna. C'était ma vie qui s'en allait. Des cris, des larmes,
des injures m'étouffaient, déchiraient ma gorge convulsée, où ne
passait plus un souffle. Ah ! le misérable, dont l'habitude professionnelle avait fait une machine, et qui venait au lit des morts avec
l'idée d'une simple formalité à remplir ! Il ne savait donc rien, cet
365   homme ! Toute sa science était donc menteuse, puisqu'il ne pouvait
d'un coup d'œil distinguer la vie de la mort ! Et il s'en allait, et il
s'en allait !

« Bonsoir, monsieur », dit Simoneau.

Il y eut un silence. Le médecin devait s'incliner devant
370   Marguerite, qui était revenue, pendant que Mme Gabin fermait la
fenêtre. Puis, il sortit de la chambre, j'entendis ses pas qui descendaient l'escalier.

Allons, c'était fini, j'étais condamné. Mon dernier espoir
disparaissait avec cet homme. Si je ne m'éveillais pas avant le
375   lendemain onze heures, on m'enterrait vivant. Et cette pensée était
si effroyable, que je perdis conscience de ce qui m'entourait. Ce fut
comme un évanouissement dans la mort elle-même. Le dernier bruit
qui me frappa fut le petit bruit des ciseaux de Mme Gabin et de Dédé.
La veillée funèbre commençait. Personne ne parlait plus. Marguerite
380   avait refusé de dormir dans la chambre de la voisine. Elle était là,
couchée à demi au fond du fauteuil, avec son beau visage pâle, ses
yeux clos dont les cils restaient trempés de larmes ; tandis que, silencieux dans l'ombre, assis devant elle, Simoneau le regardait.

III

Je ne puis dire quelle fut mon agonie, pendant la matinée du
385 lendemain. Cela m'est demeuré comme un rêve horrible, où mes
sensations étaient si singulières, si troublées, qu'il me serait difficile
de les noter exactement. Ce qui rendait ma torture affreuse, c'était
que j'espérais toujours un brusque réveil. Et, à mesure que l'heure du
convoi approchait, l'épouvante m'étranglait davantage.

390   Ce fut vers le matin seulement que j'eus de nouveau conscience
des personnes et des choses qui m'entouraient. Un grincement de
l'espagnolette[1] me tira de ma somnolence. Mme Gabin avait ouvert
la fenêtre. Il devait être environ sept heures, car j'entendais des cris
de marchands, dans la rue, la voix grêle d'une gamine qui vendait
395 du mouron[2], une autre voix enrouée criant des carottes. Ce réveil
bruyant de Paris me calma d'abord : il me semblait impossible qu'on
m'enfouît dans la terre, au milieu de toute cette vie. Un souvenir
achevait de ma rassurer. Je me rappelais avoir vu un cas pareil au
mien, lorsque j'étais employé à l'hôpital de Guérande. Un homme y
400 avait ainsi dormi pendant vingt-huit heures, son sommeil était même
si profond, que les médecins hésitaient à se prononcer ; puis, cet
homme s'était assis sur son séant, et il avait pu se lever tout de suite.
Moi, il y avait déjà vingt-cinq heures que je dormais. Si je m'éveillais
vers dix heures, il serait temps encore.

405   Je tâchai de me rendre compte des personnes qui se trouvaient
dans la chambre, et de ce qu'on y faisait. La petite Dédé devait jouer
sur le carré, car la porte s'étant ouverte, un rire d'enfant vint du
dehors. Sans doute, Simoneau n'était plus là : aucun bruit ne me
révélait sa présence. Les savates de Mme Gabin traînaient seules sur le
410 carreau. On parla enfin.

« Ma chère, dit la vieille, vous avez tort de ne pas en prendre pendant qu'il est chaud, ça vous soutiendrait. »

Elle s'adressait à Marguerite, et le léger égouttement du filtre, sur
la cheminée, m'apprit qu'elle était en train de faire du café.

---

1. Espagnolette : ferrure servant à fermer une fenêtre.
2. Mouron : plante annuelle à fleur unique, utilisée contre la rage.

415 « Ce n'est pas pour dire, continua-t-elle, mais j'avais besoin de ça...
À mon âge, ça ne vaut rien de veiller. Et c'est si triste, la nuit, quand
il y a un malheur dans une maison... Prenez donc du café, ma chère,
une larme seulement. »

Et elle força Marguerite à en boire une tasse.

420 « Hein ? c'est chaud, ça vous remet. Il vous faut des forces pour
aller jusqu'au bout de la journée... Maintenant, si vous étiez bien sage,
vous passeriez dans ma chambre, et vous attendriez là.

— Non, je veux rester », répondit Marguerite résolument.

Sa voix, que je n'avais plus entendue depuis la veille, me toucha
425 beaucoup. Elle était changée, brisée de douleur. Ah ! chère femme !
je la sentais près de moi, comme une consolation dernière. Je savais
qu'elle ne me quittait pas des yeux, qu'elle me pleurait de toutes les
larmes de son cœur.

Mais les minutes passaient. Il y eut, à la porte, un bruit que je
430 ne m'expliquai pas d'abord. On aurait dit l'emménagement d'un
meuble qui se heurtait contre les murs de l'escalier trop étroit. Puis,
je compris, en entendant de nouveau les larmes de Marguerite. C'était
la bière*.

« Vous venez trop tôt, dit Mme Gabin d'un air de mauvaise humeur.
435 Posez ça derrière le lit. »

Quelle heure était-il donc ? Neuf heures peut-être. Ainsi, cette
bière était déjà là. Et je la voyais dans la nuit épaisse, toute neuve,
avec ses planches à peine rabotées. Mon Dieu ! est-ce que tout allait
finir ? Est-ce qu'on m'emportait dans cette boîte, que je sentais à mes
440 pieds ?

J'eus pourtant une suprême joie. Marguerite, malgré sa faiblesse,
voulut me donner les derniers soins. Ce fut elle qui, aidée de la
vieille femme, m'habilla, avec une tendresse de sœur et d'épouse. Je
sentais que j'étais une fois encore entre ses bras, à chaque vêtement
445 qu'elle me passait. Elle s'arrêtait, succombant sous l'émotion ; elle
m'étreignait, elle me baignait de ses pleurs. J'aurais voulu pouvoir lui
rendre son étreinte, en lui criant : « Je vis ! » et je restais impuissant, je
devais m'abandonner comme une masse inerte.

« Vous avez tort, tout ça est perdu », répétait Mme Gabin.

450 Marguerite répondait de sa voix entrecoupée :

« Laissez-moi, je veux lui mettre ce que nous avons de plus beau. »

Je compris qu'elle m'habillait comme pour le jour de nos noces. J'avais encore ces vêtements, dont je comptais ne me servir à Paris que les grands jours. Puis, elle retomba dans le fauteuil, épuisée par
455 l'effort qu'elle venait de faire.

Alors, tout d'un coup, Simoneau parla. Sans doute, il venait d'entrer.

« Ils sont en bas, murmura-t-il.

— Bon, ce n'est pas trop tôt, répondit Mme Gabin, en baissant éga-
460 lement la voix. Dites-leur de monter, il faut en finir.

— C'est que j'ai peur du désespoir de cette pauvre femme. »

La vieille parut réfléchir. Elle reprit :

« Écoutez, monsieur Simoneau, vous allez l'emmener de force dans ma chambre... Je ne veux pas qu'elle reste ici. C'est un service à
465 lui rendre... Pendant ce temps, en un tour de main, ce sera bâclé[1]. »

Ces paroles me frappèrent au cœur. Et que devins-je, lorsque j'entendis la lutte affreuse qui s'engagea ! Simoneau s'était approché de Marguerite, en la suppliant de ne pas demeurer dans la pièce.

« Par pitié, implorait-il, venez avez moi, épargnez-vous une dou-
470 leur inutile.

— Non, non, répétait ma femme, je resterai, je veux rester jusqu'au dernier moment. Songez donc que je n'ai que lui au monde, et que, lorsqu'il ne sera plus là, je serai seule. »

Cependant, près du lit, Mme Gabin soufflait à l'oreille du jeune
475 homme :

« Marchez donc, empoignez-la, emportez-la dans vos bras. »

Est-ce que ce Simoneau allait prendre Marguerite et l'emporter ainsi ? Tout de suite, elle cria. D'un élan furieux, je voulus me mettre debout. Mais les ressorts de ma chair étaient brisés. Et je restais si
480 rigide, que je ne pouvais même soulever les paupières pour voir ce qui se passait là. devant moi. La lutte se prolongeait, ma femme s'accrochait aux meubles, en répétant :

« Oh ! de grâce, de grâce, monsieur... Lâchez-moi, je ne veux pas. »

---

1. Bâclé : accompli, terminé.

Il avait dû la saisir dans ses bras vigoureux, car elle ne poussait plus
485 que des plaintes d'enfant. Il l'emporta, les sanglots se perdirent, et je
m'imaginais les voir, lui grand et solide, l'emmenant sur sa poitrine,
à son cou, et elle, éplorée, brisée, s'abandonnant, le suivant désormais
partout où il voudrait la conduire.

« Fichtre ! ça n'a pas été sans peine ! murmura Mme Gabin. Allons
490 houp ! maintenant que le plancher est débarrassé ! »

Dans la colère jalouse qui m'affolait, je regardais cet enlèvement
comme un rapt abominable. Je ne voyais plus Marguerite depuis la
veille, mais je l'entendais encore. Maintenant, c'était fini ; on venait
de me la prendre ; un homme l'avait ravie, avant même que je fusse
495 dans la terre. Et il était avec elle, derrière la cloison, seul à la consoler,
à l'embrasser peut-être !

La porte s'était ouverte de nouveau, des pas lourds marchaient
dans la pièce.

« Dépêchons, dépêchons, répétait Mme Gabin. Cette petite dame
500 n'aurait qu'à revenir. »

Elle parlait à des gens inconnus et qui ne lui répondaient que par
des grognements.

« Moi, vous comprenez, je ne suis pas une parente, je ne suis
qu'une voisine. Je n'ai rien à gagner dans tout ça. C'est par pure
505 bonté de cœur que je m'occupe de leurs affaires. Et ce n'est
déjà pas si gai... Oui, oui, j'ai passé la nuit. Même qu'il ne faisait
guère chaud, vers quatre heures. Enfin, j'ai toujours été bête, je suis
trop bonne. »

À ce moment, on tira la bière* au milieu de la chambre, et je
510 compris. Allons, j'étais condamné, puisque le réveil ne venait pas.
Mes idées perdaient de leur netteté, tout roulait en moi dans une
fumée noire ; et j'éprouvais une telle lassitude, que ce fut comme un
soulagement, de ne plus compter sur rien.

« On n'a pas épargné le bois, dit la voix enrouée d'un croque-mort.
515 La boîte est trop longue.

— Eh bien ! il y sera à l'aise », ajouta un autre en s'égayant.

Je n'étais pas lourd, et ils s'en félicitaient, car ils avaient trois étages
à descendre. Comme ils m'empoignaient par les épaules et par les
pieds, Mme Gabin tout d'un coup se fâcha.

520 « Sacrée gamine ! cria-t-elle, il faut qu'elle mette son nez partout...
Attends, je vas te faire regarder par les fentes. »

C'était Dédé qui entrebâillait la porte et passait sa tête ébouriffée.
Elle voulait voir mettre le monsieur dans la boîte. Deux claques
vigoureuses retentirent, suivies d'une explosion de sanglots. Et quand
525 la mère fut rentrée, elle causa de sa fille avec les hommes qui m'arran-
geaient dans la bière.

« Elle a dix ans. C'est un bon sujet ; mais elle est curieuse... Je ne la
bats pas tous les jours. Seulement, il faut qu'elle obéisse.

— Oh ! vous savez, dit un des hommes, toutes les gamines sont
530 comme ça... Lorsqu'il y a un mort quelque part, elles sont toujours à
tourner autour. »

J'étais allongé commodément, et j'aurais pu croire que je me trouvais encore sur le lit, sans une gêne de mon bras gauche, qui était un
peu serré contre une planche. Ainsi qu'ils le disaient, je tenais très
535 bien là-dedans, grâce à ma petite taille.

« Attendez, s'écria Mme Gabin, j'ai promis à sa femme de lui mettre
un oreiller sous la tête. »

Mais les hommes étaient pressés, ils fourrèrent l'oreiller en me
brutalisant. Un d'eux cherchait partout le marteau, avec des jurons.
540 On l'avait oublié en bas, et il fallut descendre. Le couvercle fut posé,
je ressentis un ébranlement de tout mon corps, lorsque deux coups
de marteau enfoncèrent le premier clou. C'en était fait, j'avais vécu.
Puis, les clous entrèrent un à un, rapidement, tandis que le marteau sonnait en cadence. On aurait dit des emballeurs clouant une
545 boîte de fruits secs, avec leur adresse insouciante. Dès lors, les bruits
ne m'arrivèrent plus qu'assourdis et prolongés, résonnant d'une
étrange manière, comme si le cercueil de sapin s'était transformé en
une grande caisse d'harmonie[1]. La dernière parole qui frappa mes
oreilles, dans cette chambre de la rue Dauphine, ce fut cette phrase
550 de Mme Gabin :

« Descendez doucement, et méfiez-vous de la rampe au second,
elle ne tient plus. »

---

1. Caisse d'harmonie : caisse de résonance d'un instrument de musique à cordes, qui permet
d'amplifier le son.

On m'emportait, j'avais la sensation d'être roulé dans une mer houleuse. D'ailleurs, à partir de ce moment, mes souvenirs sont très
555 vagues. Je me rappelle pourtant que l'unique préoccupation qui me tenait encore, préoccupation imbécile et comme machinale, était de me rendre compte de la route que nous prenions pour aller au cimetière. Je ne connaissais pas une rue de Paris, j'ignorais la position exacte des grands cimetières, dont on avait parfois prononcé les
560 noms devant moi, et cela ne m'empêchait pas de concentrer les derniers efforts de mon intelligence, afin de deviner si nous tournions à droite ou à gauche. Le corbillard me cahotait[1] sur les pavés. Autour de moi, le roulement des voitures, le piétinement des passants, faisaient une clameur* confuse que développait la sonorité du cercueil.
565 D'abord, je suivis l'itinéraire avec assez de netteté. Puis, il y eut une station, on me promena, et je compris que nous étions à l'église. Mais, quand le corbillard s'ébranla de nouveau, je perdis toute conscience des lieux que nous traversions. Une volée de cloches m'avertit que nous passions près d'une église ; un roulement plus doux et continu
570 me fit croire que nous longions une promenade. J'étais comme un condamné mené au lieu du supplice, hébété, attendant le coup suprême qui ne venait pas.

On s'arrêta, on me tira du corbillard. Et ce fut bâclé tout de suite. Les bruits avaient cessé, je sentais que j'étais dans un lieu désert,
575 sous des arbres, avec le large ciel sur ma tête. Sans doute, quelques personnes suivaient le convoi, les locataires de l'hôtel, Simoneau et d'autres, car des chuchotements arrivaient jusqu'à moi. Il y eut une psalmodie[2], un prêtre balbutiait du latin. On piétina deux minutes. Puis, brusquement, je sentis que je m'enfonçais ; tandis que des
580 cordes frottaient comme des archets, contre les angles du cercueil, qui rendait un son de contrebasse fêlée. C'était la fin. Un choc terrible, pareil au retentissement d'un coup de canon, éclata un peu à gauche de ma tête ; un second choc se produisit à mes pieds ; un autre, plus violent encore, me tomba sur le ventre, si sonore, que je crus la bière*
585 fendue en deux. Et je m'évanouis.

---

1. Me cahotait : me ballottait.
2. Psalmodie : récitation d'une prière sur un ton monocorde et austère.

IV

Combien de temps restai-je ainsi ? je ne saurais le dire. Une éternité et une seconde ont la même durée dans le néant. Je n'étais plus. Peu à peu, confusément, la conscience d'être me revint. Je dormais toujours, mais je me mis à rêver. Un cauchemar se détacha du fond
590 noir qui barrait mon horizon. Et ce rêve que je faisais était une imagination étrangère, qui m'avait souvent tourmenté autrefois, les yeux ouverts, lorsque, avec ma nature prédisposée aux inventions horribles, je goûtais l'atroce plaisir de me créer des catastrophes.

Je m'imaginais donc que ma femme m'attendait quelque part, à
595 Guérande, je crois, et que j'avais pris le chemin de fer pour aller la rejoindre. Comme le train passait sous un tunnel, tout à coup, un effroyable bruit roulait avec un fracas de tonnerre. C'était un double écroulement qui venait de se produire. Notre train n'avait pas reçu une pierre, les wagons restaient intacts ; seulement, aux deux bouts
600 du tunnel, devant et derrière nous, la voûte s'était effondrée, et nous nous trouvions ainsi au centre d'une montagne, murés par des blocs de rocher. Alors commençait une longue et affreuse agonie. Aucun espoir de secours ; il fallait un mois pour déblayer le tunnel ; encore ce travail demandait-il des précautions infinies, des machines puis-
605 santes. Nous étions prisonniers dans une sorte de cave sans issue. Notre mort à tous n'était plus qu'une question d'heures.

Souvent, je le répète, mon imagination avait travaillé sur cette donnée terrible. Je variais le drame à l'infini. J'avais pour acteurs des hommes, des femmes, des enfants, plus de cent personnes, toute une
610 foule qui me fournissait sans cesse de nouveaux épisodes. Il se trouvait bien quelques provisions dans le train ; mais la nourriture manquait vite, et sans aller jusqu'à se manger entre eux, les misérables affamés se disputaient férocement le dernier morceau de pain. C'était un vieillard qu'on repoussait à coup de poing et qui agonisait ; c'était
615 une mère qui se battait comme une louve, pour défendre les trois ou quatre bouchées réservées à son enfant. Dans mon wagon, deux jeunes mariés râlaient aux bras l'un de l'autre, et ils n'espéraient plus, ils ne bougeaient plus. D'ailleurs, la voie était libre, les gens descendaient, rôdaient le long du train, comme des bêtes lâchées, en quête
620 d'une proie. Toutes les classes se mêlaient, un homme très riche, un

haut fonctionnaire, disait-on, pleurait au cou d'un ouvrier, en le tutoyant. Dès les premières heures, les lampes s'étaient épuisées, les feux de la locomotive avaient fini par s'éteindre. Quand on passait d'un wagon à un autre, on tâtait les roues de la main pour ne pas
625 se cogner, et l'on arrivait ainsi à la locomotive, que l'on reconnaissait à sa bielle[1] froide, à ses énormes flancs endormis, force inutile, muette et immobile dans l'ombre. Rien n'était plus effrayant que ce train, ainsi muré tout entier sous terre, comme enterré vivant, avec ses voyageurs, qui mouraient un à un.

630 Je me complaisais, je descendais dans l'horreur des moindres détails. Des hurlements traversaient les ténèbres. Tout d'un coup, un voisin qu'on ne savait pas là, qu'on ne voyait pas, s'abattait contre votre épaule. Mais, cette fois, ce dont je souffrais surtout, c'était du froid et du manque d'air. Jamais je n'avais eu si froid; un manteau
635 de neige me tombait sur les épaules, une humidité lourde pleuvait sur mon crâne. Et j'étouffais avec cela, il me semblait que la voûte de rocher croulait sur ma poitrine, que toute la montagne pesait et m'écrasait. Cependant, un cri de délivrance avait retenti. Depuis longtemps, nous nous imaginions entendre au loin un bruit sourd*,
640 et nous nous bercions de l'espoir qu'on travaillait près de nous. Le salut[2] n'arrivait point de là pourtant. Un de nous venait de découvrir un puits dans le tunnel; et nous courions tous, nous allions voir ce puits d'air, en haut duquel on apercevait une tache bleue, grande comme un pain à cacheter. Oh! quelle joie, cette tache bleue! C'était le
645 ciel, nous nous grandissions vers elle pour respirer, nous distinguions nettement des points noirs qui s'agitaient, sans doute des ouvriers en train d'établir un treuil, afin d'opérer notre sauvetage. Une clameur* furieuse: «Sauvés! sauvés!» sortait de toutes les bouches, tandis que des bras tremblants se levaient vers la petite tache d'un bleu pâle.

650 Ce fut la violence de cette clameur qui m'éveilla. Où étais-je? Encore dans le tunnel sans doute. Je me trouvais couché tout de mon long, et je sentais, à droite et à gauche, de dures parois qui me serraient les flancs. Je voulus me lever, mais je me cognai violemment le crâne.

---

1. Bielle: tige métallique qui unit les roues de la locomotive pour les faire tourner simultanément.
2. Salut: délivrance.

Le roc m'enveloppait donc de toutes parts? Et la tache bleue avait
655 disparu, le ciel n'était plus là, même lointain. J'étouffais toujours, je
claquais des dents, pris d'un frisson.

Brusquement, je me souvins. Une horreur souleva mes cheveux,
je sentis l'affreuse vérité couler en moi, des pieds à la tête, comme
une glace. Étais-je sorti enfin de cette syncope, qui m'avait frappé
660 pendant de longues heures d'une rigidité de cadavre? Oui, je remuais,
je promenais les mains le long des planches du cercueil. Une dernière épreuve me restait à faire: j'ouvris la bouche, je parlai, appelant
Marguerite, instinctivement. Mais j'avais hurlé, et ma voix, dans cette
boîte de sapin, avait pris un son rauque si effrayant, que je m'épou-
665 vantai moi-même.

Mon Dieu! c'était donc vrai? je pouvais marcher, crier que je
vivais, et ma voix ne serait pas entendue, et j'étais enfermé, écrasé
sous la terre!

Je fis un effort suprême pour me calmer et réfléchir. N'y avait-il
670 aucun moyen de sortir de là? Mon rêve recommençait, je n'avais pas
encore le cerveau bien solide, je mêlais l'imagination du puits d'air et
de sa tache de ciel avec la réalité de la fosse où je suffoquais. Les yeux
démesurément ouverts, je regardais les ténèbres. Peut-être apercevrais-
je un trou, une fente, une goutte de lumière! Mais des étincelles de
675 feu passaient seules dans la nuit, des clartés rouges s'élargissaient et
s'évanouissaient. Rien, un gouffre noir, insondable. Puis, la lucidité me
revenait, j'écartais ce cauchemar imbécile. Il me fallait toute ma tête, si
je voulais tenter le salut.

D'abord, le grand danger me parut être dans l'étouffement qui
680 augmentait. Sans doute, j'avais pu rester si longtemps privé d'air,
grâce à la syncope qui suspendait en moi les fonctions de l'existence;
mais, maintenant que mon cœur battait, que mes poumons souf-
flaient, j'allais mourir d'asphyxie, si je ne me dégageais au plus tôt. Je
souffrais également du froid, et je craignais de me laisser envahir par
685 cet engourdissement mortel des hommes qui tombent dans la neige,
pour ne plus se relever.

Tout en me répétant qu'il me fallait du calme, je sentais des bouf-
fées de folie monter à mon crâne. Alors, je m'exhortais, essayant de
me rappeler ce que je savais sur la façon dont on enterre. Sans doute,

690 j'étais dans une concession de cinq ans; cela m'ôtait un espoir, car
j'avais remarqué autrefois, à Nantes, que les tranchées[1] de la fosse
commune[2] laissaient passer, dans leur remblaiement[3] continu, les
pieds des dernières bières* enfouies. Il m'aurait suffi alors de briser
une planche pour m'échapper; tandis que, si je me trouvais dans un
695 trou comblé entièrement, j'avais sur moi toute une couche épaisse de
terre, qui allait être un terrible obstacle. N'avais-je pas entendu de dire
qu'à Paris on enterrait à six pieds de profondeur? Comment percer
cette masse énorme? Si même je parvenais à fendre le couvercle, la
terre n'allait-elle pas entrer, glisser comme un sable fin, m'emplir les
700 yeux et la bouche? Et ce serait encore la mort, une mort abominable,
une noyade dans de la boue.

Cependant, je tâtai soigneusement autour de moi. La bière était
grande, je remuais les bras avec facilité. Dans le couvercle, je ne sentis
aucune fente. À droite et à gauche, les planches étaient mal rabotées,
705 mais résistantes et solides. Je repliai mon bras le long de ma poitrine,
pour remonter vers la tête. Là, je découvris, dans la planche du bout,
un nœud qui cédait légèrement sous la pression; je travaillai avec la
plus grande peine, je finis par chasser le nœud, et de l'autre côté, en
enfonçant le doigt, je reconnus la terre, une terre grasse, argileuse et
710 mouillée. Mais cela ne m'avançait à rien. Je regrettai même d'avoir
ôté ce nœud, comme si la terre avait pu entrer. Une autre expérience
m'occupa un instant: je tapai autour du cercueil, afin de savoir si, par
hasard, il n'y aurait pas quelque vide, à droite ou à gauche. Partout,
le son fut le même. Comme je donnais aussi de légers coups de pied,
715 il me sembla pourtant que le son était plus clair au bout. Peut-être
n'était-ce qu'un effet de la sonorité du bois.

Alors, je commençai par des poussées légères, les bras en avant,
avec les poings. Le bois résista. J'employai ensuite les genoux, m'arc-
boutant sur les pieds et sur les reins. Il n'y eut pas un craquement.
720 Je finis par donner toute ma force, je poussai du corps entier, si
violemment, que mes os meurtris criaient. Et ce fut à ce moment que
je devins fou.

---

1. Tranchées: ouvertures pratiquées dans la terre.
2. Fosse commune: fosse creusée pour enterrer plusieurs cadavres à la fois.
3. Remblaiement: accumulation de terre.

Jusque-là, j'avais résisté au vertige, aux souffles de rage qui montaient par instants en moi, comme une fumée d'ivresse. Surtout, je
725 réprimais les cris, car je comprenais que, si je criais, j'étais perdu. Tout d'un coup, je me mis à crier, à hurler. Cela était plus fort que moi, les hurlements sortaient de ma gorge qui se dégonflait. J'appelai au secours d'une voix que je ne me connaissais pas, m'affolant davantage à chaque nouvel appel, criant que je ne voulais pas mourir. Et j'égra-
730 tignais le bois avec mes ongles, je me tordais dans les convulsions d'un loup enfermé. Combien de temps dura cette crise? je l'ignore, mais je sens encore l'implacable dureté du cercueil où je me débattais, j'entends encore la tempête de cris et de sanglots dont j'emplissais ces quatre planches. Dans une dernière lueur de raison, j'aurais voulu me
735 retenir et je ne pouvais pas.

Un grand accablement suivit. J'attendais la mort au milieu d'une somnolence douloureuse. Ce cercueil était de pierre; jamais je ne parviendrais à le fendre; et cette certitude de ma défaite me laissait inerte, sans courage pour tenter un nouvel effort. Une autre souffrance, la
740 faim, s'était jointe au froid et à l'asphyxie. Je défaillais. Bientôt, ce supplice fut intolérable. Avec mon doigt, je tâchai d'attirer des pincées de terre, par le nœud que j'avais enfoncé, et je mangeai cette terre, ce qui redoubla mon tourment. Je mordais mes bras, n'osant aller jusqu'au sang, tenté par ma chair, suçant ma peau avec l'envie
745 d'y enfoncer les dents.

Ah! comme je désirais la mort, à cette heure! Toute ma vie, j'avais tremblé devant le néant; et je le voulais, je le réclamais, jamais il ne serait assez noir. Quel enfantillage que de redouter ce sommeil sans rêve, cette éternité de silence et de ténèbres! La mort n'était bonne
750 que parce qu'elle supprimait l'être d'un coup, pour toujours. Oh! dormir comme les pierres, rentrer dans l'argile, n'être plus!

Mes mains tâtonnant continuaient machinalement à se promener contre le bois. Soudain, je me piquai au pouce gauche, et la légère douleur me tira de mon engourdissement. Qu'était-ce donc? Je cherchai
755 de nouveau, je reconnus un clou, un clou que les croquemorts avaient enfoncé de travers, et qui n'avait pas mordu dans le bord du cercueil. Il était très long, très pointu. La tête tenait dans le couvercle, mais je sentis qu'il remuait. À partir de cet instant, je n'eus plus qu'une idée:

avoir ce clou. Je passai ma main droite sur mon ventre, je commençai
760 à l'ébranler. Il ne cédait guère, c'était un gros travail. Je changeais
souvent de main, car la main gauche, mal placée, se fatiguait vite.
Tandis que je m'acharnais ainsi, tout un plan s'était développé dans
ma tête. Ce clou devenait le salut. Il me le fallait quand même. Mais
serait-il temps encore ? La faim me torturait, je dus m'arrêter, en proie
765 à un vertige qui me laissait les mains molles, l'esprit vacillant. J'avais
sucé les gouttes qui coulaient de la piqûre de mon pouce. Alors, je me
mordis le bras, je bus mon sang, éperonné par la douleur, ranimé par
ce vin tiède et âcre qui mouillait ma bouche. Et je me remis au clou
des deux mains, je réussis à l'arracher.

770   Dès ce moment, je crus au succès. Mon plan était simple. J'enfonçai
la pointe du clou dans le couvercle et je traçai une ligne droite, la
plus longue possible, où je promenai le clou, de façon à pratiquer
une entaille. Mes mains se raidissaient, je m'entêtais furieusement.
Quand je pensai avoir assez entamé le bois, j'eus l'idée de me
775 retourner, de me mettre sur le ventre, puis, en me soulevant sur les
genoux et sur les coudes, de pousser des reins. Mais, si le couvercle
craqua, il ne se fendit pas encore. L'entaille n'était pas assez profonde.
Je dus me replacer sur le dos et reprendre la besogne, ce qui me coûta
beaucoup de peine. Enfin, je tentai un nouvel effort, et cette fois le
780 couvercle se brisa, d'un bout à l'autre.

Certes, je n'étais pas sauvé, mais l'espérance m'inondait le cœur.
J'avais cessé de pousser, je ne bougeais plus, de peur de déterminer
quelque éboulement qui m'aurait enseveli. Mon projet était de me
servir du couvercle comme d'un abri, tandis que je tâcherais de pra-
785 tiquer une sorte de puits dans l'argile. Malheureusement, ce travail
présentait de grandes difficultés : les mottes épaisses qui se déta-
chaient embarrassaient les planches que je ne pouvais manœuvrer ;
jamais je n'arriverais au sol, déjà des éboulements partiels me pliaient
l'échine et m'enfonçaient la face dans la terre. La peur me reprenait,
790 lorsqu'en m'allongeant pour trouver un point d'appui, je crus sentir
que la planche qui fermait la bière*, aux pieds, cédait sous la pression.

Je tapai alors vigoureusement du talon, songeant qu'il pouvait y
avoir, à cet endroit, une fosse qu'on était en train de creuser.

Tout d'un coup, mes pieds enfoncèrent dans le vide. La prévision
795 était juste : une fosse nouvellement ouverte se trouvait là. Je n'eus
qu'une mince cloison de terre à trouver pour rouler dans cette fosse.
Grand Dieu ! j'étais sauvé !

Un instant, je restai sur le dos, les yeux en l'air, au fond du trou.
Il faisait nuit. Au ciel, les étoiles luisaient dans un bleuissement de
800 velours. Par moments, un vent qui se levait m'apportait une tiédeur
de printemps, une odeur d'arbres. Grand Dieu ! j'étais sauvé, je respi-
rais, j'avais chaud, et je pleurais, et je balbutiais, les mains dévotement
tendues vers l'espace. Oh ! que c'était bon de vivre !

V

Ma première pensée fut de me rendre chez le gardien du cimetière,
805 pour qu'il me fît reconduire chez moi. Mais des idées, vagues encore,
m'arrêtèrent. J'allais effrayer tout le monde. Pourquoi me presser,
lorsque j'étais le maître de la situation ? Je me tâtai les membres, je
n'avais que la légère morsure de mes dents au bras gauche ; et la petite
fièvre qui en résultait, m'excitait, me donnait une force inespérée.
810 Certes, je pourrais marcher sans aide.

Alors, je pris mon temps. Toutes sortes de rêveries confuses me
traversaient le cerveau. J'avais senti près de moi, dans la fosse, les
outils des fossoyeurs, et j'éprouvai le besoin de réparer le dégât que
je venais de faire, de reboucher le trou, pour qu'on ne pût s'aperce-
815 voir de ma résurrection. À ce moment, je n'avais aucune idée nette ;
je trouvais seulement inutile de publier l'aventure, éprouvant une
honte à vivre, lorsque le monde entier me croyait mort. En une
demi-heure de travail, je parvins à effacer toute trace. Et je sautai
hors de la fosse.

820 Quelle belle nuit ! Un silence profond régnait dans le cimetière.
Les arbres noirs faisaient des ombres immobiles, au milieu de la blan-
cheur des tombes. Comme je cherchais à m'orienter, je remarquai que
toute une moitié du ciel flambait d'un reflet d'incendie. Paris était là.
Je me dirigeai de ce côté, filant le long d'une avenue, dans l'obscurité
825 des branches. Mais, au bout de cinquante pas, je dus m'arrêter,
essoufflé déjà. Et je m'assis sur un banc de pierre. Alors seulement je

m'examinai : j'étais complètement habillé, chaussé même, et seul un chapeau me manquait. Combien je remerciai ma chère Marguerite du pieux sentiment qui l'avait fait me vêtir ! Le brusque souvenir de
830 Marguerite me remit debout. Je voulais la voir.

Au bout de l'avenue, une muraille* m'arrêta. Je montai sur une tombe, et quand je fus pendu au chaperon[1], de l'autre côté du mur, je me laissai aller. La chute fut rude. Puis, je marchai quelques minutes dans une grande rue déserte, qui tournait autour du cime-
835 tière. J'ignorais complètement où j'étais ; mais je me répétais, avec l'entêtement de l'idée fixe, que j'allais rentrer dans Paris et que je saurais bien trouver la rue Dauphine. Des gens passèrent, je ne les questionnai même pas, saisi de méfiance, ne voulant me confier à personne. Aujourd'hui, j'ai conscience qu'une grosse fièvre me secouait
840 déjà et que ma tête se perdait. Enfin, comme je débouchais sur une grande voie, un éblouissement me prit, et je tombai lourdement sur le trottoir.

Ici, il y a un trou dans ma vie. Pendant trois semaines, je demeurai sans connaissance. Quand je m'éveillai enfin, je me trouvais dans
845 une chambre inconnue. Un homme était là, à me soigner. Il me raconta simplement que, m'ayant ramassé un matin, sur le boulevard Montparnasse, il m'avait gardé chez lui. C'était un vieux docteur, qui n'exerçait plus. Lorsque je le remerciais, il me répondait avec brusquerie que mon cas lui avait paru curieux et qu'il avait voulu
850 l'étudier. D'ailleurs, dans les premiers jours de ma convalescence, il ne me permit de lui adresser aucune question. Plus tard, il ne m'en fit aucune. Durant huit jours encore, je gardai le lit, la tête faible, ne cherchant pas même à souvenir, car le souvenir était une fatigue et un chagrin. Je me sentais plein de pudeur et de crainte. Lorsque je
855 pourrais sortir, j'irais voir. Peut-être, dans le délire de la fièvre, avais-je laissé échapper un nom ; mais jamais le médecin ne fit allusion à ce que j'avais pu dire. Sa charité resta discrète.

Cependant, l'été était venu. Un matin de juin, j'obtins enfin la permission de faire une courte promenade. C'était une matinée superbe,

---

1. Chaperon : couronnement en pente d'un mur de clôture, afin que la pluie s'égoutte facilement.

860 un de ces gais soleils qui donnent une jeunesse aux rues du vieux
Paris. J'allais doucement, questionnant les promeneurs à chaque car-
refour, demandant la rue Dauphine. J'y arrivai, et j'eus de la peine
à reconnaître l'hôtel meublé où nous étions descendus. Une peur
d'enfant m'agitait. Si je me présentais brusquement à Marguerite, je
865 craignais de la tuer. Le mieux peut-être serait de prévenir d'abord
cette vieille femme, Mme Gabin, qui logeait là. Mais il me déplaisait de
mettre quelqu'un entre nous. Je ne m'arrêtais à rien. Tout au fond de
moi, il y avait comme un grand vide, comme un sacrifice accompli
depuis longtemps.

870 La maison était toute jaune de soleil. Je l'avais reconnue à un restaurant borgne[1], qui se trouvait au rez-de-chaussée, et d'où l'on nous
montait la nourriture. Je levai les yeux, je regardai la dernière fenêtre
du troisième étage, à gauche. Elle était grande ouverte. Tout à coup,
une jeune femme, ébouriffée, la camisole de travers, vint s'accouder ;
875 et, derrière elle, un jeune homme qui la poursuivait, avança la tête
et la baisa au cou. Ce n'était pas Marguerite. Je n'éprouvai aucune
surprise. Il me semble que j'avais rêvé cela et d'autres choses encore
que j'allais apprendre.

Un instant, je demeurai dans la rue, indécis, songeant à monter
880 et à questionner ces amoureux qui riaient toujours, au grand soleil.
Puis, je pris le parti d'entrer dans le petit restaurant, en bas. Je devais
être méconnaissable : ma barbe avait poussé pendant ma fièvre cérébrale, mon visage s'était creusé. Comme je m'asseyais à une table, je
vis justement Mme Gabin qui apportait une tasse, pour acheter deux
885 sous de café ; et elle se planta devant le comptoir, elle entama avec la
dame de l'établissement les commérages de tous les jours. Je tendis
l'oreille.

« Eh bien ! demandait la dame, cette pauvre petite du troisième a
donc fini par se décider ?

890 — Que voulez-vous ? répondit Mme Gabin, c'était ce qu'elle avait
de mieux à faire. M. Simoneau lui témoignait tant d'amitié !... Il avait
heureusement terminé ses affaires, un gros héritage, et il lui offrait

---

1. Borgne : de mauvaise apparence.

de l'emmener là-bas, dans son pays, vivre chez une tante à lui, qui a besoin d'une personne de confiance. »

895   La dame du comptoir eut un léger rire. J'avais enfoncé ma face dans un journal, très pâle, les mains tremblantes.

« Sans doute, ça finira par un mariage, reprit Mme Gabin. Mais je vous jure sur mon honneur que je n'ai rien vu de louche. La petite pleurait son mari, et le jeune homme se conduisait parfaitement 900 bien... Enfin, ils sont partis hier. Quand elle ne sera plus en deuil, n'est-ce pas ? ils feront ce qu'ils voudront. »

À ce moment, la porte qui menait du restaurant dans l'allée s'ouvrit toute grande, et Dédé entra.

« Maman, tu ne montes pas ?... J'attends, moi. Viens vite.

905   — Tout à l'heure, tu m'embêtes ! » dit la mère.

L'enfant resta, écoutant les deux femmes, de son air précoce de gamine poussée sur le pavé de Paris.

« Dame ! après tout, expliquait Mme Gabin, le défunt ne valait pas M. Simoneau... Il ne me revenait guère, ce gringalet[1]. Toujours à 910 geindre ! Et pas le sou ! Ah ! non, vrai ! un mari comme ça, c'est désagréable pour une femme qui a du sang... Tandis que M. Simoneau, un homme riche, fort comme un Turc...

— Oh ! interrompit Dédé, moi, je l'ai vu, un jour qu'il se débarbouillait. Il en a, du poil sur les bras !

915   — Veux-tu t'en aller ! cria la vieille en la bousculant. Tu fourres toujours ton nez où il ne doit pas être. »

« Tenez ! l'autre a bien fait de mourir. C'est une fière chance. »

Quand je me retrouvai dans la rue, je marchai lentement, les jambes cassées. Pourtant, je ne souffrais pas trop. J'eus même un sou- 920 rire, en apercevant mon ombre au soleil. En effet, j'étais bien chétif, j'avais eu une singulière idée d'épouser Marguerite. Et je me rappelais ses ennuis de Guérande, ses impatiences, sa vie morne et fatiguée. La chère femme se montrait bonne. Mais je n'avais jamais été son amant, c'était un frère qu'elle venait de pleurer. Pourquoi aurais-je de 925 nouveau dérangé sa vie ? Un mort n'est pas jaloux. Lorsque je levai la tête, je vis que le jardin du Luxembourg était devant moi. J'y entrai

---

1. Gringalet : homme maigre, faible.

et je m'assis au soleil, rêvant avec une grande douceur. La pensée de Marguerite m'attendrissait, maintenant. Je me l'imaginais en province, dame dans une petite ville, très heureuse, très aimée, très fêtée ; 930 elle embellissait, elle avait trois garçons et deux filles. Allons ! j'étais un brave homme d'être mort, et je ne ferais certainement pas la bêtise cruelle de ressusciter.

Depuis ce temps, j'ai beaucoup voyagé, j'ai vécu un peu partout. Je suis un homme médiocre, qui a travaillé et mangé comme tout le 935 monde. La mort ne m'effraie plus ; mais elle semble ne pas vouloir de moi, à présent que je n'ai aucune raison de vivre, et je crains qu'elle ne m'oublie.

Le Pont de l'Europe, Gustave Caillebotte, 1881-1882.

LES JARDINS DU TROCADERO ET LE
CHAMP-DE-MARS, PARIS, 1900.

PRÉSENTATION
DE L'ŒUVRE

LE CONTEXTE SOCIOHISTORIQUE

Avant-propos

Le réalisme est un courant artistique qui prend symboliquement naissance au lendemain de la monarchie de Juillet, en 1848. Cependant, on trouve parmi les artistes de la première moitié du XIXᵉ siècle de nombreux précurseurs de ce courant, tels qu'Honoré de Balzac (1799-1850), Stendhal (1783-1842) et Prosper Mérimée (1803-1870). Pour cette raison, mais aussi parce que le réalisme s'oppose autant au romantisme qu'il y puise ses racines, il est nécessaire de brosser un portrait historique de tout le siècle. Commençons donc quelques années plus tôt, avec la Révolution française, qui marque l'entrée de la France dans la modernité. C'est cette France moderne, pleine d'espoir et pourtant si souvent désespérante, qui deviendra rapidement le sujet de prédilection des réalistes.

La Révolution française (1789-1799)

À la fin du XVIIIᵉ siècle, les finances de la France sont au plus bas et le peuple crie famine. Cette crise est le résultat de plusieurs décennies de gestion incompétente. Divisant la France en trois ordres (le clergé, la noblesse, le tiers état[1]) depuis le Moyen Âge, la monarchie accorde tous les privilèges aux deux premiers et néglige l'importance d'une classe sociale de plus en plus dominante au sein du troisième : la bourgeoisie. Lorsqu'en mai 1789 les états généraux[2] sont convoqués pour discuter de la situation financière du royaume, le tiers état, poussé par la colère de la bourgeoisie, réclame l'égalité politique et l'abolition des privilèges. Ces revendications enfanteront la Révolution.

---

1. Tiers état : tous ceux qui n'appartiennent pas aux deux premiers ordres, c'est-à-dire les bourgeois, les artisans, les paysans.
2. États généraux : assemblée politique réunie en situation de crise et composée de représentants des trois ordres précédemment cités.

L'ABOLITION DE LA FÉODALITÉ

La première phase de la Révolution débute par la crise financière de 1788 et la demande du tiers état d'abolir la féodalité[1]. Devant le refus du roi et la crainte d'une réplique armée de la noblesse, les insurgés saccagent et pillent les châteaux, allant jusqu'à s'en prendre à leurs occupants. Le 14 juillet 1789, à Paris, le peuple monte à l'assaut de l'un des symboles de l'oppression royale : la prison de la Bastille. Le 4 août, l'Assemblée constituante[2] abolit les privilèges, mettant ainsi fin au système féodal.

LA TERREUR (1792-1794)

En juin 1791, le roi entreprend de fuir la France. Il est arrêté à Varennes. À Paris, de nombreux manifestants exigent qu'il soit démis de ses fonctions. Des guerres incessantes avec les pays avoisinants, qui désapprouvent la Révolution et craignent le soulèvement de leur propre population, s'ajoutent aux problèmes des révolutionnaires.

On suspend alors Louis XVI de ses fonctions. Redoutant les représailles des royalistes, le peuple s'en prend au clergé et à la noblesse dans un état de frénésie meurtrière. Ces massacres coïncident ironiquement avec l'instauration de la Ire République (1792-1799), premier effort de démocratisation du pouvoir.

Menée par l'avocat Maximilien de Robespierre (1758-1794), la République a tôt fait de dégénérer en dictature. On appelle « la Terreur » cette période au cours de laquelle on assiste à la condamnation à mort de Louis XVI, de la reine Marie-Antoinette et de plus de 42 000 personnes soupçonnées d'agir contre les intérêts de la Révolution. Les 9 et 10 thermidor de l'an III[3], Robespierre est finalement arrêté et exécuté avec ses partisans.

---

1. Féodalité : nom donné au système politique médiéval qui divisait le pays en seigneuries et en fiefs et accordait des privilèges aux nobles.
2. Assemblée constituante : assemblée créée par des députés des états généraux.
3. Les 9 et 10 thermidor de l'an III : les jours 9 et 10 du onzième mois (19 juillet-18 août) de la troisième année du calendrier républicain. Une nouvelle division des mois de l'année et un retour à l'an I avait été instaurés afin de bien marquer la fin de l'Ancien Régime et le début d'un monde nouveau.

Un épisode sous la Terreur (1830), de Balzac, fait bien revivre cette époque trouble au cours de laquelle le clergé et l'aristocratie doivent vivre dans la clandestinité pour échapper à la guillotine.

LE DIRECTOIRE (1795-1799)

Le Directoire est le dernier régime politique de la Ire République. Afin d'éviter la dictature, cinq dirigeants (appelés « directeurs ») se partagent le pouvoir. Cette façon de faire, plus en accord avec les idéaux révolutionnaires, ne fera pourtant pas long feu. Menacé de toutes parts par des factions aux intérêts divergents, le Directoire tente de faire oublier ses échecs en célébrant ses victoires à l'étranger, comme cette campagne d'Italie (1796-1797) menée par un certain Napoléon Bonaparte, qui force l'Autriche et ses alliés à faire la paix. Bonaparte, toutefois, fait peur. Son charisme, sa bravoure, son génie militaire et, surtout, sa popularité croissante constituent une menace pour un régime aussi instable. Le 18 brumaire de l'an VIII[1], Napoléon profite de la situation pour fomenter un coup d'État et s'emparer du pouvoir. C'est la fin du Directoire.

L'année 1799 voit aussi naître le futur « Napoléon des lettres » et précurseur du réalisme que sera Honoré de Balzac.

L'épopée napoléonienne (1799-1815)

LE CONSULAT (1799-1804)

Nommé premier des trois consuls de France, Bonaparte entend profiter de sa situation pour réorganiser le pays. Il crée la Légion d'honneur[2] (1802) et le Code civil[3] (1804) et ramène la paix, qui permet le développement du commerce et de l'industrie. Profitant de sa popularité, il fait en sorte que le Premier consul soit nommé à vie

---

1. Le 18 brumaire de l'an VIII : le 9 novembre 1799.
2. Légion d'honneur : ordre chargé de récompenser les services civils et militaires.
3. Code civil : un des apports les plus précieux de Napoléon à la vie politique. Il a été adopté par de nombreux pays et est encore à la base de la législature de plusieurs États dans le monde.

(4 août 1802) et renforce son pouvoir au détriment du législatif. Ces décisions pavent la voie à l'Empire.

La noblesse, qui avait choisi l'émigration pendant la Révolution française pour échapper au couperet de la guillotine, est amnistiée par Napoléon le 26 avril 1802. De retour en France, François-René de Chateaubriand publie les deux premiers grands titres du romantisme français, *Atala* (1801) et *René* (1802). Prosper Mérimée, qui appartient à la génération d'Honoré de Balzac et de Victor Hugo, naît en 1803.

L'EMPIRE (1804-1814)

Le 2 décembre 1804, Napoléon se sacre lui-même empereur des Français. Assoiffé de pouvoir, il se lance à la conquête de l'Europe. La France connaît alors une période de rayonnement intense, qui n'est toutefois pas sans rappeler l'Ancien Régime. C'est que Napoléon gouverne en despote, crée une nouvelle noblesse (de mérite[1]), et consacre toute son énergie aux guerres de conquête, qui feront plus d'un million de victimes parmi ses soldats. Lorsqu'il s'attaque finalement à la Russie en 1812, l'hiver rigoureux entraîne sa défaite. En 1814, les forces alliées (Russie, Angleterre, Autriche, Suède) obligent l'empereur à capituler et le condamnent à l'exil sur l'île d'Elbe. Louis XVIII prend ensuite le pouvoir. C'est le retour de la monarchie, une période de l'histoire de France mieux connue sous le nom de « Restauration ».

Madame de Staël, qui avait découvert le romantisme allemand pendant l'émigration, publie *De l'Allemagne* en 1814, un récit de voyage qui célèbre les valeurs et l'esthétique romantiques.

LES CENT-JOURS (1815)

Les Cent-Jours désignent la période (du 20 mars au 22 juin 1815) pendant laquelle Napoléon, s'étant échappé de l'île d'Elbe, rallie les soldats envoyés pour l'arrêter et effectue une remontée triomphale

---

1. Noblesse de mérite : les titres de noblesse, autrefois décernés par le roi selon le lignage familial de la personne, avaient été abolis lors de la Révolution française. Napoléon crée une nouvelle noblesse, décernant ses titres selon les services rendus à l'Empire.

vers Paris, où il profite de la fuite de Louis XVIII en Belgique pour reprendre le pouvoir.

C'est finalement en Belgique que Napoléon sera défait par les Anglais et les Prussiens lors de la bataille de Waterloo, le 18 juin 1815. Forcé d'abdiquer pour la deuxième et dernière fois, l'empereur déchu est déporté sur l'île de Sainte-Hélène avec quelques fidèles. Il y meurt le 5 mai 1821.

La Restauration (1814-1815, 1815-1830)

On donne le nom de « Restauration » à la période qui suit la chute de l'Empire et qui se termine par la révolution de 1830. Au cours de cette période où la monarchie est « restaurée » en France (Louis XVIII, de 1814 à 1824 et Charles X, de 1824 à 1830), trois partis dominent la vie politique : 1) les ultraroyalistes, qui prônent le retour à l'Ancien Régime ; 2) les libéraux, qui luttent pour un régime parlementaire axé sur les idéaux révolutionnaires ; 3) les constitutionnels, qui favorisent une solution du juste milieu, c'est-à-dire une monarchie où le roi partage le pouvoir avec la nation.

Rapidement, la France est dominée par les ultraroyalistes, qui imposent leur approche conservatrice du pouvoir. Lorsque Charles X devient roi, en 1824, la tendance ultraroyaliste se fait encore plus écrasante. À partir de 1826, les libéraux, les constitutionnels et une poignée d'ultraroyalistes dissidents manifestent leur mécontentement. Mais le roi n'entend faire aucun compromis et gouverne de façon de plus en plus autoritaire. En 1830, il impose la censure de la presse, une de trois ordonnances qui conduisent directement à la révolution de Juillet.

On assiste au cours de la Restauration à l'épanouissement du jeune romantisme français avec *Adolphe* (1816) de Benjamin Constant, les *Méditations poétiques* (1820) d'Alphonse de Lamartine, *Le Dernier Jour d'un condamné* (1829) de Victor Hugo et *Les Chouans* (1829) d'Honoré de Balzac, un roman historique qui contribue à lancer la carrière de son auteur. *Mateo Falcone* de Prosper Mérimée est également publiée en 1829. Gustave Flaubert, qui se passionnera dans sa jeunesse pour les œuvres romantiques, naît en 1821.

La France des précurseurs du réalisme (1830-1848)

LA RÉVOLUTION DE JUILLET OU LES TROIS GLORIEUSES (1830)

Le 26 juillet 1830, l'indignation des milieux journalistiques est à son comble. Une pétition est lancée par 44 journalistes qui entraînent, dans leur sillage, les typographes et les imprimeurs. On manifeste dans la capitale. Bientôt, ouvriers de toutes sortes, industriels et patrons d'ateliers, étudiants excédés par la présence écrasante de la religion dans l'enseignement supérieur se mettent de la partie. C'est la révolution !

Le 29 juillet, la victoire semble acquise : les émeutiers sont maîtres de la capitale. Au terme des Trois Glorieuses (les trois journées révolutionnaires, soit les 27, 28 et 29 juillet) les républicains, désireux d'amener une rupture totale avec la monarchie, commencent à croire en la réalisation de leur idéal.

En coulisses, la réalité est tout autre. La bourgeoisie d'affaires et les orléanistes[1] n'entendent pas céder aussi facilement. Aussi s'empressent-ils de devancer leurs ennemis dans leur course au pouvoir et imposent-ils à la tête du pays le duc d'Orléans, un monarchiste modéré capable à la fois d'apaiser la colère du peuple et de favoriser les grands financiers. Le 9 août 1830, Louis-Philippe d'Orléans devient Louis-Philippe Ier.

La substitution d'une monarchie par une autre, malgré son titre officiel de monarchie constitutionnelle, suscite une vague de profond mécontentement chez une partie de la population, principalement chez les républicains, parmi lesquels on compte un grand nombre d'artistes. Stendhal s'attaque à l'hypocrisie politique et sociale encouragée par le régime de Louis-Philippe Ier dans son célèbre roman *Le Rouge et le Noir* (1830). À la fois monarchiste et républicain, Balzac critique lui aussi la société de son temps, qu'il entreprend de décrire sous toutes ses coutures dans son ambitieuse *Comédie humaine* (1829-1850).

---

1. Orléanistes : partisans de la famille d'Orléans, l'une des grandes familles de la royauté française.

La monarchie de Juillet ou monarchie bourgeoise (1830-1848)

Le règne de Louis-Philippe Ier est pour le moins ambigu. Issu de la noblesse, le roi apparaît comme le jouet de la bourgeoisie d'affaires qui, elle, s'empare des privilèges autrefois réservés à l'aristocratie. Cette période, marquée à la fois par le développement de l'industrie et l'expansion des colonies, est également agitée sur le plan politique. Le traitement déplorable réservé à la classe ouvrière, née de la révolution industrielle, y contribue largement.

Ce peu de considération pour le prolétariat n'est cependant pas exclusif à la France. Partout en Europe, le passage d'une société artisanale et paysanne à une société industrialisée fait son lot de victimes et de mécontents. C'est à cette époque que verront le jour de nouvelles idéologies de gauche, telles que le socialisme, le syndicalisme et le communisme.

De plus en plus conservateur, Louis-Philippe Ier conduit plusieurs répressions qui nuisent gravement à sa popularité et en font la cible de nombreux attentats. Dès la première tentative d'assassinat, des lois de censure interdisant toute revendication de républicanisme et réduisant la liberté de la presse sont promulguées. Le supposé « libéralisme » de la monarchie de Juillet semble de plus en plus illusoire.

Malgré un débat d'idées prometteur entre 1836 et 1840, le gouvernement se révèle incapable de moderniser réellement la politique française. Qui plus est, la corruption règne à la Chambre, la bourgeoisie d'affaires se réservant la plus grande part du pouvoir.

La nomination de François Guizot aux Affaires intérieures, en 1840, n'arrange pas les choses. Ultra-conservateur, Guizot se fait le porte-parole du roi et écrase les classes défavorisées. Il faudra attendre 1846 pour que la crise économique et agricole, combinée à la fureur de l'opposition, triomphe de cette politique pour le moins injuste. À partir de juillet 1847, les républicains s'organisent en lançant la fameuse Campagne des banquets, vaste série de réunions visant à mieux planifier la stratégie de l'opposition. Le 22 février 1848, l'interdiction par le roi d'une de ces réunions dégénère d'abord en manifestation, puis devient le point de départ d'une nouvelle révolution. Bien décidés à ne pas se laisser devancer une seconde fois par les monarchistes, les républicains s'empressent de se réunir à l'hôtel de ville de Paris pour proclamer la République.

La monarchie de Juillet est littérairement dominée par le romantisme français avec *Notre-Dame de Paris* (1831) de Victor Hugo, le théâtre et la poésie d'Alfred de Musset, *Chatterton* (1835) d'Alfred de Vigny, *Mauprat* (1837) de George Sand, ainsi que les œuvres les plus célèbres des précurseurs du réalisme : *Le Père Goriot* (1834) d'Honoré de Balzac, *Carmen* (1847) de Prosper Mérimée et *La Chartreuse de Parme* (1839) de Stendhal. C'est également au cours de la monarchie de Juillet que ce dernier écrit sa nouvelle *San Francesco a Ripa* (1831), qui ne sera publiée qu'en 1853, soit 11 ans après sa mort.

Notons enfin la naissance des naturalistes Alphonse Daudet (1840) et Joris-Karl Huysmans (1848).

La France des réalistes et des naturalistes

LA IIᵉ RÉPUBLIQUE

Parmi les membres du gouvernement insurrectionnel de la IIᵉ République en 1848 se trouvent le socialiste Louis Blanc (1811-1882) et le poète romantique Alphonse de Lamartine (1790-1869). De concert avec les neuf autres membres du gouvernement, ils s'empressent d'instaurer le suffrage universel[1], une mesure annonçant un renouveau politique démocratique.

Le gouvernement élu se révèle néanmoins plus réformateur que révolutionnaire, et de nombreux agitateurs issus de la classe ouvrière protestent contre son conservatisme. À la suite d'une tentative de soulèvement qui se solde par la mort de plus de 5500 hommes, le parti de l'Ordre, qui veut contenir la menace socialiste, gagne en popularité. Il finit par triompher aux élections de 1849, après avoir soutenu la candidature de Louis-Napoléon Bonaparte à la présidence de la République.

S'il peut sembler étrange que même des ouvriers aient voté pour le neveu de Napoléon Iᵉʳ, il ne faut pas oublier que, dans l'imaginaire

---

1. Il s'agit du suffrage universel mâle. Il faudra encore plus d'une centaine d'années pour que les femmes obtiennent le droit de vote.

populaire, le nom de Bonaparte est encore associé aux valeurs républicaines, et ce, en dépit des excès de feu l'empereur. De plus, Louis-Napoléon Bonaparte a un passé qui plaît au bon peuple : il s'était déclaré contre la Restauration et pour le syndicalisme naissant. C'est pourquoi la majorité des Français ne s'objecte guère lorsque, le 2 décembre 1851, le « neveu » fait un coup d'État, prend le nom de Napoléon III et devient le deuxième empereur des Français.

Sur le plan artistique, la proclamation de la IIe République de 1848 est symboliquement associée à la fin du romantisme et à la naissance du réalisme. Les injustices engendrées par l'industrialisation, la colère et la détresse du peuple, les abus de la bourgeoisie d'affaires, l'agitation politique et le climat d'incertitude générale détournent l'attention d'un courant trop centré sur l'expression individuelle (le romantisme) et favorisent un courant qui cherche plutôt à montrer, de manière crue et objective, la réalité de l'heure (le réalisme). Guy de Maupassant, qui sera formé par le réaliste Gustave Flaubert, naît en 1850, quelques jours avant qu'Honoré de Balzac rende l'âme, à 51 ans.

LE SECOND EMPIRE (1852-1870)

Le Second Empire est associé au triomphe de la bourgeoisie et de ses valeurs conservatrices. C'est parce que Flaubert a ignoré ces valeurs dans *Madame Bovary* (1857) qu'on lui intentera un procès. La même année, le poète symboliste Charles Baudelaire (1821-1867) a droit lui aussi à un procès pour son sulfureux recueil *Les Fleurs du mal*.

Si Napoléon III trouve des partisans au sein du petit peuple, il a déjà pour ennemi l'un des grands défenseurs de ce dernier : le poète et écrivain Victor Hugo, qui a pris le chemin de l'exil pour mieux critiquer celui que, de l'étranger, il baptise « Napoléon le Petit ». C'est que l'auteur des *Misérables* (1862) voit dans le coup d'État de l'empereur un acte antidémocratique, même si ce coup d'État a d'abord fait l'objet d'un plébiscite.

Les détracteurs de l'empereur perçoivent également dans son attitude populiste la condescendance d'un homme plus tourné vers la bourgeoisie que vers les classes défavorisées. Le commerce est effectivement à l'ordre du jour. C'est sous Napoléon III qu'apparaissent les établissements de crédit et les magasins à grande surface, qui mènent la vie dure aux petits commerçants. Dans un effort extrême de modernisation et d'industrialisation, l'empereur accorde aussi une grande importance à l'expansion du chemin de fer, à la construction de mines, d'usines et de manufactures, ainsi qu'à la rénovation de Paris, ville à laquelle il donne son apparence d'aujourd'hui.

Confiée au baron Haussmann, cette rénovation vise à faire de la capitale une cité plus hygiénique. On s'empresse de démolir les vieux quartiers insalubres, aux rues étroites, aux maisons délabrées et salies par les ans. On remplace le tout par de nouvelles habitations construites le long de grands boulevards ensoleillés… auxquels l'armée peut aisément avoir accès en cas de soulèvements populaires ! Car il faut bien le dire, l'entreprise cache également des motivations politiques. Paris est le foyer des révolutions depuis 1789 et, trop souvent, les insurgés ont profité de l'étroitesse des vieilles avenues pour dresser leurs barricades.

En matière de politique extérieure, Napoléon III est capable du meilleur comme du pire. Il participe à l'unification de l'Italie et reçoit en retour la Savoie et le comté de Nice, de beaux ajouts au territoire français. Cependant, son projet de créer un empire latin au Mexique, pour faire compétition aux États-Unis, se révèle un véritable désastre. La guerre franco-prussienne, qui éclate en 1870, conduit la France à sa perte et l'empereur avec elle.

C'est au cours du Second Empire que le réalisme détrône véritablement le romantisme. En peinture, les tableaux de Gustave Courbet, de Jean-François Millet, de Jean-Baptiste Corot et d'Édouard Manet continuent d'être le sujet de discussions enflammées. Sur le plan littéraire, la publication des œuvres de Gustave Flaubert (*Madame Bovary* [1857], *L'Éducation sentimentale* [1869]), des frères Edmond et Jules de Goncourt (*Germinie Lacerteux* [1865]) et d'Alphonse Daudet (*Le Petit Chose* [1866]) consacre le mouvement. Même les romantiques Victor Hugo et George Sand publient des œuvres qui, sans rompre tout à fait avec le romantisme, sont plus adaptées au goût du jour. Sand, en particulier, s'oriente vers un réalisme socialiste de plus en plus marqué.

La guerre franco-prussienne (1870)

L'Allemagne était, jusqu'à l'époque de Napoléon III, morcelée en plusieurs petits territoires. Le pays, désuni, ne représentait pas de véritable menace pour la France. Mais les choses allaient changer. Le chancelier Otto von Bismarck (1815-1898) est mandaté par le roi de Prusse pour procéder à l'unification de l'Allemagne autour de la ville de Berlin. Bismarck, fin stratège, calculateur et déterminé, consacre toute son énergie à cette lourde tâche, si bien que, en 1870, le rêve d'une Allemagne unie et forte devient réalité. Napoléon III, qui aime affirmer que les peuples sont libres de disposer d'eux-mêmes, fait peu de cas de l'unification de l'Allemagne et continue à sous-estimer la puissance de cette nouvelle nation. Dans les journaux, Bismarck tient des propos insultants à l'égard de Napoléon III. La provocation a l'effet escompté, et la France déclare la guerre à la

Gagnant et perdant, Wilhelm Camphausen, 1878.
Napoléon III et Bismarck au lendemain de la défaite
de Sedan, en septembre 1870.

Prusse. La défaite est cuisante. L'armée prussienne envahit bientôt le pays, et l'empereur lui-même est fait prisonnier à la suite de la bataille de Sedan, le 1er septembre 1870. Cet événement met fin au Second Empire.

À Paris, des députés proclament la IIIe République et résistent vaillamment aux assauts des Allemands pendant quatre mois, à la grande surprise de Bismarck, qui craint soudainement la défaite. Mais l'armée prussienne finit par l'emporter, et les Français n'ont pas le choix de demander l'armistice. Bismarck accepte, mais exige en réparation que la France lui cède l'Alsace-Lorraine, un territoire limitrophe entre la France et l'Allemagne. Le goût amer de la défaite hante longtemps la France, et la perte de l'Alsace-Lorraine prépare le terrain aux deux guerres mondiales du xxe siècle.

C'est durant la guerre franco-prussienne que se déroulent *Sac au dos* (1878) de Huysmans, qui traite de la mobilisation, et *La Partie de billard* (1873) de Daudet, dans lequel l'auteur jette un regard acerbe et moqueur sur les dirigeants de l'armée française. À noter également que Maupassant a participé à cette guerre, une expérience qui a contribué à renforcer sa position critique face à l'humanité. Deux de ses nouvelles les plus célèbres, *Boule de suif* (1880) et *Mademoiselle Fifi* (1882), traitent du sujet.

LA IIIe RÉPUBLIQUE (1870-1940)

Proclamée en pleine guerre franco-prussienne à la suite d'une émeute, la IIIe République aurait pu n'être qu'un régime de transition. Au lieu de cela, elle est aujourd'hui le plus long régime politique que la France ait connu depuis la Révolution française, ne prenant fin qu'en 1940, au moment où les troupes nazies envahissent Paris. Elle est cependant brièvement interrompue par l'épisode de la Commune, immédiatement après la guerre franco-prussienne.

LA COMMUNE DE PARIS (1871)

Adolphe Thiers (1797-1877), un homme de droite présent dans le paysage politique français depuis la monarchie de Juillet, est celui qui a mené à bien la capitulation de la France face à l'Allemagne en signant le traité de Versailles, le 26 février 1871. Chef du pouvoir exécutif, il se heurte, à son retour à Paris, aux soldats de la Garde nationale et aux ouvriers, qui n'acceptent pas cette capitulation « bourgeoise ». Les mécontents ont tôt fait de s'emparer de la ville et de la déclarer « commune libre ». Il s'agit là du premier gouvernement socialiste de l'histoire.

Les représailles sont terribles. Au bout de deux mois, les communards sont écrasés par Adolphe Thiers, qui s'était installé à Versailles avec ses troupes en attendant de reprendre le pouvoir. Des obus sont tirés sur la population, la ville prend feu, de nombreux monuments historiques sont détruits dans la foulée et plusieurs ouvriers sont exécutés sommairement. Cet épisode, mieux connu sous le nom de « Semaine sanglante », se termine par la condamnation à mort de 10 000 rebelles et la déportation de plus de 4000 personnes en Nouvelle-Calédonie. Régime presque mort-né, la Commune montre le clivage évident entre la France ouvrière et la France bourgeoise, clivage qui explique les tensions de plus en plus grandes entre la gauche et la droite, tout au long de la IIIᵉ République.

LA IIIᵉ RÉPUBLIQUE, LA SUITE (1870-1940)

La bourgeoisie, qui a progressivement imposé ses valeurs matérialistes et moralement conservatrices depuis la Révolution, triomphe en cette fin de siècle. Tout comme la monarchie de Juillet et le Second Empire avant elle, la IIIᵉ République poursuit l'industrialisation de la France et valorise le progrès technique et scientifique. Le positivisme, une idéologie selon laquelle l'univers est entièrement déchiffrable, décomposable, comme une montre peut être démontée en ses multiples pièces et rouages, devient l'idéologie de l'heure. En pleine crise religieuse depuis le siècle des Lumières, la France semble s'être ainsi trouvé un nouveau dieu : la science. De grands esprits vont même jusqu'à affirmer naïvement que le xxᵉ siècle sera celui de la perfection, tant prévaut la certitude que l'intelligence humaine n'a pas de limites et qu'elle saura résoudre scientifiquement tous les problèmes auxquels elle s'attaquera !

Les expositions universelles de Paris, créées dès 1844 sous Louis-Philippe Iᵉʳ, ont toujours été l'occasion pour la France de mettre en valeur son développement technologique et scientifique. L'exposition de 1878 ne fait pas exception. C'est en vue de ce grand événement que l'on érige la tour Eiffel, premier grand monument construit avec le matériau symbolique de la modernité et du progrès : le fer. Guy de Maupassant la hait et ne se gêne pas pour le dire ouvertement dans les journaux auxquels il collabore en tant que chroniqueur. À un ami qui lui demande pourquoi il y monte si souvent s'il la déteste tant, il déclare : « parce que c'est le seul endroit d'où je ne la vois plus ! »

Il ne faut pas croire cependant que la science n'intéresse pas des écrivains comme Guy de Maupassant ou Émile Zola. Bien au contraire, les découvertes du neurologue Jean-Martin Charcot concernant l'hypnose et l'hystérie fascinent le premier, alors que le second s'enflamme pour la médecine expérimentale de Claude Bernard et les théories sur l'hérédité.

Cet emballement frénétique et souvent un peu naïf pour la science s'explique par le fait que, libéré de l'emprise de la religion qui a toujours mis des bâtons dans les roues aux scientifiques, le XIXe siècle est extrêmement fertile en découvertes de toutes sortes. Entre 1870 et 1900, la découverte du bacille de la lèpre, l'invention du téléphone, de l'enregistreur sonore, du disque, du gramophone, de l'automobile et du cinéma sont autant d'événements qui font croire en cette perfectibilité de l'homme et de l'univers. Au cours des régimes précédents, l'invention de la photographie (1838), de la montgolfière (1852) et de l'ampoule électrique (1854) montraient déjà la nette progression des sciences, tout comme la théorie de l'évolution de Darwin, en 1859.

Mais la IIIe République n'est pas seulement une période de célébration du progrès scientifique et technologique. C'est aussi une période de conservatisme social, dominée par l'attitude hypocrite de la bourgeoisie, qui affiche des airs de grande moralité pour mieux masquer ses comportements condamnables. Ce pieux sourire qui dissimule la grimace du débauché sera la cible de nombreux écrivains, dont Daudet et Maupassant, qui se font un malin plaisir de décrire l'envers du décor dans leurs récits. Maupassant, par exemple, montrera la réalité des maisons de prostitution, fréquentées autant par les juges que par les politiciens.

L'antisémitisme est également bien présent chez les bourgeois du XIXe siècle, comme en témoigne l'affaire Dreyfus (1894-1906). Victime d'accusations mensongères qui en faisaient un collaborateur des Allemands, le jeune capitaine français d'origine juive Alfred Dreyfus (1859-1935) est condamné à l'exil perpétuel avant d'être réhabilité à la suite d'un long procès. Ce procès divise l'opinion publique en deux camps, celui des dreyfusards et des anti-dreyfusards, division correspondant de façon générale à l'opposition entre la gauche et la droite déjà bien marquée depuis la IIe République et la Commune.

Enfin, la IIIe République est celle de l'impérialisme. La France, tout comme l'Angleterre et l'Allemagne, étend son pouvoir tentaculaire sur le monde par ses colonies existantes (l'Algérie, par exemple) et de nouvelles conquêtes (l'Indochine). Cette idéologie, qui encourage les puissances européennes à se constituer d'immenses empires, explique pourquoi la première grande guerre du xxe siècle (celle de 1914-1918) dégénérera rapidement en conflit mondial. Mais cette guerre cauchemardesque est encore loin au moment où s'éteint, en 1902, le dernier représentant du réalisme, Émile Zola. La France, comme le reste de l'Europe, connaît une ère de prospérité économique et de paix relative, connue sous le nom de Belle Époque (1900-1914), qui lui fait négliger la menace, pourtant bien tangible, d'un éventuel et redoutable conflit armé.

Dans le domaine littéraire, c'est au cours de la IIIe République que naît le naturalisme, une branche radicale du réalisme conduite par Zola et qui a pour but de rapprocher la littérature des sciences exactes.

LE CONTEXTE ARTISTIQUE

Que sont le réalisme et le naturalisme ?

En littérature, le réalisme est un courant qui vise à reproduire la réalité le plus fidèlement possible dans des œuvres en prose, telles que la nouvelle ou le roman. L'enjeu est d'offrir au lecteur une vision à la fois factuelle, analytique et critique de la société. À l'instar de l'avocat qui défend ou accuse en se servant de faits qu'il présente sous forme de preuves, l'écrivain réaliste compte sur le caractère objectif de son récit pour convaincre le lecteur du point de vue qu'il défend. Qu'il veuille dénoncer la misère des ouvriers, montrer l'hypocrisie de la bourgeoisie ou l'indolence de la noblesse, il s'appliquera d'abord à décrire sous toutes ses coutures le milieu auquel il s'attaque, créant ainsi l'illusion d'une réalité qui parle d'elle-même.

Apparu à l'époque romantique avec des écrivains comme Honoré de Balzac, Stendhal et Prosper Mérimée, le réalisme se développe officiellement à partir de 1848. Si ses adeptes s'inspirent souvent des sciences humaines[1] pour décrire de manière plus convaincante le monde qui les entoure, le naturalisme est une branche radicale du réalisme qui cherchera à rapprocher la littérature des sciences exactes. Ainsi, à la fin du XIXe siècle, des écrivains comme Émile Zola, Joris-Karl Huysmans, Guy de Maupassant ainsi que les frères Jules et Edmond de Goncourt se consacreront à illustrer, dans leurs récits, les théories scientifiques de l'heure concernant l'hystérie, l'hérédité ou la médecine expérimentale.

Mais avant d'aller plus loin, retournons un instant au début du siècle afin de bien comprendre les facteurs qui expliquent l'émergence de ces deux courants majeurs de la littérature française.

Du romantisme au réalisme

Le romantisme est un courant artistique européen des XVIIIe et XIXe siècles qui rompt avec le classicisme, jugé trop cérébral et trop artificiel. Comme l'affirme avec justesse l'historien des idées

---

1. L'histoire, l'anthropologie, la sociologie, la psychologie, etc., sont des sciences humaines.

Isaiah Berlin[1], la plupart des courants de la modernité en découlent directement ou indirectement. Réalisme, symbolisme, naturalisme, surréalisme et même existentialisme doivent en effet beaucoup à ce mouvement aussi révolutionnaire sur le plan artistique que l'a été la Révolution française sur le plan politique. Mais qu'est-ce que le romantisme? Et que lui doivent au juste le réalisme et le naturalisme?

Être romantique, c'est d'abord et avant tout favoriser l'expression de son moi, de son individualité, en mettant de l'avant sentiments et passions au détriment de la raison. Dans *René* (1802), par exemple, François-René de Chateaubriand exprime son mal de vivre, raconte sa propre existence, invente un héros qui lui ressemble comme un frère.

Être romantique, c'est également valoriser la liberté dans l'acte créateur, chercher à se soustraire aux règles, aux principes moraux et esthétiques désuets, implantés par les classiques. C'est pourquoi les romantiques préféreront au théâtre de Racine celui de Shakespeare, plus éclaté et à l'abri des règles contraignantes du théâtre français. Des pièces, comme *Hernani* (1830) de Victor Hugo, ou *Lorenzaccio* (1833) d'Alfred de Musset, délaissent la règle des trois unités et celle de bienséance, chères aux classiques, afin de dresser un portrait plus mouvementé, plus cru de la réalité.

Être romantique, c'est aussi trouver dans la nature sauvage une alliée, une complice, par opposition à ce que peut offrir la civilisation, malfaisante et corrompue. Cela est particulièrement évident chez Alphonse de Lamartine, qui s'adresse au lac où il a vécu des moments de bonheur comme il le ferait à un confident. Finalement, le romantisme est marqué par l'expression d'un mal de vivre, qu'il s'agisse de la douleur d'aimer, de l'impression d'être né trop grand (ou trop tard) dans un monde trop petit ou encore de la honte d'appartenir à cette grande famille des êtres humains, si imparfaits. La poésie de Musset, de Vigny, de Lamartine va dans ce sens.

Jusqu'ici, rien ne nous permet de voir clairement en quoi le réalisme, qui prône l'observation objective de la réalité, a ses racines

---

dans ce courant essentiellement tourné vers l'expression d'une réalité subjective. Et pourtant… retenons déjà qu'en choisissant de parler d'eux-mêmes, les romantiques font du présent un sujet digne d'intérêt. Cette insistance à raconter le présent de manière critique dans des œuvres en prose (*René, Adolphe, La Confession d'un enfant du siècle,* etc.) contribue à faire de leur époque une source d'inspiration légitime.

Lorsque les romantiques ne s'intéressent pas au présent, ils se tournent vers le passé, qu'ils idéalisent, certes, mais s'acharnent malgré tout à le décrire avec un certain réalisme. C'est que les romantiques considèrent l'histoire différemment des classiques, auxquels ils s'opposent. À la base du classicisme repose l'idée que l'univers tend vers sa propre perfection, vers l'harmonie. Ce principe d'harmonie fait en sorte qu'il n'y a qu'une vérité possible, qu'une façon (idéale) de voir les choses, tout comme il n'y a qu'un seul Dieu. Il est ainsi inconcevable que deux opinions contradictoires, deux religions ou deux cultures différentes puissent avoir chacune leurs mérites et leur raison d'être. Si elles coexistent pendant un temps, l'univers, en tendant vers sa propre perfection, se chargera de faire triompher la bonne. Tout ce qui est passé est ainsi vu comme le simple brouillon du présent, avec ses débordements et ses ratures. À quoi bon essayer de le restituer avec exactitude? Seuls les grands faits de l'histoire importent, dans la mesure où ils éclairent le présent, toujours supérieur au passé.

Le romantisme, tout imbibé de la pensée de philosophes du siècle des Lumières comme l'Allemand Johann Gottfried von Herder[1], encourage au contraire l'idée plus moderne qu'il n'existe pas une seule réalité, mais **des** réalités. En accord avec le principe selon lequel chaque individu est unique, a sa raison d'être et voit légitimement le monde à sa manière, toute culture, toute religion, toute époque devient également valide en soi et ne peut être réellement comprise et appréciée qu'à travers le regard de ceux qui en ont fait partie. Pour comprendre un Égyptien de l'Antiquité, dirait Herder, il faudrait pouvoir se mettre dans la peau de cet Égyptien, fouler le sol qu'il a foulé, sentir l'air de son temps, évoluer parmi la société dont

---

1. Johann Gottfried von Herder (1744-1803): poète, théologien et philosophe allemand.

il faisait partie. De cette manière seulement pourrait-on s'apercevoir que tout ce qui peut sembler : *a priori* étrange et condamnable dans la manière de faire de cet Égyptien devient soudainement compréhensible et acceptable.

Poussés par cette nouvelle façon de voir les choses, les écrivains romantiques se plairont à exprimer, dans leurs romans historiques, leur fascination pour le passé. Quand Honoré de Balzac écrit *Les Chouans* (1829), il recrée assez fidèlement une page récente de l'histoire de France. Quand Victor Hugo rédige *Notre-Dame de Paris* (1831), il tente de transporter le lecteur dans un Moyen Âge plus vrai que nature. Bien sûr, le ton de ces œuvres demeure éminemment romantique, mais le germe du courant réaliste se trouve néanmoins dans cette nouvelle approche du réel, qui exige déjà que l'écrivain agisse autant comme un artiste que comme un homme de science.

La vraie trouvaille de Balzac, de Stendhal et de Mérimée, celle qui en fait des précurseurs du réalisme, est d'avoir combiné l'approche adoptée dans le roman historique avec la tendance en vogue chez les romantiques à parler de soi et de son époque. En cherchant à se faire l'historien de son temps, de sa société, Balzac invente une nouvelle façon de faire, qui sera celle des réalistes. Quand Stendhal devient le chroniqueur de la monarchie de Juillet dans *Le Rouge et le Noir*, il fait de même. Quand Mérimée, qui n'a jamais mis les pieds en Corse, décrit avec soin et précision, en 1829, la réalité de Mateo Falcone grâce à une documentation sérieuse et fiable, il procède lui aussi à la manière des réalistes.

Le réalisme balzacien et stendhalien

Un roman est un miroir qui se promène sur une grande route. Tantôt il reflète à vos yeux l'azur des cieux, tantôt la fange des bourbiers de la route. Et l'homme qui porte le miroir dans sa hotte sera par vous accusé d'être immoral ! Son miroir montre la fange, et vous accusez le miroir ! Accusez bien plutôt le grand chemin où est le bourbier, et plus encore l'inspecteur des routes qui laisse l'eau croupir et le bourbier se former.

Stendhal, *Le Rouge et le Noir*, 1830

En dressant l'inventaire des vices et des vertus, en
rassemblant les principaux faits des passions, en peignant
les caractères, [...] peut-être pouvais-je arriver à écrire
l'histoire oubliée par tant d'historiens, celle des mœurs.

Honoré de Balzac, *La Comédie humaine*, 1842

Les cas de Balzac et de Stendhal dépassent le simple intérêt des romantiques pour l'histoire. Comme nous venons de le montrer, l'idée de se faire historien ou chroniqueur de son temps est déjà une trouvaille en soi. De plus, ces deux écrivains entendent aussi rompre avec l'idée que le rôle de l'artiste est de peindre la beauté. Pour eux, l'œuvre d'art doit plutôt être le reflet de la réalité, peu importe que cette dernière soit belle **ou** laide. Enfin, c'est leur approche méthodique, analytique et leur fascination pour d'autres sciences alors naissantes, comme l'anatomie, la paléontologie (Balzac) ou la psychologie (Stendhal) qui en font des cas à part et de vrais précurseurs du réalisme. La physiognomonie[1], une « science » aujourd'hui décriée, fascine Balzac. Il ne peut s'empêcher de l'appliquer quand il décrit ses personnages, s'efforçant de montrer comment le physique de l'individu auquel il s'intéresse reflète sa personnalité, tout comme le milieu dans lequel il évolue. À l'instar de l'anatomiste et paléontologue Georges Cuvier (1769-1832), qui classifie le règne animal en quatre « embranchements », Balzac cherche à classifier les êtres humains. Lorsqu'il a l'idée de *La Comédie humaine*, cette grande fresque romanesque composée de dizaines de romans unis les uns aux autres par le retour épisodique de personnages, il crée ses fameuses catégories, séparant les études de la vie parisienne des études de la vie de campagne, les récits consacrés à la vie militaire de ceux dédiés à la vie de province, etc. Il catégorise aussi ses personnages par « types » représentatifs de la société de son temps, comme l'« ambitieux », le « roué », « l'artiste », etc. Par cette manière de faire, Balzac entend léguer aux générations futures une œuvre qui doit autant à l'art qu'à la science,

---

1. Physiognomonie : méthode popularisée par Johann Kaspar Lavater (1741-1801), qui consiste à mettre en relation les traits physiques d'une personne et sa personnalité.

qui vaut autant aux yeux du littéraire qu'à ceux de l'historien ou de l'anthropologue.

Stendhal, de son côté, s'écarte du romantisme non par son thème de prédilection (la passion amoureuse), mais par sa manière de le traiter. Plutôt que de s'épancher à la manière des poètes romantiques à propos de ses déceptions amoureuses ou de ses coups de foudre, l'auteur du *Rouge et le Noir* décortique les mécanismes de la passion amoureuse, essaie de comprendre ce qu'est l'amour d'un point de vue plus scientifique. Cela l'amène à décrire non seulement comment l'amour est vécu par l'homme et par la femme, mais aussi comment il est perçu différemment d'un sexe à l'autre et d'une culture à l'autre. Un Français n'aime pas comme une Italienne, tente-t-il de nous montrer dans *San Francesco a Ripa*. Cette approche psychologique et anthropologique de l'amour l'amène à distinguer différents stades dans le processus amoureux, dont celui qu'il nomme le «stade de la cristallisation». D'après Stendhal, ce stade correspondrait au moment où, après avoir croisé pour la première fois l'objet de son affection future, la personne idéalise cet objet, l'élève au-dessus de la réalité pour en tomber finalement éperdument amoureux. L'amour se cristallise, se fixe ainsi dans la tête de celui qui le ressent. On le voit, cette approche plutôt clinique de la passion amoureuse, combinée avec un style sec et l'assemblage de petits faits vrais est ce qui achève de distinguer Stendhal de ses contemporains romantiques.

Le courant réaliste

En 1848, la proclamation de la IIe République semble enfin concrétiser les espoirs des écrivains romantiques qui avaient pourfendu, dans leurs écrits, le précédent régime issu d'une révolution ratée. Mais la IIe République se révèle elle aussi un échec, et cet échec devient symboliquement celui du romantisme en tant que courant colporteur des idéaux républicains. Quelques années avant le soulèvement de 1848, le mouvement montrait déjà des signes de fatigue, s'enfonçant dans le sentimentalisme ou dans une représentation idéalisée et dépassée de la nature.

LE RÉALISME PICTURAL

En peinture, de jeunes artistes accélèrent le déclin du romantisme en proposant des œuvres reflétant la réalité de manière plus directe, plus crue, plus « vraie », à l'image de la photographie, apparue sous la forme du daguerréotype en 1838. Ces œuvres picturales tranchent avec les créations romantiques, en donnant la priorité à des sujets encore jugés triviaux, comme la vie des ouvriers, des paysans ou des artistes de la bohème artistique, et surtout, en représentant ces sujets sans les idéaliser. Plus scandaleux encore, un peintre comme Gustave Courbet (1819-1877) ose leur consacrer des toiles gigantesques, d'une taille jusque-là réservée aux morceaux épiques, bibliques, mythologiques. *Un enterrement à Ornans* (1850), qui dépeint les funérailles ordinaires d'un inconnu dans un petit village de province, mesure plus de 3 m sur 6,60 m ! De même, *Bonjour, monsieur Courbet* (1854), qui représente une rencontre anodine du peintre avec deux bourgeois sur une route de campagne, fait 1,30 m sur 1,50 m ! Cette démarche s'inscrit dans une volonté très claire de choquer la bourgeoisie et l'aristocratie bien pensantes, de scandaliser la société conservatrice et aveugle en la forçant à regarder ce qu'elle ne veut pas voir, à considérer ceux qu'elle écarte du revers de la main. L'écrivain Jules Champfleury (1821-1889), un admirateur de Courbet, utilise pour la première fois le terme « réalisme » pour qualifier l'œuvre de ce dernier et publie sous ce titre quelques articles élogieux dans une revue spécialisée. Ces articles contribuent grandement à définir le courant.

Mais les détracteurs de Gustave Courbet et des autres peintres « réalistes » sont nombreux, et le terme « réalisme » devient une injure aussi rapidement qu'il était devenu un compliment. On l'emploie en effet dans les journaux comme synonyme de « vulgaire », de « grossier », de « mauvais goût ». C'est certainement dans ce sens qu'on l'utilisera pour qualifier l'*Olympia* du peintre Édouard Manet (1832-1883). Ce célèbre tableau qui, sous des dehors classiques[1],

---

1. Le titre de l'œuvre et sa composition évoquent les nus traditionnellement acceptés par le classicisme, c'est-à-dire ceux qui représentaient des personnages de la mythologie ou de l'histoire religieuse. Pour être « acceptables », les nus devaient également proposer une vision idéalisée du corps humain, ce qui n'est pas le cas du tableau de Manet, qui représente la nudité dans sa grâce imparfaite et profondément « réaliste ».

Bonjour, monsieur Courbet, Gustave Courbet, 1854.
Quand le quotidien prend des dimensions épiques.

représente une prostituée étalant sans pudeur sa nudité aux yeux des bourgeois est un véritable scandale en 1863.

LE RÉALISME LITTÉRAIRE

En littérature, il faut distinguer le courant officiel du réalisme, représenté par des écrivains aujourd'hui tombés dans l'oubli, notamment Jules Champfleury et Louis Edmond Duranty (1833-1880), de l'étiquette « réaliste » appliquée à des écrivains comme Gustave Flaubert ou Guy de Maupassant, qui la rejetteront sans détour. Le courant officiel est l'œuvre d'écrivains qui reprochaient au romantisme de s'être soucié davantage de rénover la forme de leurs récits que d'en approfondir le sens. Ces écrivains, inspirés par les idées de penseurs socialistes comme Pierre-Joseph Proudhon (1809-1865), se consacrent à faire des classes défavorisées un sujet digne d'intérêt, à dépeindre la vie misérable du peuple afin de conscientiser le lecteur et de transformer ainsi la société, l'enjeu étant aussi politique qu'artistique.

Ironiquement, les écrivains que l'on considère aujourd'hui comme les plus dignes représentants du courant réaliste en littérature refusaient le qualificatif, auquel ils accordaient un sens péjoratif. Flaubert voit dans le terme un appel à une vision trop matérialiste et politisée de la réalité. Il croit aussi qu'il est impossible d'être « réaliste » au sens où l'entendent les plus fervents partisans du courant, c'est-à-dire au sens d'une représentation parfaitement objective de la réalité. Maupassant, fils spirituel de Flaubert, de même que Huysmans et Zola rejetteront cette définition qui leur semble absurde et limitée. Ainsi, dans la préface à son roman *Pierre et Jean* (1888), Maupassant affirme sans ambages que :

> [l]e réaliste, s'il est un artiste, cherchera, non pas à nous montrer la photographie banale de la vie, mais à nous en donner la vision plus complète, plus saisissante, plus probante que la réalité même.

Nous dirons donc à sa suite que le réalisme consiste moins en la reproduction objective de la réalité qu'en sa représentation la plus convaincante possible. C'est pourquoi l'écrivain réaliste privilégiera la description détaillée et minutieuse du milieu dans lequel ses personnages évoluent. Il se documentera, mènera de vastes enquêtes préparatoires, à la manière d'un journaliste ou d'un historien, pour récolter tous les renseignements nécessaires à la rédaction de son œuvre.

Les sujets abordés seront semblables à ceux que les peintres retiennent : on racontera l'histoire de gens sans histoire, le quotidien des oubliés de la littérature, petits bourgeois sans envergure, artistes crève-la-faim, domestiques esseulés, paysans et ouvriers démunis, etc. Si Honoré de Balzac, Stendhal et Prosper Mérimée lui ont fourni l'idée, la génération réaliste du Second Empire la reprend à son compte, la développe et la radicalise. *Madame Bovary* (1857), de Gustave Flaubert, doit beaucoup au roman balzacien, mais là où Balzac aurait cédé à la tentation d'en jeter stylistiquement plein la vue au point de voler la vedette aux personnages de son roman, Flaubert se contient, préférant s'effacer derrière son sujet et procéder par petites touches, comme le peintre soucieux de laisser parler la réalité. *Madame Bovary,* qui raconte l'histoire sans éclat d'une femme adultère, petite bourgeoise mariée à un homme bon mais médiocre, est considéré comme le point culminant du courant réaliste. Succès de scandale tant l'œuvre est criante de vérité, le roman vaudra à son auteur d'être poursuivi pour outrage aux bonnes mœurs[1]. *L'Éducation sentimentale* (1869) et *Un cœur simple* (1877) suivront, mais sans égaler en termes d'importance le premier grand roman de leur auteur.

Plus que Flaubert encore, Maupassant se fera dans ses romans et ses nombreuses nouvelles la voix de tout un chacun, de la simple prostituée à l'aristocrate de Paris ou de province, en passant par les petits fonctionnaires, les commerçants, les paysans et les ouvriers. Loin d'opter pour l'objectivité, Maupassant cherche plutôt à faire un travail d'illusionniste, en se servant de son talent et de son expérience pour créer l'illusion parfaite de la réalité. Une nouvelle comme *Boule de suif,* tout en affichant clairement un parti pris en faveur des laissés-pour-compte de la société, offre la peinture plus vraie que nature d'un microcosme de cette société. Tout y est, du bourgeois offensé

---

1. Voir la page 256.

à la noblesse condescendante, du républicain populiste et hypocrite à la prostituée au grand cœur.

Plus ou moins oubliés de nos jours, les frères Jules et Edmond de Goncourt comptent eux aussi parmi les représentants du courant réaliste. Le roman *Germinie Lacerteux,* publié en 1865, raconte l'histoire d'une jeune femme menant la double vie d'une domestique modèle et d'une débauchée. Inspiré par l'existence de leur propre servante, le récit des Goncourt doit également beaucoup à un livre scientifique qui retiendra l'attention d'Émile Zola quelques années plus tard : *Introduction à l'étude de la médecine expérimentale,* du médecin et physiologiste Claude Bernard (1813-1878). Dans cet ouvrage s'inscrivant dans la logique positiviste[1], l'auteur élabore l'idée que l'être humain entier est soumis à un déterminisme scientifique. Autrement dit, que l'on peut décomposer, décortiquer, comprendre et prédire le comportement humain en l'étudiant d'un point de vue strictement scientifique. C'est ainsi que les frères Goncourt voient dans leur sujet la possibilité d'illustrer de manière romanesque, mais rigoureuse, un cas d'hystérie (celui de Germinie). Cette approche scientifique s'inscrit déjà dans la perspective du naturalisme.

Le naturalisme

Le naturalisme est une branche radicale du réalisme qui se propose de rapprocher la littérature des sciences exactes, plus particulièrement de la médecine, de la psychiatrie, de la génétique naissante et des théories darwiniennes sur l'évolution et l'hérédité. Son porte-parole le plus éloquent est l'écrivain Émile Zola, que ce soit à travers son œuvre romanesque *Les Rougon-Macquart* (1871-1893) ou l'ouvrage théorique *Le Roman expérimental* (1881), titre emprunté à l'œuvre de Claude Bernard évoquée plus haut.

« J'ai simplement fait sur deux corps vivants le travail analytique que les chirurgiens font sur des cadavres », écrit-il déjà, en 1868, dans la préface à son roman *Thérèse Raquin.* Il parle évidemment de

---

1. Voir la page 226.

ses personnages, qu'il tente de considérer d'un point de vue scientifique, encouragé par le positivisme triomphant et par la théorie hippocratique des tempéraments[1]. Zola, comme les frères Goncourt, croit que tous les aspects de la vie sont scientifiquement prédéterminés. Par exemple, la rencontre d'un homme de tempérament « sanguin » et d'une femme « lymphatique » (les deux personnages principaux de *Thérèse Raquin*) ne peut produire qu'un certain résultat, c'est-à-dire ce que Zola leur fait vivre dans son roman. À ce déterminisme scientifique s'ajoute un déterminisme social qui rend l'être humain prisonnier de son milieu. Limités par leur manque d'éducation, sans perspectives d'avenir, les paysans et les ouvriers de Zola sont de véritables « bêtes humaines », nouveaux serfs d'un monde industrialisé dominé par la bourgeoisie, elle-même prisonnière de son étroitesse d'esprit, de la morale et de la religion.

Sous la plume de l'écrivain naturaliste, le libre arbitre n'est plus qu'une illusion, car la science sera capable, un jour, de montrer comment nos « choix » sont en fait le pur produit de la physiologie. Formé comme journaliste, Émile Zola encourage aussi les écrivains à suivre une méthode héritée à la fois de ses lectures scientifiques et de son expérience professionnelle : documentation, observation, analyse. À la manière d'un homme de science, le romancier naturaliste (un terme que Zola préfère à « réaliste ») doit **documenter** à fond le milieu dans lequel évolueront ses personnages, pour mieux **observer** ces derniers et **analyser** leurs comportements à la manière d'un scientifique. À noter que la photographie, apparue depuis peu, aide bon nombre d'écrivains naturalistes à documenter avec plus de précision l'univers au centre de leur œuvre. En même temps qu'elle bouleverse le monde de la peinture, en poussant les peintres à se réinventer et à remettre en question leur rôle en tant qu'artistes, la photographie devient ainsi la mémoire fidèle de l'écrivain, qui peut s'y référer à loisir tout au long de son processus de création.

---

1. Hippocrate (vers 460-vers 370 avant J.-C.) a formulé la théorie des tempéraments, selon laquelle tout être humain appartient à l'un ou l'autre des quatre tempéraments suivants : nerveux, bilieux, sanguin, lymphatique. La théorie d'Hippocrate a été reprise par la psychologie traditionnelle, dont Zola et Maupassant sont des adeptes.

Enthousiasmé par ses convictions et par l'œuvre de Balzac, avec lequel il partage l'opinion que le romancier réaliste doit montrer l'influence du milieu sur les personnages, Émile Zola emprunte à l'auteur de *La Comédie humaine* le principe de la fresque romanesque pour raconter l'histoire naturelle et sociale d'une famille vivant sous le Second Empire : *Les Rougon-Macquart* (1871-1893). Cette œuvre monumentale, constituée de 20 romans unis par le retour de personnages, est considérée aujourd'hui comme le chef-d'œuvre du naturalisme.

L'intérêt général pour la science, déjà évoqué, fait de Zola un esprit bien de son temps. Aussi n'est-il pas surprenant qu'il soit parvenu à rallier, pendant un temps, de nombreux écrivains, dont Guy de Maupassant (lui-même chroniqueur et journaliste), les frères Jules et Edmond de Goncourt, Alphonse Daudet et Joris-Karl Huysmans. Ces auteurs, parmi les plus importants de leur époque, se réuniront à quelques reprises dans la propriété d'Émile Zola à Médan, afin de partager leurs points de vue respectifs et leur expérience. De ces rencontres résultera un recueil collectif de nouvelles, intitulé à juste titre *Les Soirées de Médan* (1880), recueil qui renferme les récits *Boule de suif* de Maupassant et *Sac au dos* de Huysmans.

Le naturalisme, tout comme le réalisme avant lui, n'aura pas que des adeptes. On reprochera à Zola d'avoir, en éliminant le libre arbitre, promulgué une vision bestiale de l'être humain, réduit ni plus ni moins à l'état de mécanique. Le portrait peu flatteur que proposent Maupassant et Huysmans de la société et, plus particulièrement, de la bourgeoisie, en fait des écrivains particulièrement critiques de leur temps. Du même coup, ils deviennent des auteurs dérangeants aux yeux de la bourgeoisie bien pensante. Cette réputation scandaleuse qu'acquièrent les naturalistes, semblable à celle des réalistes avant eux, est pourtant la marque de leur réussite. S'opposant d'abord au romantisme, devenu désuet et désincarné, le réalisme puis le naturalisme sont avant tout des courants contestataires qui ont su utiliser des armes bien de leur temps (la science, la photographie) pour promouvoir leur vision avant-gardiste et controversée de la société et de leur art.

LES AUTEURS ET LES ŒUVRES

Honoré de Balzac (1799-1850)

BIOGRAPHIE

Honoré de Balzac naît à Tours, en France, dans une famille de la petite bourgeoisie. En 1807, il est placé comme pensionnaire au Collège de Vendôme, une expérience qui lui laissera un goût amer. Confiné dans une grande solitude, presque abandonné par sa mère qui lui préfère un fils illégitime, Balzac ne retrouve sa famille que lorsque celle-ci s'installe à Paris, en 1814.

Cinq ans plus tard, il renonce à la carrière de notaire à laquelle sa mère le destinait et déclare à ses parents qu'il souhaite devenir écrivain. Avec leur permission, il s'installe dans un modeste appartement où il entreprend la rédaction d'une pièce de théâtre, *Cromwell*. La pièce est un échec cuisant, et Balzac se tourne alors vers le roman, dont il apprend à maîtriser les rouages dans l'anonymat, préférant publier le produit maladroit de ses premiers efforts sous divers pseudonymes.

En 1825, son incursion dans le monde de l'imprimerie (dont il pressent l'expansion) le laisse endetté pour la vie, situation qui ne l'empêchera toutefois pas de demeurer jusqu'à sa mort un dépensier impénitent.

Dandy, homme du monde, bourreau de travail et monarchiste convaincu, Balzac trouve finalement le succès avec sa *Physiologie du mariage* (1826), petit essai plaisant sur la vie conjugale, et le premier roman signé de son nom : *Le Dernier Chouan* (1829). Dégoûté par la monarchie de Juillet, il publie en 1831 *La Peau de chagrin*, roman fantastique et critique sociale féroce qui achève d'en faire un auteur à la mode.

Deux ans plus tard, une soudaine illumination le lance dans le projet le plus ambitieux de sa carrière : construire une immense fresque romanesque capable de synthétiser toute son époque et dont chaque roman serait plus ou moins lié aux autres par le retour de personnages. Cette fresque, Balzac l'entame avec *Le Père Goriot* (1835) et lui donne le titre de *Comédie humaine*. Sans plus tarder, il fait le plan de cette impressionnante cathédrale littéraire : plus de 130 romans à écrire, classés en différentes catégories (études philosophiques, scènes de la vie privée, scènes de la vie parisienne, scènes de la vie militaire, etc.). Il récupère bientôt ses publications antérieures pour les greffer à cette œuvre immense à laquelle il se consacre désormais corps et âme. Miné précocement par la fatigue et les multiples excès encouragés par sa nature expansive, Balzac s'éteint en 1850, à l'âge de 51 ans, après avoir écrit plus de 91 romans.

La Comédie humaine, bien qu'inachevée, n'en est pas moins l'une des fresques les plus marquantes et les plus influentes du XIXᵉ siècle. Les ambitions à la fois littéraires et scientifiques de Balzac font de lui l'un des précurseurs du réalisme.

UN ÉPISODE SOUS LA TERREUR (1830)

Un épisode sous la Terreur paraît d'abord anonymement en guise d'introduction aux *Mémoires de Sanson* (1829), une œuvre supposément écrite de la main de Charles-Henri Sanson, bourreau de Louis XVI et personnage central de la nouvelle. Ces mémoires sont en fait une supercherie littéraire dont les auteurs sont Balzac lui-même et un écrivain aujourd'hui oublié, Louis-François L'Héritier de l'Ain (1789-1852). Remaniée au cours des ans, la nouvelle est jointe à *La Comédie humaine* en 1846, où elle figure dans les « Scènes de la vie politique ».

Une œuvre de transition

Ce qui frappe d'abord en lisant *Un épisode sous la Terreur* est ce début écrit à la manière d'un récit policier[1], qui plonge le lecteur dans l'action et le mystère. Qui est cette vieille femme apeurée ? Qui la suit à cette heure tardive ? Cette manière de faire, assez efficace sur le plan dramatique, n'est pas celle à laquelle nous habituera plus tard le Balzac de *La Comédie humaine,* plus enclin à décrire longuement ses personnages et leur milieu avant de procéder au développement de l'intrigue.

Il faut dire que le récit n'a pas été conçu, au départ, pour être signé du nom de son auteur. Comme il a été dit, il s'agit d'une introduction à des *Mémoires* présentés comme l'œuvre de l'exécuteur de

---

1. Genre littéraire dont Balzac est d'ailleurs considéré comme l'un des précurseurs avec son roman *Une ténébreuse affaire* (1841).

Louis XVI, Charles-Henri Sanson. Balzac s'est même entretenu à plusieurs reprises avec le célèbre bourreau, afin de récolter la matière devant servir de toile de fond à son récit. Cette œuvre date aussi d'une époque où Balzac n'a pas encore écrit *Le Père Goriot* et commence à peine à se faire connaître. *Un épisode sous la Terreur* peut donc être vue comme une œuvre de transition, balzacienne dans sa vision royaliste de la Révolution et ses prouesses stylistiques, mais encore marquée par l'influence du roman d'aventures, un genre auquel le jeune écrivain se consacre dans les années 1820, dans l'espoir de payer une partie de ses dettes. Ce sont ces influences qui transparaissent au début de la nouvelle : atmosphère inquiétante favorisant le suspense, longue filature qui garde le lecteur en haleine, descriptions plus concises, qui servent avant tout à faire avancer l'action.

Les personnages et les thèmes

La noblesse et le clergé ont dû s'expatrier pendant la période révolutionnaire afin d'échapper à la guillotine. Ceux qui ont choisi de rester ou n'ont pu partir vivent dans la clandestinité. C'est le cas des deux religieuses et du vieux prêtre d'*Un épisode sous la Terreur,* des personnages qui nous sont présentés par le royaliste Balzac comme des victimes de la Révolution, et non comme les criminels qu'en avaient fait les républicains extrémistes. Le personnage le plus intéressant demeure toutefois le bourreau Sanson, que Balzac décrit comme une sorte de héros tragique à qui le destin aurait forcé la main. Devenu bourreau par nécessité plus que par goût, monstrueux mais non dépourvu de cœur, le véritable Sanson était connu pour ses sympathies royalistes. De son propre aveu, il avait toujours cru que les contre-révolutionnaires parviendraient à libérer le roi et Marie-Antoinette avant leur exécution. Il n'est donc pas étonnant que Balzac en fasse un personnage hanté par son crime, désireux de rendre hommage au dernier roi de la monarchie de droit divin. Ainsi, la compassion et la rédemption sont des thèmes naturellement dominants dans cette histoire initialement intitulée *Une messe*. Ce sont d'ailleurs ces thèmes qui sont mis en valeur dans la chute de la nouvelle, alors que le vieux prêtre reconnaît avec émoi l'inconnu qui avait eu « du cœur quand toute la France en manquait » (ligne 603).

Une écriture réaliste

Malgré ses thèmes religieux et son discours contre-révolutionnaire, *Un épisode sous la Terreur* annonce bien l'esthétique réaliste. La description du taudis où logent les religieux en témoigne (lignes 285 à 297). Moins poétique que photographique, elle nous renseigne sur le type de matériaux employés pour les murs et pour le toit, sur le nombre de fenêtres que l'on compte par étage et sur la rampe très sommaire de l'escalier. Cette description est le fruit de l'observation du passant immobile, qui prend le temps d'étudier la maison dans ses moindres détails, d'un œil détaché. La description de la chambre, à l'heure de la messe, est également de facture réaliste. À travers le regard de Sanson, qui la découvre en même temps que le lecteur, Balzac nous fait part de ce qui confère à l'endroit cet air « profane et saint tout à la fois » (ligne 399). Enfin, la description minutieuse de la célébration (lignes 424 à 450) achève de donner son ton réaliste au récit.

ÉTUDE DE FEMME (1830)

Étude de femme est publiée pour la première fois en 1830 dans le magazine *La Mode*. Incorporée d'abord aux « Scènes de la vie parisienne » de *La Comédie humaine* en 1839, elle est reclassée parmi les « Scènes de la vie privée » en 1842.

Le modèle du récit balzacien

Si *Un épisode sous la Terreur* est une nouvelle construite à la manière d'un récit policier ou d'aventures, qui s'écarte donc en cela du modèle du récit balzacien, *Étude de femme*, malgré sa brièveté, contient la plupart des caractéristiques que l'on retrouve dans les œuvres ultérieures de l'auteur : description substantielle des personnages principaux, de leur milieu et de leur époque, apparition de personnages récurrents de *La Comédie humaine* (Eugène de Rastignac, Horace Bianchon, la marquise de Listomère), approche analytique du sentiment amoureux et de la vie mondaine, étalage de références historiques et d'un savoir encyclopédique.

Le titre

Dans le domaine des arts graphiques, le mot « étude » est synonyme d'« esquisse » ou d'« ébauche ». *Étude de femme*, sous la plume

d'un peintre, désignerait par exemple un portrait de femme pré-
paratoire à un tableau, à une œuvre plus achevée. Cette interpré-
tation du titre est justifiée par la brièveté du récit, qui confère
au portrait de la marquise de Listomère l'allure d'une esquisse, d'un
portrait « rapide ». Dans les domaines littéraire et scientifique, le
mot « étude » renvoie plutôt à un travail analytique et critique. C'est
ce sens qu'il faut privilégier ici, puisque le court récit de Balzac se
propose non seulement de dresser, à travers le portrait de la marquise, celui de toutes les femmes du même type (la femme mariée et
mondaine), mais aussi d'analyser les règles de séduction à travers les
fautes que le jeune Rastignac commet à cet égard. C'est donc surtout
sous un angle « scientifique » qu'il faut considérer ce titre annonçant
bien la couleur réaliste du récit.

La narration

Le narrateur d'*Étude de femme* n'est ni omniscient, ni même
externe. Il s'agit en fait du médecin Horace Bianchon, l'un des personnages de l'histoire. Ce narrateur interne ne s'exprime cependant que
très rarement à la première personne, se contentant le plus souvent
du rôle d'observateur rapportant les faits à la troisième personne du
singulier. Ce choix de la part de Balzac est judicieux : le caractère sub-
jectif de la narration est rapidement éclipsé par l'usage de la troisième
personne, mais aussi par la formation scientifique du personnage-
narrateur, qui confère plus de poids à ses observations et à ses réflexions.
Qui de mieux placé que le médecin personnel de la marquise pour
faire le portrait psychologique de cette dernière ? Comment ne pas
croire aux propos presque anthropologiques de ce narrateur habitué
à observer les faits plutôt qu'à faire l'étalage de ce qu'il ressent ? Balzac
donne ainsi à une narration subjective l'aspect et la crédibilité d'une
narration objective. Ce tour de force procure son ton réaliste au récit.

Les personnages et les thèmes

Au personnage-narrateur d'Horace Bianchon, somme toute assez
terne et effacé, Balzac oppose le pétillant Rastignac, jeune homme
monté à Paris pour y faire fortune et qui apparaît déjà dans *La Peau
de chagrin* (1829), l'un des premiers succès littéraires de son auteur.
Personnage phare de *La Comédie humaine*, Rastignac appartient à la

race des ambitieux, race qui occupe une place importante dans les « Scènes de la vie parisienne ». La marquise de Listomère est également un type, celui de la femme fausse ou de la poseuse, mondaine « bien mariée » qui s'est composé un masque de femme vertueuse, afin de mieux séduire son entourage. Autre personnage récurrent de *La Comédie humaine,* elle permet à Balzac d'illustrer le principe de cristallisation emprunté à Stendhal (*voir la page 234*). Ce principe est l'un des thèmes principaux de la nouvelle, auquel on ajoutera ceux de la séduction et de la vie mondaine. Portrait analytique d'un personnage féminin tout en retenue, étude du « code » de l'amour, récit d'apprentissage (puisque Rastignac apprendra à ses dépens à lire le cœur des femmes), tableau de la vie parisienne, ce court récit de Balzac est un aperçu « en petit » de la grande *Comédie humaine.*

Stendhal (1783-1842)

BIOGRAPHIE

Stendhal (de son vrai nom, Henri Beyle) voit le jour à Grenoble dans une famille bourgeoise. Après avoir perdu sa mère à l'âge de sept ans, il doit souffrir la double tyrannie de son précepteur (l'abbé Raillane) et de son père. Son aversion pour l'abbé s'étend alors à la religion au grand complet, aversion qui deviendra l'un des thèmes principaux de son œuvre.

En 1799, il monte à Paris pour passer l'examen de l'École polytechnique, mais renonce finalement à se présenter. Déçu par la capitale, il y tombe malade, puis devient sous-lieutenant dans l'armée de Napoléon, participant ainsi à la campagne d'Italie (1800). De retour à Paris, il mène une existence précaire, tentant de faire sa place au soleil dans le commerce, le milieu littéraire ou par l'entremise des femmes. À partir de 1810, il fait partie de l'administration de l'Empire et participe aux guerres napoléoniennes. C'est ainsi qu'en 1812 il est témoin, à Moscou, du grand incendie qui ravage la ville à la suite du passage de l'armée de Napoléon.

Après la chute de l'Empire, Stendhal s'installe à Milan. L'Italie deviendra rapidement pour lui une véritable patrie d'adoption. Il avait d'ailleurs déjà entrepris une *Histoire de la peinture en Italie*

en 1812, mais avait perdu le manuscrit lors de la retraite de Russie[1].
En 1818, il travaille à une biographie de Napoléon quand il est saisi
d'une passion sans précédent pour Mathilde Dembowski, qui ne le lui
rend guère. S'intéressant aux mécanismes du sentiment amoureux, il
publie alors *De l'amour* en 1821. La même année, accusé de sympa-
thiser avec les *carbonari*[2], il est chassé de Milan.

De retour à Paris, au bord de la faillite à la suite de la mort de son
père, Stendhal fréquente le milieu littéraire. Il y fera la connaissance
de Prosper Mérimée, avec qui il se lie d'une amitié durable. Il publie
également des articles, des essais (*Racine et Shakespeare*, 1823), puis un
premier roman, *Armance* (1827). La révolution de Juillet, qui se solde
par l'échec des républicains, lui inspire l'un de ses chefs-d'œuvre : *Le
Rouge et le Noir,* qui connaît un certain succès.

Il est alors nommé consul à Civitavecchia, en Italie, où il s'ennuie.
Il se distrait du mieux qu'il peut en voyageant et en écrivant. Bien des
œuvres de cette période sont néanmoins inachevées, l'auteur vivant
une crise personnelle intense. En 1836, il est de retour à Paris pour un
séjour de trois mois, mais y reste finalement trois ans, années au cours
desquelles il rédige la plupart des nouvelles du recueil posthume
Chroniques italiennes (1855). En 1839 paraît enfin un autre grand
roman : *La Chartreuse de Parme.*

Stendhal meurt dans son sommeil trois ans plus tard, victime
d'une crise d'apoplexie.

SAN FRANCESCO A RIPA

On connaît peu de chose sur l'origine de *San Francesco a Ripa.*
Stendhal l'a écrite en 1831, mais elle ne sera publiée pour la première
fois, dans *La Revue des deux mondes,* qu'en 1853, soit plus de dix après
sa mort. L'auteur prétend traduire l'œuvre d'un chroniqueur italien, mais il est plus probable que le récit entier soit de son invention
puisque, encore aujourd'hui, il semble impossible de retrouver la
source dont il se serait inspiré. Longtemps négligée et éclipsée par les
œuvres majeures de l'écrivain, *San Francesco a Ripa* est jointe au recueil

---

1. Retraite de Russie : en 1812, l'armée napoléonienne battit en retraite devant l'armée
   et l'hiver russes.
2. *Carbonari* : républicains italiens.

Chroniques italiennes en 1947. Ce recueil, créé par le cousin de Stendhal dès 1855, rassemble des récits ayant l'Italie pour cadre et s'inspirant pour la plupart de vieux manuscrits italiens.

Le titre

Le titre choisi par Stendhal renvoie de façon évidente à son amour de l'Italie et de ses beaux monuments (San Francesco a Ripa est une église romaine du XVIIᵉ siècle). Il est également en lien direct avec la fin du récit, puisque c'est dans cette église que se réfugiera temporairement Sénécé. Mais surtout, et de manière plus intéressante, il reflète la volonté de l'auteur de montrer à quel point le milieu influe sur le caractère. Cette idée, en vogue et particulièrement prisée par les écrivains réalistes, est au centre de la nouvelle de Stendhal. L'église est donc un symbole, celui de la culture et du milieu auxquels appartient la Campobasso, environnement dont découle sa manière excessive et meurtrière d'aimer.

La chronique réaliste de Stendhal

L'histoire se déroule en 1726, au début du siècle des Lumières. Bien que Stendhal semble davantage souhaiter faire le portrait psychologique de ses personnages que procéder à une reconstitution historique élaborée, il prend soin de baser son récit sur le contexte de l'époque. Cela est d'abord justifié par le fait qu'il prétend s'inspirer d'un chroniqueur italien. Pour rendre la supercherie crédible, il lui faut jouer le jeu jusqu'au bout. L'histoire aurait donc eu lieu à Rome, sous Benoît XIII, un pape vertueux manipulé par son neveu, le prince Campobasso. En France, c'est l'époque de la Régence, une période de décadence dominée par Philippe d'Orléans. Ces quelques détails sont d'une grande importance, puisque Stendhal se consacre ensuite à opposer deux personnages représentatifs du milieu social et culturel dont ils sont issus : la nièce vertueuse du pape (la Campobasso) et le fils libertin d'une maîtresse du régent (Sénécé). Portrait de deux amoureux, de deux cultures contrastées, mais aussi de deux sociétés à un moment de leur histoire où elles sont politiquement et religieusement opposées, *San Francisco a Ripa* est une nouvelle dont les ambitions réalistes sont à la fois d'ordre psychologique et ethnographique. Si Sénécé et la Campobasso ne perçoivent et ne vivent pas l'amour de la même manière, tente de nous prouver Stendhal, c'est avant tout parce qu'ils sont issus de deux milieux bien différents.

L'anthropologie de l'amour

Décrit par Stendhal comme un « échantillon parfaitement exact » (ligne 61) de la France, Sénécé est bon, gai et courageux, mais il est également étourdi, léger, inconstant et vaniteux. Ces deux derniers défauts président selon l'auteur à la manière d'aimer des Français, du moins avant que les événements sanglants de la révolution de 1789 ne viennent les priver de leur légèreté. Les lignes 71 à 74 du récit nous font en effet comprendre qu'une relation amoureuse ne perdure, dans la France insouciante de l'Ancien Régime, que si l'amoureux craint pour son orgueil. Les Français sont naturellement légers et volages, nous dit Stendhal, et Sénécé en est la preuve flagrante. À l'amour évanescent du jeune homme, l'écrivain oppose rapidement la profondeur des sentiments de la Campobasso. Sévère, mais sincère, la nièce du pape ne vit que pour se savoir aimée. Comme toutes les âmes entières et passionnées, elle n'a pas de demi-mesures : elle aime à en mourir ou hait à en tuer. Lorsqu'elle découvre que Sénécé ne l'aime plus, elle voit son propre amour remplacé par la haine et la soif de vengeance. Ce moment crucial, brillamment souligné par Stendhal (ligne 152), mène directement au dénouement tragique du récit.

Que l'on soit d'accord ou non avec les assertions parfois un peu caricaturales de Stendhal, l'approche de l'auteur tient beaucoup moins du romantisme, alors en vigueur, que du réalisme. Les prétentions ethnographiques, la finesse du portrait psychologique des deux personnages, la précision des références historiques en témoignent.

Prosper Mérimée (1803-1870)

BIOGRAPHIE

Prosper Mérimée naît à Paris dans une famille bourgeoise. Son père est un peintre reconnu et un professeur de dessin à l'École polytechnique. Sa mère est portraitiste et enseigne également le dessin. Tous deux sont athées, et le jeune Mérimée ne sera pas baptisé. Il grandit plutôt en contact étroit avec le milieu artistique.

À 15 ans, Mérimée maîtrise l'anglais, qu'il pratique avec les élèves de sa mère venus d'Angleterre. En 1819, il entame des études en droit sur les conseils de son père mais, sous l'influence de sa mère, il s'intéresse bientôt à la littérature anglaise, en vogue chez les romantiques. Il entreprend alors l'écriture d'une tragédie (*Cromwell*) et fréquente Alfred de Musset, Victor Hugo et Stendhal, avec lequel il se lie d'une solide amitié.

Sa carrière débute vraiment en 1825 lorsqu'il conçoit l'idée d'une mystification littéraire : il invente de toutes pièces une comédienne espagnole du nom de Clara Gazul, dont les œuvres viennent supposément d'être traduites par un certain Joseph Lestrange. Ainsi paraît *Le Théâtre de Clara Gazul*, recueil de six pièces qu'il fait passer pour l'œuvre de la brillante comédienne. Le livre connaît un grand succès, et plusieurs journalistes tombent dans le piège jusqu'à ce que *Le Globe* (journal pour lequel travaille l'auteur) dénonce la mystification.

Menant une vie de dandy, Mérimée fait quelques voyages en Angleterre et, en 1827, rencontre Émilie Lacoste, qui devient sa maîtresse. La même année, il publie *La Guzla* (anagramme de Gazul), prétendu recueil de chants populaires traduits par l'imaginaire Hyacinthe Maglanovitch. Encore une fois, il réussit le tour de force de berner la presse et le public. En 1828, Mérimée est blessé en duel par le mari de sa maîtresse et commence à écrire les nouvelles qui le rendront célèbre.

Membre du Cénacle de Victor Hugo en 1829, passionné d'histoire, Mérimée surprend agréablement la critique en publiant *Chronique du règne de Charles X*, ouvrage traitant des guerres de religion à la Renaissance. *Mateo Falcone*, *Tamango* et *L'Enlèvement de la redoute* comptent au nombre des nouvelles publiées dans la foulée, la même année.

La prochaine décennie se révélera étonnamment prospère pour le jeune auteur. Il entre en effet, dès 1831, dans la haute administration de la monarchie de Juillet et, en 1834, devient inspecteur général des monuments historiques, poste qui lui permet de combiner deux passions : l'archéologie et les voyages. La même année, il publie sa première nouvelle fantastique : *Les Âmes du purgatoire*, suivie bientôt de *La Vénus d'Ille* (1835), que plusieurs (dont lui-même) considèrent comme son chef-d'œuvre.

Il est reçu à l'Académie française en 1844 et publie *Carmen*, une nouvelle que popularisera plus tard (1875) le compositeur Bizet en l'adaptant pour l'opéra. En 1845, il apprend le russe et devient le traducteur des œuvres de Pouchkine. Son émouvant *H.B.*, publié en 1848, est un hommage à son ami Stendhal, décédé en 1842.

Atteint de graves problèmes respiratoires à partir de 1856, Mérimée continue malgré tout à voyager et se lie d'amitié avec l'empereur Napoléon III, avec qui il projette même d'écrire une *Histoire de Jules César*. Par le fait même, il devient une des cibles de Victor Hugo, alors en exil politique (« Le paysage était plat comme Mérimée », dira Hugo à son retour). Profondément secoué par la chute du Second Empire et la débâcle de la guerre franco-prussienne, affaibli par son asthme, Prosper Mérimée meurt à Cannes, le 23 septembre 1870.

Mateo Falcone

Mateo Falcone, de Prosper Mérimée, est une nouvelle parue d'abord dans le premier numéro de la *Revue de Paris* (mai 1829). Le titre initial de la nouvelle, *Mœurs de la Corse*, révèle d'emblée le paradoxe de sa genèse : ce récit fidèle et réaliste de la Corse et du caractère de ses habitants est rédigé à partir de connaissances purement théoriques, puisque l'auteur ne visitera la Corse que 10 ans plus tard. Pourtant, la lecture du court récit laisse l'impression d'un réalisme vif, malgré la peinture rapide des personnages et des lieux. Ce n'est pas un hasard. L'auteur s'est inspiré de nombreuses sources pour raconter une histoire d'honneur qui fait écho à plusieurs autres du même type. En effet, en 1826, une série d'articles sur l'honneur et l'hospitalité corses paraît dans *Le Globe*. On y parle du maquis, des voltigeurs, des bandits, bref de tout ce qui constitue la couleur locale de *Mateo Falcone*. Qui plus est, le récit d'une trahison en tout point semblable à celle de cette nouvelle est présenté dans *Noblesse d'âme d'un Corse*, tirée du *Voyage en Corse et vues politiques sur l'amélioration de cette île*, de l'abbé Gaudin (1787). Finalement, la transposition du personnage du délateur sur celui d'un jeune garçon semble bel et bien inspirée de la nouvelle *La Délation punie* (*Novelle Storiche Corse*, 1827) de Francesco Ottaviano Renucci, dans laquelle un jeune pâtre affronte courageusement un père courroucé qui le mettra à mort pour avoir sali l'honneur familial.

Le réalisme de Mérimée

Outre sa fascination pour le Moyen Âge et ses monuments, Mérimée partage assez peu de points communs avec les romantiques. Comme Stendhal, il leur reproche leur sentimentalisme et leurs débordements de toutes sortes. Si Mérimée décrit donc assez souvent la vie de personnages au tempérament passionné et débridé, il le fait sans excès, dans un style sec et avec une grande économie de moyens. Cela l'amène tout naturellement à privilégier la nouvelle, un genre dans lequel il excelle et où ces caractéristiques sont des atouts.

C'est pourquoi on considérera souvent Mérimée comme un précurseur du réalisme. Écrivain sachant s'effacer derrière son sujet, soucieux des faits plutôt que des opinions, artiste prédisposé par sa sensibilité à une approche plus « clinique » de la littérature, l'auteur de *Mateo Falcone* détonne dans le paysage romantique et annonce en cela le réalisme de Flaubert et de Maupassant.

La couleur locale

Dans *Mateo Falcone,* le premier souci de Mérimée semble être de transporter le lecteur en Corse par l'évocation de sa couleur locale. Ainsi, les toutes premières lignes du récit donnent-elles l'impression d'être tirées d'un prospectus touristique ou d'un article encyclopédique sur la Corse. On y situe géographiquement le lecteur, on y décrit les dénivellations du terrain et on y trouve évoqué un élément particulièrement caractéristique de la région : le maquis (ligne 1 à 6). Puis, Mérimée poursuit sur sa lancée en décrivant le travail du laboureur et en faisant allusion au mouflon, animal typique de la région. L'ajout de notes de bas de page tout au long du récit permet également de renseigner le lecteur sur certains mots de vocabulaire et expressions exclusifs à l'endroit, tout en donnant au texte de fiction l'allure d'un traité ou d'un reportage.

Une implacable étude de mœurs

Comme Stendhal se proposait de faire l'analyse des mœurs amoureuses italiennes dans *San Francesco a Ripa,* Mérimée s'emploie à décrire le code d'honneur des Corses dans sa nouvelle. Véritable étude de mœurs à cet égard, *Mateo Falcone* est surtout remarquable par le caractère objectif de sa narration. Aux multiples détails et faits documentant le milieu et le caractère des personnages s'ajoute le refus net de l'auteur de juger ses personnages, et ce, malgré la nature répréhensible de leurs actions. Jamais Mérimée n'intervient dans son récit pour commenter d'un point de vue moral la faiblesse de Fortunato devant la tentation ou la décision de Mateo de tuer son propre fils. Réduit à l'état d'observateur attentif, le narrateur se contente de montrer comment l'enchaînement des faits mène droit à la chute du récit, d'autant plus tragique qu'elle semble parfaitement inévitable. Voici la « réaction chimique » produite par tel comportement dans tel lieu, en telles circonstances, semble nous dire Mérimée, qui ne se permet même pas la distance ironique qu'il s'autorise habituellement dans d'autres nouvelles. Cette froideur de la narration convient évidemment bien au sujet, puisqu'elle évoque directement la froideur et l'intransigeance du père envers son fils, mais elle apporte surtout au récit son caractère profondément réaliste. Mécanique bien huilée, récit sans pitié dont l'ultime revirement de situation est l'absence même de revirement de situation (le lecteur demeure tout simplement stupéfait devant le comportement sans appel de Mateo et le refus de l'auteur d'« embellir » sa fin), *Mateo Falcone* n'a de romantique que l'année à laquelle elle a été écrite !

Gustave Flaubert (1821-1880)

BIOGRAPHIE

Gustave Flaubert naît en Normandie dans une famille de médecins. Son père est chirurgien en chef de l'hôpital de Rouen, sa mère est fille de médecin et son frère aîné obtiendra la faveur familiale en suivant les traces de son père.

Le jeune Gustave grandit à Rouen, près de l'hôpital. Il entame ses études en 1832, au Collège royal. Avec un ami, il crée un journal littéraire nommé *Art et Progrès* dans lequel il publie ses premiers textes. En 1836, son coup de foudre pour Élisa Schlésinger, mariée et de 10 ans son aînée, le hantera toute sa vie. On en trouve l'écho dans *Mémoires d'un fou* (1838), récit autobiographique, et dans son roman *L'Éducation sentimentale* (1869). En 1839, Flaubert est renvoyé de l'école pour indiscipline, mais parvient malgré tout à terminer son baccalauréat l'année suivante.

Un tirage au sort qui le dispense de faire son service militaire lui permet d'entamer des études de droit à Paris, en 1841. Mais le jeune homme a peu de goût pour le monde des lois et préfère la vie de bohème, laissant libre cours à sa vraie passion, la littérature. Il rencontre alors l'écrivain Maxime du Camp, qui deviendra l'un de ses bons amis, ainsi que Victor Hugo.

Après une crise nerveuse importante (probablement une crise d'épilepsie), Flaubert abandonne le droit en 1844 et retourne à Rouen. Il suit bientôt sa famille dans la petite ville de Croisset, où il habitera jusqu'à la fin de ses jours. La mort de son père, en 1846, en fait l'héritier d'une fortune de 500 000 francs, argent qui lui permet désormais de se consacrer à l'écriture. Sa jeune sœur meurt la même année des complications entraînées par un accouchement. Ces deux drames qui secouent Flaubert sont plus tard tempérés par sa rencontre avec Louise Colet, qui devient sa maîtresse et avec qui il entretiendra une relation passionnée et tourmentée.

À Paris pour assister à la révolution de 1848, Flaubert est dégoûté par ce qu'il voit. Il se livrera à une critique virulente de ce soulèvement populaire dans *L'Éducation sentimentale*, roman dont il avait terminé une première version en 1845, mais qu'il remaniera profondément. En 1848 toujours, Flaubert rédige *La Tentation de saint Antoine,* texte poétique et hermétique dont il fait, sans succès, la lecture à ses amis. Plutôt que de leur obéir et de jeter son manuscrit au feu, Flaubert met provisoirement ce texte de côté. Il le reprendra en 1874.

Un voyage d'un an et demi en compagnie de Maxime du Camp lui fait découvrir une partie de l'Europe, des Balkans et du Moyen-Orient. Ce périple (1849-1851) développe en lui un goût prononcé pour l'Orient et l'exotisme, goût qui l'amènera à rédiger le roman *Salammbô* (1862, remanié en 1874) et le conte *Hérodias* (1877).

Dès son retour de voyage, Flaubert se lance dans la rédaction de *Madame Bovary,* roman de mœurs inspiré d'un fait divers normand.

S'il lui faut cinq ans pour le terminer, c'est que l'écrivain tient à travailler le style jusqu'à l'épuisement, testant le rythme et la musicalité de ses phrases en les lisant à haute voix, à la fenêtre de sa propriété de Croisset. Cette technique « du gueuloir », demeurée célèbre, sert souvent d'illustration à l'incorrigible perfectionnisme de Flaubert.

Madame Bovary paraît d'abord sous forme de feuilletons, en 1856, dans le journal *La Revue de Paris*. Sorti en librairie l'année suivante, le roman fait scandale en raison de son thème principal, l'adultère. Il vaut bientôt à Flaubert d'être poursuivi pour outrage aux bonnes mœurs par la société française du Second Empire, dominée par la bourgeoisie bien-pensante. Grâce à ses nombreuses relations et à un avocat particulièrement doué, Flaubert finit par remporter son procès, alors que Charles Baudelaire, poursuivi pour les mêmes raisons après avoir publié *Les Fleurs du mal*, perdra le sien.

La même année (1857), Flaubert se rend en Tunisie afin de compléter ses recherches et d'enrichir sa documentation au sujet de Carthage, ville au centre de son roman historique, *Salammbô*. Ce roman, qui raconte une révolte survenue au IIIe siècle avant Jésus-Christ, l'occupera jusqu'en 1862.

Devenu un écrivain célèbre, Flaubert entretient des relations mondaines avec d'illustres représentants de la société française de son temps, comme l'écrivaine George Sand (1804-1876) ou l'impératrice Eugénie (1826-1920). Il reçoit la Légion d'honneur en 1866 et prend sous son aile le jeune Guy de Maupassant, qui le considère rapidement comme son père spirituel.

Après avoir publié ses *Trois contes* en 1877, recueil qui contient la nouvelle *Un cœur simple* et obtient la faveur de la critique, Flaubert se remet à la rédaction de son roman *Bouvard et Pécuchet,* pour lequel il s'est abondamment documenté. Les dernières années de la vie de l'écrivain sont marquées par des difficultés financières et la disparition de plusieurs êtres chers. Heureusement, les encouragements de Maupassant et l'admiration de Zola, de Daudet et de bien d'autres lui donnent le courage de poursuivre son œuvre, jusqu'à ce qu'une violente hémorragie cérébrale l'interrompe subitement et définitivement, en 1880.

UN CŒUR SIMPLE

En 1875, Flaubert est en proie à l'abattement. Des difficultés finan-cières, l'échec cuisant de *L'Éducation sentimentale*, de *La Tentation de saint Antoine* et de sa pièce de théâtre *Le Candidat* minent son moral, rendant particulièrement pénible la rédaction de son nouveau roman, *Bouvard et Pécuchet*. Aussi, pour se distraite, Flaubert reprend-il la rédaction d'un conte commencé en 1844 et inspiré de la vie d'un saint, Julien l'Hospitalier. La relative aisance avec laquelle il termine son tra-vail l'incite à se lancer dans l'écriture d'un autre récit, celui-là inspiré par la région où il a grandi, ainsi que par deux idées entre lesquelles il hésite et qu'il finira par joindre : raconter l'histoire d'une servante et de son perroquet, et raconter la vie complète de la pauvre femme. Encouragé par George Sand, sa vieille amie et l'une des dernières qui lui restent après la disparition de sa mère en 1872 et de Louise Colet en 1876, Flaubert s'acharne, dans *Un cœur simple*, à montrer la misère du petit peuple à travers la détresse de Félicité. Ce deuxième conte sera suivi, en 1877, d'*Hérodias*, qui complète le recueil publié, la même année, sous le titre *Trois contes*. Il s'agit de la dernière œuvre achevée de Flaubert et de son dernier succès littéraire, après *Madame Bovary* et *Salammbô*.

Le titre

Le « cœur simple » de la nouvelle, c'est évidemment Félicité, la pauvre servante dont la vie entière se trouve résumée par cette expression. Tout comme il montre « ce qui se passe quand il ne se passe rien » dans *Madame Bovary*, un roman centré sur l'existence médiocre d'une femme emportée par son âme romantique, Flaubert cherche dans *Un cœur simple* à raconter l'histoire d'une femme aimante et mal-aimée, une de ces laissées-pour-compte de la société, presque sans voix dans la littérature jusqu'à l'apparition du réalisme. Le titre choisi par Flaubert dit tout : Félicité est une femme sans pré-tention, un personnage sincère, sans malice, mais démuni. Peu édu-quée, sans fortune, victime de sa propre bonté dans un monde où la bonté est une entrave à l'ascension sociale et à la réussite, Félicité est condamnée par sa nature et ses origines modestes à vivre à la remorque de la société.

Le perroquet de Flaubert

En bon écrivain réaliste, Flaubert prend soin de se documenter abondamment, même lorsqu'il s'agit d'un récit se déroulant sur un territoire qui lui est familier et de personnages inspirés en grande partie de gens qu'il a connus. Il se rend à Honfleur pour mieux décrire la région, il se renseigne sur la pneumonie, il fait même l'acquisition d'un perroquet empaillé, offert par le musée de Rouen. Il pose ce dernier sur sa table de travail pour mieux le décrire, pour mieux s'imprégner de l'animal et être en mesure de comprendre l'attachement de la vieille servante pour Loulou.

Sous la plume de Flaubert, le perroquet devient ainsi l'objet d'amour suprême, le compagnon de fortune d'une femme au bord du gouffre, naufragée sur l'île déserte qu'est devenue son existence minée par la résignation. Si le récit peut soudainement paraître un peu grotesque au lecteur décontenancé par cet amour excessif, il faut se rappeler que Félicité n'a rien d'une excentrique ou d'une folle. Son amour pour Loulou est nourri par la force de son désespoir et de sa solitude, qui lui font projeter sur la bête tout son besoin d'aimer et d'être aimée. En outre, comme elle, Loulou est un être abandonné, isolé, dont on se moque, et que la vieille servante a tôt fait de transformer en une figure divine.

Jamais Flaubert ne tombe dans le piège de l'observation ironique ou dans celui du sentimentalisme. En fait, l'écrivain se contente de bien préparer le terrain pour faire comprendre et ressentir toute la détresse de son personnage et son attachement progressif pour l'animal. La vie entière de Félicité semble ainsi conduire à l'inéluctable moment où la pauvre femme voit comme un miracle l'apparition d'un oiseau multicolore dans sa vie en noir et blanc.

Une écriture réaliste

Flaubert a toujours été à la recherche de la perfection formelle, que ce soit dans des écrits de grande envergure comme *Madame Bovary* ou *Salammbô,* ou dans de petits chefs-d'œuvre comme les *Trois contes*. Dès le début d'*Un cœur simple,* les mots semblent comptés, calculés, choisis méticuleusement, non seulement en fonction de leur sens, mais aussi en fonction de leur sonorité, voire de leur musicalité. Rien ne dépasse, tout est à la fois d'une importance capitale et d'une grande précision, depuis l'évocation des lieux (Pont L'Évêque, Geffosses, Saint-Melaine)

IV

Il s'appelait Loulou.

ILLUSTRATION D'ÉMILE ADAN, TIRÉE D'UNE ÉDITION
D'*UN COEUR SIMPLE*, PARUE EN 1894.

jusqu'au montant des rentes, en passant par l'énumération des corvées ménagères accomplies par Félicité. L'énumération, figure de style au cœur de bon nombre de descriptions réalistes, est naturellement privilégiée par Flaubert, qui y a recours afin de décrire la nouvelle demeure de Mme Aubain (lignes 14 à 37). La chambre de « Madame », le portrait de « Monsieur », les couchettes d'enfant sans matelas, le salon fermé aux meubles recouverts de draps, tous ces détails servent à peindre l'intérieur de la demeure d'une femme d'un certain âge, dont l'essentiel de l'existence est derrière elle et qui vit parmi ses souvenirs. Comme Balzac avant lui, Flaubert montre ainsi comment le milieu influe sur le caractère. Mme Aubain est la digne représentante de la bourgeoisie et tout, dans sa maison, parle d'elle, autant que sa propre personne parle de sa demeure.

Sa description de Félicité est également éloquente. Vieillie avant l'âge, en raison de son mode de vie et de sa malchance, elle ne ressemble plus, dans la cinquantaine, qu'à « une femme en bois, fonctionnant d'une manière automatique ». Comment ne pas mettre instinctivement en parallèle l'évocation de cette Félicité « de bois » avec le perroquet empaillé, tous deux pauvres objets vidés prématurément de leur essence ? Flaubert ne rate aucune occasion de creuser son personnage et de nous faire comprendre, subrepticement ou non, les liens qui l'uniront un jour à Loulou.

Spécialiste du petit fait vrai, Flaubert prend également soin de se mettre dans la peau de ses personnages pour nous faire ressentir autant ce qu'ils perçoivent que la manière dont ils sont perçus : « Quant à la propreté, le poli de ses casseroles faisait le désespoir des autres servantes. » (lignes 43 et 44) Cette façon de se mettre à hauteur d'homme (ou de femme), de voir le monde et de le décrire, non pas comme lui-même le voit, mais tel qu'il est vu par ses personnages et leur entourage est un des grands talents de Flaubert, qui sait s'effacer pour renforcer le réalisme de son récit.

Guy de Maupassant (1850-1893)

BIOGRAPHIE

L'auteur de *La Petite Roque* naît en 1850, de l'union de Gustave de Maupassant, dandy irresponsable et volage, et de Laure Le Poittevin, bourgeoise de bonne famille et amie de Gustave Flaubert. Un second fils, Hervé, naît en 1856. Rapidement, les querelles de ménage entre M. et Mme de Maupassant se multiplient. Le couple se sépare en 1862, et la mère s'installe avec ses garçons à Étretat, ville normande au bord de la Manche. Très cultivée, elle initie ses deux fils à la littérature, et plus particulièrement aux œuvres de Shakespeare.

Le jeune Maupassant développe, en parallèle, le goût de la nature et l'amour de la mer. Il gambade dans les champs, se lie d'amitié avec des paysans et pratique la natation ainsi que le canot. À 13 ans, il entre à l'école ecclésiastique d'Yvetot. L'austérité de l'endroit lui déplaît rapidement, si bien que le futur écrivain ne gardera de son passage dans l'établissement qu'un dégoût prononcé pour la religion.

En 1869, Maupassant est à Paris pour entamer des études de droit. Mais la France s'engage bientôt dans la guerre franco-prussienne, et le jeune homme interrompt ses études pour s'enrôler volontairement dans l'armée. La défaite est cuisante et Maupassant se retrouve au sein d'une armée en déroute, épuisée et en piteux état. Il retirera de cette expérience le goût amer de la défaite et une vision plutôt pessimiste de la nature humaine.

Devenu fonctionnaire en 1872, il occupe un poste au ministère de la Marine, puis à celui de l'Instruction publique. Cette vie trop rangée l'ennuie et il ne s'entend guère avec ses collègues, qu'il observe d'un œil à la fois amusé et irrité. Il échappe à la médiocrité ambiante en se promenant en canot sur la Seine et en menant une vie de célibataire endurci qui n'est pas sans rappeler celle de son père. C'est que Maupassant est un séducteur-né. Multipliant les conquêtes, il finit par contracter la syphilis quelques années plus tard, en 1876.

Bien que sa vie privée soit plutôt dissolue, Maupassant a l'ambition de devenir écrivain et il travaille d'arrache-pied pour y arriver. Aidé par Flaubert, qui lit et commente tout ce qu'il lui remet, il publie sa première nouvelle en 1875, *La Main d'écorché*. Cette nouvelle ainsi que quelques autres lui permettent de s'introduire dans le milieu littéraire parisien, où il fait la rencontre d'écrivains en vue tels qu'Émile Zola. Ce dernier le convie bientôt à participer aux soirées de Médan et à l'écriture d'un recueil collectif de nouvelles centré autour du thème de la guerre. Enthousiaste, Maupassant accouche de son premier chef-d'œuvre, *Boule de suif*, une nouvelle qui achève de le faire connaître.

Le succès remporté par *Boule de suif* permet enfin à Maupassant de quitter sa vie de fonctionnaire pour entamer une carrière d'écrivain à succès. En 10 ans à peine, il publie plus de 300 contes et nouvelles ainsi que 6 romans, dont les célèbres *Pierre et Jean, Une vie* et *Bel-Ami*. L'un des rares écrivains à avoir fait fortune grâce à la littérature, Maupassant se révèle également un bon administrateur de son argent. Il prend soin de sa mère, de son frère (interné pour troubles nerveux en 1876), de ses enfants illégitimes et de leurs mères. Il se fait construire une villa, La Guillette, ainsi qu'un yacht, qu'il baptise Bel-Ami. Il est introduit dans les cercles de la grande société parisienne, qu'il fréquente et décrit avec talent dans ses nouvelles et ses romans.

En proie à des hallucinations et à des crises nerveuses, aggravées par la syphilis, Maupassant publie à cette époque des nouvelles fantastiques qui lui permettent d'aborder le thème de la folie et d'explorer le dérèglement nerveux dont il souffre. Sa mère et son frère ayant aussi été victimes de crises nerveuses, ce n'est pas un hasard si l'écrivain s'intéresse, dans ses dernières années, aux travaux du neurologue Jean-Martin Charcot (1825-1893), dont les recherches sur l'hystérie fascinent bon nombre de scientifiques et d'intellectuels (le jeune Sigmund Freud, notamment). Pour combattre le mal qui l'accable, Maupassant séjourne dans des stations thermales et a recours à des drogues, alors légales, comme l'éther et la cocaïne. La syphilis finit cependant par attaquer son cerveau et, après une tentative de suicide manquée et quelques mois d'internement, Maupassant s'éteint à 43 ans, le 6 juillet 1893.

AUX CHAMPS ET COCO

Aux champs et *Coco* sont deux nouvelles inspirées par la connaissance qu'avait Maupassant des paysans de son époque et de leur milieu. *Aux champs* paraît d'abord dans la revue *Le Gaulois* du 31 octobre 1882, puis est incorporée au recueil *Contes de la bécasse* l'année suivante. *Coco* sera publiée dans le même journal, le 21 janvier 1884, et reprise en 1885 dans le recueil *Contes du jour et de la nuit*.

Le réalisme pessimiste de Maupassant

Il suffit de lire ces deux courtes nouvelles pour se convaincre que Maupassant ne dresse pas un portrait idéalisé de l'être humain! Inspiré par sa propre expérience, mais aussi par sa lecture de Schopenhauer (1788-1860), un philosophe allemand pour qui le monde est fondamentalement mauvais, Maupassant nous présente ici deux enfants qui n'ont rien en commun avec ceux que l'on rencontre trop souvent dans les œuvres bien-pensantes de l'époque (ou d'aujourd'hui). Le Charlot d'*Aux champs* et le Zidore de *Coco* sont des monstres, l'un d'ingratitude, l'autre de cruauté. Leur monstruosité tient en partie du fait qu'il s'agit précisément d'enfants, imberbes, immatures, incapables de compassion réelle, celle que les ans développent chez l'adulte, parfois plus vite que les rides. Ils ont l'arrogance de leur âge, pourrait-on dire. Mais leur méchanceté s'explique également par l'évocation de deux autres vilains défauts: l'envie pour Charlot, qui n'accepte pas de voir le fils des voisins devenu si beau, si riche, si instruit, et l'orgueil pour Zidore, qui n'en peut plus de faire rire de lui et d'être contraint de nourrir cette vieille rosse de Coco tous les jours que le bon Dieu fait! Comme Balzac et Stendhal avant lui, et même plus qu'eux à certains égards, Maupassant est un fin psychologue, capable de créer des personnages à la personnalité complexe, monstrueusement humains pourrait-on dire, même quand il s'agit de garnements comme ceux de ses deux nouvelles.

Mais il n'y a pas que les enfants que Maupassant dépeint dans toute leur médiocrité. Que dire des d'Hubières d'*Aux champs*, décidés à s'acheter un fils comme on achète un panier de pommes au marché? Ce sont les premiers monstres de l'histoire. Mme d'Hubières s'émerveille de voir «un tas d'enfants» occupés «à grouiller dans la poussière» (lignes 33 et 34), une description qui fait frémir, parce qu'elle montre d'abord la condescendance de cette femme à l'endroit des pauvres, mais aussi parce que le vocabulaire et la tournure de la phrase semblent plus adaptés à la description de cochonnets pataugeant dans leur bourbier qu'à celle de fils et de filles de paysans.

De même, derrière la fierté orgueilleuse de la mère Tuvache de ne pas avoir cédé son fils se trouve la même envie que son fils, la même jalousie à l'égard des Vallin, qui touchent maintenant l'argent des d'Hubières et reçoivent, à la fin du récit, la visite de leur fils bien instruit. Si la mère Tuvache est si encline à « agonis[er] d'ignominies » (ligne 136) ses voisins, ce n'est pas forcément (ou uniquement) parce qu'elle est scandalisée par leur décision, mais parce qu'elle regrette secrètement la sienne. Le génie de Maupassant est, rappelons-le, de toujours présenter les multiples facettes de ses personnages, même celles qu'ils se cachent à eux-mêmes. On peut parfois trouver son pessimisme excessif, mais on ne peut lui reprocher d'avoir manqué à la vocation première de l'écrivain réaliste : peindre l'envers du décor.

De l'autre côté de la laideur

Dans l'univers de Maupassant, l'envers de la laideur est souvent moins la beauté que l'innocence. Une innocence synonyme de fragilité que l'écrivain entrevoit chez les êtres vulnérables, impuissants à faire leur chemin dans cette société où le crime est une vertu. On reconnaît un peu de cette innocence dans les quelques personnages auxquels Maupassant accorde sa faveur, comme Boule de suif, la prostituée au grand cœur de la nouvelle éponyme.

Dans *Aux champs,* aucun personnage n'est innocent, mais dans *Coco,* le vieux cheval est le symbole même de l'innocence sacrifiée. Plus qu'une nouvelle sur la cruauté envers les animaux (ce qui en fait déjà une œuvre intéressante), *Coco* montre la mise à mort de l'innocence, tuée par un enfant qui a perdu la sienne. Quant aux adultes du récit, ils ne sont pas aussi bêtes que ceux d'*Aux champs,* mais ils brillent par leur absence. Ainsi livré à l'enfant sadique, Coco devient une sorte de Christ en croix, victime impuissante de la méchanceté et de l'indifférence du monde.

La Petite Roque

La Petite Roque est une nouvelle inspirée d'un fait divers. Rappelons à cet égard que les journaux, de plus en plus populaires à l'époque, s'attirent beaucoup de lecteurs grâce à la publication de ces petits articles consacrés aux diverses infractions à la loi, du simple vol à l'étalage jusqu'au meurtre, en passant par les cambriolages et le viol. Leur popularité croissante, tout au long du xixe siècle, encouragera ainsi bon nombre d'écrivains à s'en inspirer et à publier les premiers récits policiers. *La Petite Roque,* que l'on peut qualifier de nouvelle policière, paraît d'abord en feuilleton dans le journal *Gil Blas,* du 18 au 23 décembre 1885, puis est reprise dans un recueil éponyme.

Une nouvelle policière

La Petite Roque est l'une des nouvelles les plus brutales de Maupassant. Il s'agit également d'un des premiers récits policiers dignes de ce nom, le genre ayant d'abord fait son apparition en Amérique sous la plume d'Edgar Allan Poe, puis en France avec la parution de *L'Affaire Lerouge* (1863) d'Émile Gaboriau (1832-1873).

Le viol est un sujet risqué. Jusque-là, Maupassant ne lui a consacré que quelques lignes dans une autre de ses nouvelles. Même les journaux ont tendance à se montrer prudents lorsqu'il est question de crimes sexuels. Il ne faut pas oublier que la IIIe République est essentiellement bourgeoise, catholique et bien-pensante. C'est donc l'occasion pour l'écrivain de lever à nouveau le voile sur une réalité dérangeante, très présente en France.

Nouvelle policière, *La Petite Roque* l'est surtout par sa prémisse : une jeune fille a été violée et tuée. Qui est le coupable ? Mais là où, dans l'univers de Poe ou d'Agatha Christie, l'enquête prendrait le pas sur le reste, Maupassant se détourne des lois du genre pour s'intéresser au criminel, dont il a tôt fait de nous révéler l'identité. Il s'agit d'ailleurs du premier grand revirement de situation du récit, moment décisif où le lecteur est appelé à suivre le violeur jusqu'à son suicide.

Cette façon de faire est particulièrement audacieuse et brillante, parce qu'elle nous invite à entrer dans la psyché du criminel et à voir, non pas le monstre en lui, mais l'humain. Plus brillant encore est le fait que Maupassant n'a pas à juger son personnage, puisque ce dernier, rongé par la culpabilité, le fait lui-même. La chute de la nouvelle, qui est aussi celle du meurtrier, à la fois pathétique, cocasse et étrangement touchante, est l'une des plus réussies dans l'œuvre de l'écrivain.

La nature et le naturalisme

Maupassant n'excelle pas seulement dans la peinture des caractères ou des mœurs, mais aussi dans celle de la nature. N'oublions pas son enfance normande, passée en grande partie dans les champs, dans les bois et au bord de l'eau. Dans *La Petite Roque*, les descriptions de la nature sont teintées à la fois de réalisme et de romantisme, comme si Maupassant retrouvait, dans l'amour des romantiques pour la nature, un peu du sien. Par exemple, les feuilles tombent comme des «larmes versées par les grands arbres tristes» (ligne 513). Quelques lignes plus loin, les arbres eux-mêmes pleurent dans «le silence du bois désert et vide» (ligne 518). La personnification de la nature, qui échappe à l'esthétique réaliste, nous rappelle que ni Maupassant, ni Flaubert et ni Zola n'adhéraient à l'idée d'une œuvre parfaitement objective, pas plus qu'ils ne s'opposaient radicalement au romantisme, avec lequel ils avaient grandi.

L'eau est évidemment bien présente dans *La Petite Roque*, puisque la pauvre enfant a été violée près d'un bassin de la Brindille, ce cours d'eau qui représente la force vitale, la vie elle-même qui emporte tout sur son passage. Cette symbolique de l'eau est moins romantique, ou même réaliste, que naturaliste. Tout comme le pauvre corps décomposé de Coco a nourri la terre et a fait pousser l'herbe, les morceaux de cervelle du meurtrier et un filet de sang sont emportés par la Brindille, qui n'arrête pour personne. La nature domine l'homme, tout comme l'homme, dominé par sa propre nature, est soumis à un déterminisme inattaquable.

L'influence du fantastique

Bien que *La Petite Roque* ne soit pas une nouvelle fantastique, on y trouve néanmoins la trace de ce genre consacré au surnaturel. Ce qui empêche le récit de Maupassant d'être réellement fantastique est que nous acquérons rapidement la certitude que la présence du fantôme de la petite Roque n'est que le fruit de la culpabilité du meurtrier. Ces «apparitions» sont en d'autres mots l'expression du mal qui le ronge, mal dont il est le seul responsable et qui le torture jusqu'à le rendre fou. Cette certitude fait du fantôme de la petite Roque une pure hallucination, d'autant plus que Maupassant, qui ne cherche pas à écrire un récit fantastique, ne nous donne aucune piste d'explication surnaturelle pour créer l'ambiguïté nécessaire à ce type de récit. Reste tout de même le recours à la figure du spectre pour illustrer l'emprise grandissante de la culpabilité sur l'esprit du meurtrier, une manière de faire empruntée à William Shakespeare (1564-1616) et à l'inventeur du fantastique psychologique, l'écrivain allemand E. T. A. Hoffmann (1776-1822). Maupassant, qui suivait déjà les traces du célèbre auteur romantique, écrira, à peine un an plus tard, *Le Horla,* chef-d'œuvre incontesté du fantastique. Nul doute que la seconde partie de *La Petite Roque* montre déjà son intérêt pour les cas d'hystérie et autres dérèglements nerveux.

Joris-Karl Huysmans (1848-1907)

BIOGRAPHIE

Joris-Karl Huysmans, de son vrai nom Charles Marie Georges Huysmans, naît le 5 février 1848 à Paris, dans une famille de petits artisans d'origine hollandaise. Son père décède huit ans plus tard, et sa mère se remarie alors à un homme d'affaires protestant.

Après des études à la pension Hortus, Georges obtient son diplôme et devient fonctionnaire au ministère de l'Intérieur, poste qu'il conservera une bonne partie de sa vie. À la même époque, il fréquente les artistes menant la vie de bohème dans les cafés parisiens et arpente les quartiers mal famés de la ville, qui le sortent de son existence trop rangée. Inspiré par ces expériences, il écrit *Le Drageoir aux épices,* recueil de poèmes en prose qu'il fait paraître à compte d'auteur, en 1874, sous le pseudonyme de Joris-Karl Huysmans.

À la même époque, il fait la rencontre d'Anna Meunier, une jeune femme qui devient sa maîtresse et avec qui il entretiendra une relation tourmentée et intermittente. Il se lie également d'amitié avec des artistes de l'avant-garde belge, tels que le peintre Félicien Rops.

Grâce à Henry Céard (1851-1924), un écrivain naturaliste de son entourage, il fait la connaissance d'Émile Zola, rencontre capitale puisque Huysmans devient, pendant un temps, l'un des plus vifs défenseurs du naturalisme. Il contribue aux *Soirées de Médan* avec la nouvelle *Sac au dos* (1880) et publie quatre romans d'inspiration naturaliste : *Marthe, histoire d'une fille* (1876), *Les Sœurs Vatard* (1879), *En ménage* (1881) et *À vau-l'eau* (1882). Comme *Sac au dos,* ces quatre romans aident à définir Huysmans comme le naturaliste du quotidien, le peintre de la routine assommante dans laquelle s'enlisent des personnages médiocres, au pathétisme parfois loufoque. Moins populaire que Zola, Huysmans réussit quand même à attirer l'attention de la critique, notamment par le biais du scandale. Certains de ses *Croquis parisiens* (1880), comme *Le Gousset,* un bref récit dans lequel il s'attarde à décrire les odeurs de la femme, choquent la société de son temps.

En 1884, la publication d'*À rebours* marque un nouveau tournant dans la vie de Huysmans. Plus symboliste que naturaliste, ce roman à propos d'un homme qui tente de contredire la nature en vivant une vie entièrement dédiée à l'artifice fait sensation auprès de l'avant-garde, mais se bute à l'incompréhension du grand public. Il marque surtout une rupture définitive avec le naturalisme, dont l'approche matérialiste avait fini par rebuter Huysmans, alors plongé dans une profonde crise spirituelle. Cette crise conduit l'écrivain à s'intéresser aux différentes sectes qui prolifèrent en France, à la fin du XIXe siècle. Le produit de ses recherches est *Là-bas* (1891), roman explorant les tréfonds de l'expression spirituelle en France et documentant de manière presque journalistique la magie noire et le satanisme contemporains.

Converti au catholicisme, Huysmans publie bientôt des œuvres à caractère religieux, comme *La Cathédrale* (1898), qui décrit les beautés artistiques de la cathédrale de Chartres, et *L'Oblat* (1903), roman consacré à la conversion de Durtal, le personnage principal de *Là-bas*. Premier président de l'Académie Goncourt en 1896, Huysmans termine son existence par la publication d'autres ouvrages à caractère religieux et vit dans la douleur extrême que lui cause un cancer de la mâchoire. Il s'éteint le 12 mai 1907, après avoir été promu au rang d'officier de la Légion d'honneur.

SAC AU DOS

Sac au dos est la contribution de Huysmans aux *Soirées de Médan* (1880), un recueil de nouvelles collectif proposé par Zola à de jeunes auteurs tels que Guy de Maupassant, qui s'était joint au mouvement naturaliste et avait participé aux rencontres littéraires organisées à la résidence de l'écrivain, à Médan. Le thème imposé du recueil est la guerre franco-prussienne. On y trouve, outre *Sac au dos,* les nouvelles

Boule de suif de Maupassant et *L'Attaque du moulin* de Zola. Des récits écrits par Henry Céard (1851-1924), Léon Hennique (1850-1935) et Paul Alexis (1847-1901), trois écrivains naturalistes plus ou moins oubliés de nos jours, y avaient aussi trouvé une place. La nouvelle de Huysmans est inspirée par son bref passage au sein de l'armée, lors de la guerre franco-prussienne.

Un naturalisme du quotidien

Si Zola se consacre souvent, à la manière de Balzac, à peindre des fresques historiques dans lesquelles le quotidien des personnages est soumis aux grands mouvements de l'histoire, Huysmans fait exactement le contraire. Dans *Sac à dos*, la guerre franco-prussienne n'est que le décor d'un récit qui met l'accent sur l'ennui et la révolte des personnages devant les rigueurs de la vie militaire. Comme Zola, toutefois, Huysmans tente de montrer comment la douleur intérieure est causée par un déterminisme physiologique des plus évidents. Le narrateur de la nouvelle souffre de dysenterie. Son incapacité à se soulager quand il le veut est la source principale de sa frustration (et une manière pour l'auteur d'introduire un peu d'humour dans son récit). La privation sur le plan alimentaire en est la deuxième. Ce naturalisme « au ras des pâquerettes », qui met l'accent sur les fonctions digestives du narrateur, est évidemment une façon pour Huysmans de montrer son désintérêt profond pour la guerre, qui passe au dernier rang des préoccupations de ses personnages, loin derrière leur envie de savourer un bon repas, de se vider convenablement les intestins et de dormir dans un lit décent ! Même le témoignage, pourtant touchant, du garçon épicier qui s'est battu au front ne parvient pas à émouvoir très longtemps le narrateur, qui ne peut supporter d'entendre répétée inlassablement la même histoire. Provocation suprême, la chute du récit ne consiste en rien de plus que le retour au bercail du narrateur, qui pourra enfin « savourer la solitude des endroits où l'on met culottes bas, à l'aise » (ligne 977).

La description chez Huysmans

Huysmans est bien connu pour son utilisation d'un vocabulaire inusité : archaïsmes, mots rares, langage argotique coloré, etc. Son roman *À rebours* poussera cette esthétique de dandy jusqu'au bout, mais elle est déjà bien présente dans *Sac au dos,* où le narrateur, un bourgeois préférant frayer avec les classes inférieures, peut aussi bien s'exprimer dans le français le plus châtié que dans l'argot prisé par la gauche populaire. «C'était un hourvari [terme littéraire] assourdissant chez les mastroquets [terme argotique] », écrit-il, par exemple, aux lignes 47 et 48. Un peu plus loin : « […] enfin vers neuf heures du matin apparaît une longue file de cacolets [terme technique] conduits par des tringlots [terme argotique militaire] » (lignes 263 et 264). Ce souci de faire parler son narrateur en fonction de son éducation, mais aussi de ses convictions et de son expérience, est bien celui d'un écrivain réaliste et révèle en cela l'influence du maître, Gustave Flaubert.

Il y a peu de trace de lyrisme sous la plume de Huysmans, dont l'approche est au contraire des plus prosaïques : «Nous roulons derechef, toute la journée. Je suis las de regarder ces ribambelles de maisons et d'arbres qui filent devant mes yeux, et puis j'ai toujours la colique et je souffre.» (lignes 351 à 353) Jamais le narrateur ne se laisse aller à la contemplation, jamais il n'oublie le mal qui l'accable et qui l'empêche de jouir plus simplement du quotidien. L'utilisation presque constante du présent de l'indicatif ajoute à ce sentiment d'urgence et vient justifier l'aspect «journal de bord» de la narration. Elle donne également au texte un caractère plus direct et plus cru que si Huysmans avait opté pour le passé simple, trop ampoulé et littéraire pour les circonstances et le tempérament de son personnage, auquel il reste fidèle.

Alphonse Daudet (1840-1897)

BIOGRAPHIE

Alphonse Daudet voit le jour à Nîmes en 1840 dans une famille catholique de la haute bourgeoisie. Des 17 enfants du couple formé de Vincent Daudet et d'Adeline Reynaud, seulement 4 survivront. Étudiant d'abord à Nîmes, puis à Lyon où sa famille s'installe après la faillite de la fabrique familiale de soierie, Daudet est ensuite contraint d'abandonner le baccalauréat et de devenir maître d'études au collège d'Alès, une situation qu'il n'apprécie guère.

Attiré par l'aventure, le jeune homme, qui a maintenant 17 ans, décide de tenter une carrière littéraire en allant rejoindre son frère Ernest, à Paris. Il vivotera péniblement pendant deux ans en rédigeant chroniques, brefs récits et autres écrits alimentaires pour divers journaux. Il réussit malgré tout à s'attirer les regards bienveillants de lettrés en publiant, en 1858, un court recueil de poésie ayant pour titre *Les Amoureuses*. Enfin, en 1860, la chance sourit à l'auteur : grâce à l'aide d'un ami, il devient le secrétaire du duc de Morny (demi-frère de Napoléon III). Sa subsistance assurée par cet emploi peu accaparant, il est en mesure de suivre les recommandations de son médecin et de voyager en Corse ainsi qu'en Algérie afin de soigner sa tuberculose sous le soleil. À la même époque, l'écrivain séjourne en Provence et redécouvre avec bonheur les paysages de son enfance. Ses voyages l'inspirent, et il se met bientôt à écrire des récits qui feront partie des *Lettres de mon moulin*, publiées de 1866 à 1869. Mais le succès n'est pas au rendez-vous, pas plus qu'il ne l'est pour son roman autobiographique *Le Petit Chose* (1868) ou pour *Les Aventures prodigieuses de Tartarin de Tarascon* (1872) et les *Contes du lundi* (1873).

Malgré ces échecs et des accusations de plagiat (dont certaines semblent fondées), Daudet ne se décourage pas et obtient un succès inespéré avec *Fromont jeune et Risler aîné*, un roman réaliste qui lui apporte gloire et fortune. À partir de ce moment, l'écrivain répète cet exploit à quelques reprises avec des récits où se mêlent réalisme, fantaisie et un humour souvent caustique, comme celui qui domine dans *La Partie de billard*. L'obtention du prix de l'Académie française pour *Fromont...* ne l'empêche pas pour autant de détester cette institution, à laquelle il consacre d'ailleurs un roman satirique en 1888, intitulé *L'Immortel*.

Marié, père de famille, écrivain à succès, Alphonse Daudet pourrait désormais mener une vie aisée si ce n'était de sa santé, qui l'abandonne peu à peu. Atteint d'une maladie de la moelle épinière, il réduit le rythme de sa production littéraire, mais parvient malgré tout à publier des recueils de souvenirs et quelques romans, parmi lesquels figure *Le Trésor d'Arlatan* (1897), l'une de ses plus belles œuvres. Au moment où éclate l'affaire Dreyfus, Daudet se révèle antisémite et partisan des antidreyfusards, s'opposant ainsi à son ami Zola, qui ne manquera toutefois pas de le pleurer à son décès, en décembre 1897.

La Partie de billard

La Partie de billard est une des nouvelles des *Contes du lundi*, paru en 1873. Ce recueil thématique de Daudet rassemble des récits ayant pour cadre la guerre franco-prussienne. En fait, c'est précisément pendant l'invasion prussienne de la France que l'auteur les rédige. Confiné à résidence dès la veille du début officiel de la guerre, en raison d'une jambe cassée (il a bêtement glissé sur l'herbe), l'auteur lit quotidiennement la déroute de l'armée française dans les journaux. Indigné par la tournure décevante des événements qui mettent la patrie en danger, le patriote en lui s'engage dans la Garde nationale le 19 septembre 1870. Des avants-postes qu'il occupe, il note soigneusement ce qui lui servira d'inspiration. Plus d'une centaine de nouvelles puiseront à cette source et seront publiées dans divers journaux dont *Le Soir* et *L'Événement,* toujours le lundi, d'où le titre du recueil. Daudet décide ensuite de les rassembler en un recueil au début de l'année 1871. Trop nombreuses, les nouvelles composeront en fait trois livres, parus successivement en 1871, 1873 et 1874 : les *Lettres à un absent,* les *Contes du lundi* et *Robert Helmont. La Partie de billard* figure dans la première section des *Contes du lundi,* intitulée « La Fantaisie et l'Histoire ».

Un réalisme mordant

La brièveté de *La Partie de billard* s'explique par le fait que Daudet l'a voulue comme un coup de poignard. Incisive, mordante et rapide comme l'éclair, elle s'attaque, sans avoir à le nommer, au maréchal François Achille Bazaine (1811-1888), qui avait été reconnu coupable de trahison et condamné à mort, au lendemain de la guerre franco-prussienne. Bazaine aurait volontairement négligé ses soldats, qui marchaient vers la défaite et crevaient de faim[1] alors que lui-même festoyait et jouait au billard en toute tranquillité. Ce comportement

---

1. Certains soldats se seraient même résolus à manger leurs propres chevaux.

indigne s'expliquerait par le fait que le maréchal avait été déçu de voir la France passer aux mains des républicains et n'était donc pas enclin à servir le nouveau gouvernement[1]. Il aurait même pactisé avec l'ennemi, afin d'essayer de sauver l'Empire. Daudet, qui rappelons-le a lui-même été soldat pendant la guerre, a évidemment une dent contre Bazaine et s'en donne à cœur joie dans sa nouvelle.

Le caractère incisif de *La Partie de billard* ne repose cependant pas uniquement sur la brièveté du récit, on s'en doute bien. Il s'explique encore plus par le ton sarcastique du narrateur, qui commence son histoire en opposant la majesté du quartier général à l'horreur du champ de bataille. « Vraie demeure princière, bien digne de porter le fanion d'un maréchal de France », écrit-il aux lignes 20 et 21. On notera tout de suite l'utilisation ironique de l'expression « bien digne », qui dénonce à la fois le mode de vie princier des maréchaux et leur comportement égoïste et méprisant, à l'image d'une certaine aristocratie. Le narrateur poursuit en multipliant les détails à propos de la beauté de la nature environnante, du calme tranquille qui règne aux abords de cette somptueuse demeure, alors que les soldats crèvent de faim, de froid et de fatigue dans les tranchées.

Daudet se moque également du bras droit du maréchal, qu'il dépeint comme un peureux et un hypocrite, prêt à perdre la partie pour ne pas froisser son supérieur, s'épargner ainsi des remontrances et être vu sous un jour favorable. « C'est ce qu'on appelle un officier d'avenir » (lignes 73 et 74), commente le narrateur avec une ironie voltairienne, afin de souligner l'à-plat-ventrisme du capitaine d'état-major.

Et que dire de cette partie de billard, vécue et décrite ironiquement comme une bataille décisive et meurtrière, alors que la véritable bataille est reléguée à l'arrière-plan, simple nuisance à la concentration des joueurs ? Toute la nouvelle repose sur une série d'antithèses semblables à celle-ci : le devoir (des soldats) et le plaisir (du maréchal), la misère (de l'armée) et l'opulence (de ses dirigeants), la mort (descriptions du champ de bataille) et la vie

---

1. Rappelons que le Second Empire est remplacé par la IIIe République, après que l'empereur eut été fait prisonnier par les Allemands (*voir la page 225*).

(descriptions de la nature aux abords du château), la gauche (les soldats miséreux) et la droite (les dignitaires bourgeois et aristo-cratiques), la défaite (de l'armée) et la victoire (du maréchal). Il faut toutefois souligner le caractère foncièrement ironique de cette dernière antithèse, puisque la défaite de l'armée est en fait celle du maréchal, tout comme sa victoire au billard marque son échec en tant que commandant de ses troupes... et en tant qu'être humain.

Une écriture antithétique

On notera enfin comment Daudet procède également de manière antithétique sur le plan du style. Il y a en effet deux styles contrastés dans *La Partie de billard* : des phrases brèves, hachurées, presque télégraphiques pour décrire l'armée et communiquer le sentiment de détresse qui anime les soldats, et des phrases longues, léchées, lyriques pour évoquer le quartier général. Il suffit de comparer les phrases suivantes pour s'en rendre compte :

> La pluie, la boue, pas de feu, pas de soupe, un ciel bas et noir, l'ennemi qu'on sent tout autour. C'est lugubre... (lignes 10 et 11)

Voilà comment le narrateur peint la situation plus que précaire dans laquelle se trouvent les soldats.

> La pluie, qui tasse là-bas de si vilaine boue sur les chemins et creuse des ornières si profondes, n'est plus ici qu'une ondée élé-gante, aristocratique, avivant la rougeur des briques, le vert des pelouses, lustrant les feuilles des orangers, les plumes blanches des cygnes. Tout reluit, tout est paisible. (lignes 34 à 38)

Voilà en contrepartie un exemple de ce style plus soigné que pré-conise Daudet pour peindre l'univers du maréchal. Cette manière de procéder est la marque des grands écrivains, qui savent comment mettre la forme (le style) au service du fond (le propos) et qui ne négligent pas de le faire. Bien que le lecteur ne remarque peut-être pas ces détails stylistiques lors d'une première lecture, ceux-ci n'en agissent pas moins sur lui en renforçant à son insu les propos tenus par l'auteur.

Émile Zola (1840-1902)

BIOGRAPHIE

Émile Édouard Charles Antoine Zola voit le jour à Paris, le 2 avril 1840. Il n'a que sept ans lorsque son père, un ancien officier vénitien devenu ingénieur, décède en laissant sa famille dans une situation financière précaire. À Aix-en-Provence, où sa famille a déménagé, le jeune homme coule des jours heureux en fréquentant son ami Paul Cézanne et en rêvant de devenir écrivain un jour. Après avoir échoué à son baccalauréat ès sciences et abandonné ses études pour travailler, Zola voit l'avenir lui sourire : il réussit à grimper lentement les échelons de la maison d'édition Hachette où il accède au poste de directeur du service de la publicité, lui qui avait commencé comme simple subalterne.

Dès 1864, Émile Zola commence à publier des romans. En 1865, il rencontre celle qu'il épousera cinq ans plus tard, Gabrielle Alexandrine Meley, et découvre la peinture réaliste d'Édouard Manet, peintre avec lequel il se lie d'amitié et qui lui présente Stéphane Mallarmé (1842-1898). En 1867, *Thérèse Raquin* est le premier succès de l'auteur. L'année suivante, le projet de sa vie germe dans son esprit : inspiré par *La Comédie humaine* de Balzac qu'il admire tant, il ambitionne d'écrire l'histoire naturelle et sociale d'une famille sous le Second Empire. Ce sera le récit des *Rougon-Macquart*. Il jette les bases de ce projet pendant la guerre de 1870, à laquelle il a le bonheur d'échapper, parce qu'il est myope et fils de veuve.

Devenu journaliste parlementaire, il publie *La Fortune des Rougon* (1871), *Le Ventre de Paris* (1873), puis *L'Assommoir* (1877), titre qui en fait désormais le chef de file du naturalisme. Son succès nourrit une notoriété grandissante qui l'aide à devenir l'ami d'autres écrivains aussi connus comme Flaubert, les frères Goncourt et Daudet. Bientôt, il reçoit de jeunes auteurs, dont Huysmans et Maupassant, dans sa coquette demeure de Médan. Ensemble, ils publient un célèbre recueil collectif de nouvelles, *Les Soirées de Médan* (1880), qui continue de faire du naturalisme le courant de l'heure.

Quelques années plus tard, sa renommée et sa fortune s'accroissent avec la parution d'autres romans qui rendent le naturalisme encore plus populaire : *Nana* en 1880, *Au bonheur des dames* en 1883 et *Germinal* deux ans plus tard. À la fin du siècle, celui que la critique a consacré grand écrivain use de son influence pour dénoncer une situation qu'il juge proprement injuste et choquante : le capitaine Dreyfus, un juif, est accusé d'espionnage pour le compte des Allemands et plusieurs, dont Zola, croient que le véritable coupable de l'affaire est le commandant Esterhazy, acquitté à l'unanimité le 11 janvier 1898. Outré, le romancier publie une lettre ouverte au président de la République dans le journal *L'Aurore*. L'article intitulé « J'accuse » dénonce vertement l'antisémitisme dont serait victime Dreyfus ; peu de temps après, Zola est accusé de diffamation par le Gouvernement. Condamné à la prison et à une amende salée de 3000 francs, Zola doit quitter une France déchirée. Il ne pourra revenir que l'année suivante, mais ses lecteurs se détournent de lui. Il est même radié de l'ordre de la Légion d'honneur et décède dans des circonstances douteuses, asphyxié par les gaz toxiques du poêle de son bureau, le 19 septembre 1902. La mort de cet auteur, qui ne laisse presque personne indifférent, demeure mystérieuse. Quoi qu'il en soit, Zola a droit à des obsèques historiques au cimetière de Montmartre. Ses fidèles amis Anatole France et Alfred Dreyfus l'honorent d'ailleurs en prononçant des oraisons funèbres.

La Mort d'Olivier Bécaille

La Mort d'Olivier Bécaille est une nouvelle que fait paraître Zola en Russie, dans *Le Messager d'Europe* de mars 1879. Elle paraîtra aussi en feuilleton dans *Le Voltaire,* dès la fin du mois d'avril, l'auteur étant pressé de la faire connaître aux Français. À l'image d'autres nouvelles de Zola, elle témoigne de la peur de la mort qui hantait le naturaliste, et plus particulièrement de la peur d'être enterré vivant. Il faut dire que, malgré les progrès de la médecine, cette peur n'était pas tout à fait injustifiée à l'époque. Une erreur de diagnostic était encore possible. C'était, entre autres, la plus grande peur de beaucoup d'épileptiques, à commencer par le célèbre écrivain russe, Fiodor Dostoïevski (1821-1881), dont les crises le laissaient dans un état cataleptique. Ce n'est donc pas à une crainte toute personnelle et non fondée que Zola s'attaque, mais à une situation cauchemardesque plausible et redoutée.

Une vision naturaliste de la condition humaine

Si *La Mort d'Olivier Bécaille* n'est pas la nouvelle naturaliste par excellence, en cela qu'elle ne jongle ni avec le thème de l'hérédité, ni avec celui de l'appartenance sociale[1], elle montre mieux que n'importe quel autre texte de Zola l'homme prisonnier de son corps, la prédominance de la condition physique d'un individu sur tout autre aspect de son existence. Voici un homme pourtant bien conscient, que l'on s'apprête à enterrer vivant! L'image, presque simpliste, parle d'elle-même. Pas question ici, pour Zola, que l'âme du malade puisse faire sentir sa présence en dépit de la situation. Pas question de profiter de l'occasion pour lancer son personnage dans une réflexion d'ordre spirituel. S'il se permet de brèves allusions à une expérience hors corps, l'écrivain demeure beaucoup plus intéressé par l'idée de montrer l'importance et la valeur du monde physique à travers la paralysie de son personnage.

Il est d'ailleurs moins question d'âme, ici, que de conscience. Réalisme et naturalisme s'opposent en effet généralement, par leur essence même, à toutes préoccupations d'ordre spirituel, qu'ils laissent volontiers au symbolisme, un courant adverse, ou au spiritisme, très populaire à la fin du XIXᵉ siècle. Si Zola n'est pas forcément athée, son univers romanesque est solidement ancré dans une vision scientifique et cartésienne de l'existence, vision au cœur de l'esthétique naturaliste de *La Mort d'Olivier Bécaille*.

Une narration interne efficace

Comme dans *Onuphrius* de Théophile Gauthier ou *L'Homme voilé* de Marcel Schwob, deux nouvelles qui abordent elles aussi le thème de la catalepsie, la crise du héros de Zola bouleverse les convenances et oblige le personnage à regarder sa vie d'un tout autre point de vue. Bien que le personnage ne sorte pas vraiment de son propre corps pour aller espionner à leur insu les membres de son entourage ou pour se voir agir avec eux, son apparence de mort l'autorise à un certain « voyeurisme » et lui permet de prendre du recul par rapport

---

1. Ces deux thèmes servant, dans l'univers zolien, d'illustrations aux déterminismes social et scientifique.

à son existence. C'est ainsi qu'il verra M. Simoneau se rapprocher de sa femme ou qu'il sera témoin de l'émotion sincère de cette dernière, au moment des préparatifs pour les funérailles. Sa paralysie totale le force également à se servir de tous ses sens avec plus d'intensité pour appréhender le réel. Il se force à écouter ce qui se passe loin de son lit, il déduit par le bruit de leur pas ou le son de leur voix l'endroit où se trouvent ses visiteurs lorsqu'ils s'éloignent de lui, etc.

Le défi était de taille : raconter à la première personne l'histoire d'un homme complètement immobile. En respectant scrupuleusement cette prémisse, Zola parvient à nous mettre complètement dans la peau de son personnage et à rendre crédible une situation qui, malgré son explication purement scientifique, pourrait paraître bien incroyable aux yeux de certains lecteurs.

Entre cauchemar et fantasme

À l'instar d'Olivier Bécaille qui est prisonnier de son corps, les personnages de l'univers zolien sont prisonniers du leur, mais aussi de leur milieu. Les mineurs de *Germinal,* par exemple, ne peuvent échapper à leur condition. Leur éducation et leur hérédité les lient à jamais au milieu ouvrier. Aussi, est-il intéressant de constater que la situation dans laquelle se trouve Olivier Bécaille aurait pu faire de ce personnage une sorte d'exception à la règle. Car ses mésaventures, comme Zola nous le montre lui-même, sont réellement pour le cataleptique l'occasion de repartir à zéro, de faire fi de toutes les attaches sociales, bref de son passé. C'est donc, potentiellement, une manière prodigieuse de se libérer de son milieu ! La victoire du personnage sur la mort, la volonté acharnée qu'il met à s'extirper de son cercueil et sa chance inouïe d'avoir été enterrée à côté d'une fosse encore inoccupée nous donnent presque l'assurance, en tant que lecteurs, d'une conclusion heureuse, d'un miracle qui en appelle d'autres. Mais Zola demeure malgré tout fidèle à son pessimisme et, dans la chute du récit, nous montre un homme défait, perdu, constatant sa propre médiocrité. Olivier Bécaille n'a pas vraiment échappé à son milieu. C'est son milieu qui lui a échappé. Privé des siens, privé de sa propre identité, voilà un homme incapable de se réinventer et qui ne fonctionne plus dès lors qu'à la manière d'un mort-vivant, fantôme épargné sans but réel par la mort, qui semble l'avoir oublié ou jugé trop insignifiant pour elle. Étrangement romantique par son désenchantement et son sentimentalisme (le héros s'est sacrifié pour le bonheur de celle qu'il aimait, après tout), cette fin demeure également fidèle au principe essentiel du naturalisme, qui fait du milieu l'habitat naturel et obligatoire de l'individu.

Zola prenant une photographie,
photographe français, XIXe siècle.

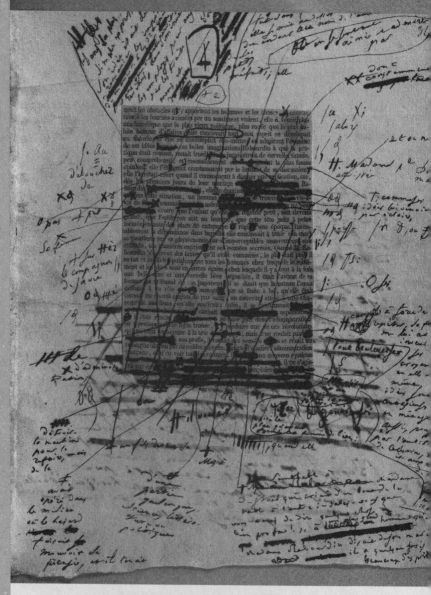

ÉPREUVE CORRIGÉE DE *LA FEMME SUPÉRIEURE*
D'HONORÉ DE BALZAC, 1837.

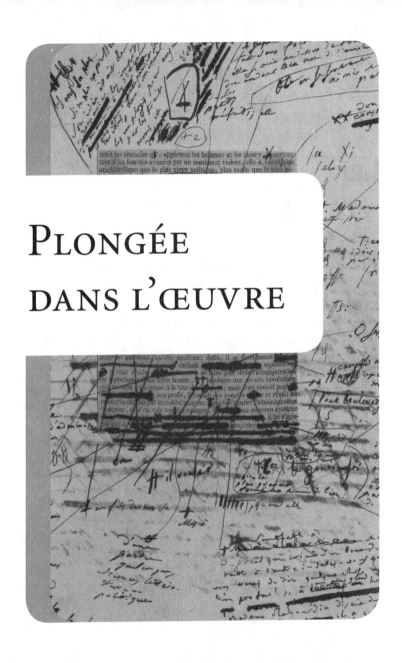

PLONGÉE
DANS L'ŒUVRE

QUESTIONS SUR LES NOUVELLES

Balzac – *Un épisode sous la Terreur* (p. 4-24)

COMPRÉHENSION

1. En quelle année le récit se déroule-t-il ?
2. Pourquoi le pâtissier est-il furieux ?
3. Pourquoi les personnages du clergé vivent-ils dans la clandestinité ?
4. Qui demande au prêtre de célébrer une messe mortuaire ? Pour qui ?
5. Que contient la petite boîte remise au prêtre par l'étranger ?
6. Qui est Mucius Scævola ?
7. Pourquoi l'étranger revient-il voir le prêtre, à la fin du récit ?
8. Pourquoi le prêtre s'évanouit-il ?

ÉCRITURE

1. Nommez le type de narration employé par Balzac.
2. Délimitez la partie de la nouvelle qui correspond à l'épilogue.
3. En quoi le passage qui se trouve aux lignes 188 à 205 est-il réaliste ?

Balzac – *Étude de femme* (p. 25-34)

COMPRÉHENSION

1. Qui est Eugène de Rastignac ? Avec qui a-t-il dansé un mois avant que le narrateur n'entame son récit ?
2. Quel lien unit le narrateur à Rastignac ?
3. Quel lien unit le narrateur à la marquise de Listomère ?
4. Qu'espère la marquise en se rendant chez le marquis de Beauséant ?
5. Résumez, dans vos propres mots, les deux premières fautes d'Eugène.
6. À qui s'adressait réellement la lettre de Rastignac ?

ÉCRITURE

1. À quoi servent les lignes constituées de points de suspension ?

2. Quelle figure de style trouve-t-on entre les lignes 1 à 5 ? En quoi cette figure de style caractérise-t-elle le style réaliste de Balzac ?

3. Quel autre écrivain réaliste est mentionné par Balzac dans cette nouvelle ?

Stendhal – *San Francesco a Ripa* (p. 35-49)

COMPRÉHENSION

1. À quelle époque le récit se déroule-t-il ? Sous quel pape ?
2. Quel lien unit la comtesse Orsini et la princesse Campobasso ? Quel lien unit ces deux jeunes femmes au pape ?
3. Pourquoi la Campobasso est-elle loin de regretter son Espagnol ?
4. Décrivez le caractère de Sénécé.
5. Quel est le premier obstacle que Sénécé a rencontré dans sa vie ?
6. Comment monsignor Ferraterra compte-t-il devenir cardinal ?
7. Quelle étonnante et menaçante surprise attend Sénécé dans l'église San Francesco a Ripa ?
8. Comment Sénécé est-il tué ? Par qui ?

ÉCRITURE

1. En quoi l'incipit correspond-il au genre de la chronique ?
2. Quel genre de monologue Stendhal privilégie-t-il dans cette nouvelle ? À quelles fins ?

Mérimée – *Mateo Falcone* (p. 50-63)

COMPRÉHENSION

1. Comment est décrit le personnage de Mateo Falcone en début de nouvelle ?
2. Comment Mateo Falcone a-t-il fini par épouser sa femme ?
3. Pour quelle raison Fortunato se retrouve-t-il seul à la maison familiale ?
4. Pourquoi Gianetto Sanpiero dit-il à Fortunato que ce dernier n'est pas le fils de Mateo Falcone ? (ligne 102)

5. Qu'est-ce qui embarrasse Tiodoro Gamba et le pousse à cesser de menacer le jeune garçon?
6. Pourquoi le prénom du jeune garçon, «Fortunato», peut-il paraître ironique en regard de la chute de la nouvelle?
7. Quel sentiment pousse Mateo Falcone à tuer son propre fils?

ÉCRITURE

1. À quoi comprend-on que le maquis est un endroit dangereux?
2. Relevez les indices de la narration qui laissent présager la fin tragique de la nouvelle.
3. À quel animal est comparé Fortunato aux lignes 211 à 216? Quelles caractéristiques cette comparaison met-elle en relief?
4. Quel lien peut-on établir entre le nom du père (Falcone), qui signifie «faucon», et le caractère de ce personnage?
5. À quels mots comprend-on que Mateo plaint davantage le bandit qu'il ne le condamne?

Flaubert – *Un cœur simple* (p. 64-99)

COMPRÉHENSION

1. Pourquoi Mme Aubain a-t-elle emménagé dans une maison ayant appartenu à ses ancêtres?
2. Pourquoi Félicité se lève-t-elle à l'aube?
3. Pourquoi Félicité n'a-t-elle jamais épousé Théodore?
4. Qui sont Paul et Virginie?
5. Résumez, dans vos propres mots, l'anecdote du taureau.
6. Pour quelle raison Félicité accompagne-t-elle Virginie à Trouville?
7. Comment Félicité apprend-elle le catéchisme?
8. Pourquoi Félicité est-elle attachée à Victor?
9. Quels sont les deux plus grands malheurs de Mme Aubain au cours du récit?
10. Qui est le seul compagnon de Félicité dans les deux derniers chapitres de la nouvelle?

11. Comment Félicité en vient-elle à perdre l'ouïe ?

12. Avec qui ou avec quoi Félicité confond-elle Loulou ?

Écriture

1. Qu'est-ce qui, sur le plan formel, rapproche la nouvelle de Flaubert d'une tragédie classique ?

2. À quel type de narration a-t-on affaire dans *Un cœur simple* ? Justifiez votre réponse par quelques exemples.

3. Qu'y a-t-il d'ironique dans le choix du prénom de la servante ?

CARICATURE DE GUSTAVE FLAUBET,
EUGÈNE GIRAUD, VERS 1866.

Maupassant – *Aux champs* (p. 100-106)

COMPRÉHENSION

1. À part le fait d'être voisins, les Tuvache et les Vallin ont de nombreux points communs. Qu'est-ce qui distingue ces deux familles l'une de l'autre, au début de la nouvelle ?
2. Comment Mme d'Hubières s'y prend-elle pour amadouer les enfants ?
3. Qu'a le culot de demander Mme d'Hubières aux Tuvache ?
4. Qu'offre Mme d'Hubières aux Vallin en échange de leur enfant ?
5. Pourquoi, dans un premier temps, Charlot s'estime-t-il supérieur aux autres enfants ?
6. Pourquoi Charlot quitte-t-il ses parents après les avoir traités de manants ?

ÉCRITURE

1. Comment Maupassant s'y prend-il pour montrer que les enfants sont presque réduits à l'état d'objets ou d'animaux, dans les premières lignes du récit ?
2. Quel procédé narratif permet le mieux à Maupassant de montrer l'écart d'éducation entre nobles et paysans ? Justifiez votre réponse.
3. En quoi le nom des deux familles (Tuvache et Vallin) évoque-t-il la paysannerie ?
4. Comment Maupassant oppose-t-il pour la dernière fois les Vallin aux Tuvache, dans les dernières lignes du récit (lignes 205 à 211) ?

Maupassant – *Coco* (p. 107-111)

COMPRÉHENSION

1. Comment le narrateur explique-t-il le fait que tout le monde appelle la ferme des Lucas « La Métairie » ?
2. Pourquoi les Lucas conservent-ils Coco ?
3. En quoi consiste la tâche de Zidore ?

4. Pourquoi trouve-t-on amusant de voir Zidore s'occuper de Coco, au point de le surnommer Coco-Zidore ?
5. Pourquoi Zidore trouve-t-il injuste de nourrir Coco ?
6. Quel premier supplice Zidore fait-il subir au cheval ?
7. Quelle idée Zidore finit-il par avoir afin de se débarrasser de l'animal ?
8. Comment Coco meurt-il ?
9. Pourquoi Zidore n'est-il pas puni ?

ÉCRITURE

1. Quel terme péjoratif Maupassant utilise-t-il au début du récit pour discréditer Zidore ?
2. Quelles caractéristiques opposent le cheval à son tortionnaire ?
3. En quoi la chute du récit peut-elle être qualifiée de naturaliste ?

Maupassant – *La Petite Roque* (p. 112-145)

COMPRÉHENSION

1. Qu'est-ce que la Brindille ?
2. À qui appartient la futaie ?
3. Quel est le métier de Médéric Rompel ?
4. Que découvre Médéric sur la propriété du maire ? (deux éléments de réponses)
5. À quelle classe sociale Renardet appartient-il ?
6. Que conclut le médecin après un bref examen du cadavre de la petite Roque ?
7. Pourquoi la mère de la petite Roque vivait-elle seule avec sa fille ?
8. Où les magistrats se retrouvent-ils pour déjeuner après avoir vu le corps de la petite Roque ? Qui les a invités ?
9. Qu'est-ce que la mère de la petite Roque découvre devant sa porte ? En quoi cela effraie-t-il les habitants de la région ?
10. Que fait abattre le maire ?
11. Que tente le maire quand l'arbre au pied duquel s'était déroulé le crime est abattu ? Pourquoi ?

12. Pourquoi Renardet souffre-t-il de solitude? Quel lien cela peut-il avoir avec l'horrible crime qui a été commis?

13. Pourquoi le maire passe-t-il ses jours dans la terreur de ses nuits?

14. Que contient la lettre écrite par Renardet?

15. Pourquoi Médéric refuse-t-il de rendre la lettre à Renardet?

16. Comment le maire meurt-il?

Écriture

1. En quoi le nom du maire évoque-t-il le caractère de ce dernier?

2. Relisez la première partie de la nouvelle, puis expliquez comment la réaction du maire à l'assassinat de la petite Roque dévoile sa culpabilité. Justifiez votre réponse par un ou deux exemples.

3. En quoi les lignes 1 à 33 sont-elles représentatives du courant réaliste?

Huysmans – *Sac au dos* (p. 146-177)

Compréhension

1. Quelles études entame le narrateur avant la guerre franco-prussienne?

2. Le narrateur s'enrôle-t-il volontairement? Justifiez votre réponse.

3. Décrivez, dans vos propres mots, les conditions à bord du train.

4. Quelle est la maladie du narrateur? Quelle en est la cause?

5. Comment le narrateur en vient-il à se lier d'amitié avec Francis Émonot?

6. Quel remède le major prescrit-il aux malades?

7. Dans quel but le narrateur et ses amis défient-ils les autorités lors de leur séjour à l'hôpital?

8. Pourquoi le narrateur et Francis reprennent-ils le train malgré leur piètre état de santé?

9. Que s'empresse de faire le narrateur après avoir reçu la permission de sortir de l'hospice d'Arras?

10. Décrivez en quelques mots l'expérience du garçon épicier?

11. Qui est le peintre?

12. Qu'a fait le narrateur pour que sœur Angèle soit excédée par sa conduite?

13. Pourquoi le narrateur est-il « prisonnier » de l'hôpital?

14. Qui est Reine? Pourquoi le narrateur ne l'a-t-il jamais revue?

ÉCRITURE

1. Montrez à l'aide de quelques citations comment la description de la nourriture servie aux soldats s'oppose aux bons repas dégustés à d'autres moments par le narrateur.

2. En quoi la description des lignes 39 à 58 est-elle réaliste?

3. De quelle façon la narration au présent de l'indicatif contribue-t-elle à renforcer l'aspect réaliste du récit?

4. Pourquoi peut-on parler d'une fin heureuse?

Daudet – *La Partie de billard* (p. 178-182)

COMPRÉHENSION

1. Comment Daudet laisse-t-il entendre, dès le début de la nouvelle, que le billard l'emportera en importance sur tout le reste?

2. Pourquoi le capitaine d'état-major qui affronte le maréchal au billard est-il un « officier d'avenir » (ligne 74)?

3. Qui prononce la citation entre guillemets des lignes 75 à 80?

4. À quoi reconnaît-on que le capitaine est affecté par les événements de la guerre, qui se produisent à l'extérieur?

5. Qui remporte la partie de billard?

6. Qui gagne la bataille?

ÉCRITURE

1. Montrez comment la nature statique du paysage, sur laquelle s'ouvre la nouvelle, tranche avec la partie de billard.

2. « Déjà des obus arrivent dans le parc. En voilà un qui éclate au-dessus de la pièce d'eau. Le miroir s'éraille ; un cygne nage, épeuré, dans un tourbillon de plumes sanglantes. » (lignes 134 à 137) Relevez un passage de la nouvelle qui traduit un parallèle direct avec cette citation.

3. Étudiez la description que le narrateur fait du quartier général, et expliquez comment cette description renforce l'écart qui oppose le maréchal et ceux auxquels se destinent ses ordres.

Zola – *La Mort d'Olivier Bécaille* (p. 183-211)

COMPRÉHENSION

1. Quel métier exerçait le personnage principal ?

2. Pourquoi se désole-t-il de son mariage ?

3. On a souvent écrit qu'Émile Zola exprimait sa peur de la mort dans cette nouvelle. Relevez ce qu'elle signifie aux yeux d'Olivier Bécaille.

4. Quels indices laissent voir que le personnage souffre moins d'une syncope que d'un état de catalepsie ? (*Voir les notes de bas de page correspondant aux lignes 11 et 278*)

5. Dans le deuxième chapitre de la nouvelle, la description des scènes repose beaucoup moins sur la vision que sur l'ouïe. Pourquoi ?

6. Qui est Mme Gabin ? Que fait-elle pour assurer sa subsistance ?

7. Pour quelle raison précise le narrateur affirme-t-il détester M. Simoneau ?

8. Vers la fin du deuxième chapitre de la nouvelle, le personnage perd connaissance. Pourquoi ?

9. Quelle pensée obsède le personnage lors de son voyage vers le cimetière ?

10. En quoi le cauchemar du personnage dans sa bière est-il symbolique de la situation dans laquelle il se trouve ?

11. Quelles circonstances évitent au personnage de mourir enseveli par la terre recouvrant son cercueil ?

12. Qu'est-ce qui retient Olivier Bécaille de signaler au gardien du cimetière l'erreur dont il a été victime ?

13. Chez qui le personnage passera-t-il les trois semaines suivant sa « résurrection » ?

14. En quoi l'attitude de cet hôte est-elle étrange ?

15. Pourquoi, aux yeux de Mme Gabin, M. Simoneau se compare-t-il très avantageusement au narrateur ?

16. Au début de la nouvelle, le narrateur a peur de perdre sa femme et de mourir. En quoi la fin de la nouvelle constitue-t-elle précisément un renversement de la situation initiale ?

ÉCRITURE

1. Relevez les passages des chapitres I à III de la nouvelle qui reposent exclusivement sur l'ouïe du personnage.

2. Dressez les parallèles entre le rêve du train et ce que le personnage vit probablement dans son délire.

3. Expliquez pourquoi la narration au « je » sert ici le propos de la nouvelle.

QUESTIONS SUR LES EXTRAITS

Balzac – *Un épisode sous la Terreur* (p. 16-18)

Compréhension

1. Qui sont les trois êtres que contemple le mystérieux personnage ?
2. Pourquoi le corps du roi ne reposera-t-il jamais en terre sainte ?
3. À quel crime le prêtre fait-il allusion ?
4. Qui est Mlle de Beauséant ?
5. À quoi sert la vieille commode ? Comment l'a-t-on transformée pour les besoins de la cause ?
6. Quel objet attire les regards ?
7. D'où provient la faible lumière qui éclaire la pièce ?
8. Qu'est-ce qui répand une majesté sombre sur la scène nocturne ?
9. Pourquoi, selon le narrateur, n'est-il pas recommandé de s'agenouiller sur la tuile du plancher ?
10. De quels objets religieux le prêtre dispose-t-il ?
11. Comment le prêtre a-t-il « mis Dieu lui-même en deuil » (ligne 403) ?
12. De quel martyr est-il question à la ligne 408 ?
13. Quel est le plus pur des dévouements ?
14. Que veut dire le narrateur par « Toute la Monarchie était là » (lignes 415 et 416) ?
15. Qui représente la Révolution ? Comment ?

Écriture

1. À travers le point de vue de quel personnage le narrateur nous décrit-il la pièce préparée pour la cérémonie ? Justifiez votre réponse.
2. Que veut dire l'expression « effroi religieux » (ligne 389) ?
3. Expliquez la comparaison qui se trouve aux lignes 379 à 381.
4. Quelle est la figure de style dominante entre les lignes 394 et 396 ? Expliquez-en l'importance.
5. Pourrait-on dire que la figure de style repérée à la question précédente domine l'ensemble de l'extrait ? Pourquoi ?

6. Expliquez la comparaison qui se trouve aux lignes 414 et 415.

7. Pourquoi peut-on dire que cet extrait est à la fois réaliste et romantique?

Dissertation explicative

1. On peut dire que cet extrait d'*Un épisode sous la Terreur* reflète bien le point de vue royaliste de l'auteur. Pourquoi?

2. Donnez les raisons pour lesquelles cet extrait d'*Un épisode sous la Terreur* est représentatif du réalisme.

Maupassant – *La Petite Roque* (p. 117-122)

Compréhension

1. Pourquoi le maire éponge-t-il son front?

2. Est-il juste de dire que le médecin hâte le pas sous le coup de l'émotion? Justifiez votre réponse.

3. Que porte le médecin pour examiner le corps sans être incommodé par son odeur?

4. À quelles conclusions le médecin arrive-t-il rapidement?

5. Que voudrait retrouver Renardet?

6. Qui est Principe? Quelle tâche le médecin lui confie-t-il?

7. Qui Maxime doit-il aller chercher?

8. Sur qui se portent immédiatement les soupçons du médecin?

9. Qu'a fait Renardet la veille, jusqu'à minuit?

10. Pourquoi Renardet ne veut-il pas de cigare?

11. En quoi la remarque du médecin à propos de la mouche paraît-elle complètement déplacée?

12. En vous basant moins sur l'extrait lui-même que sur le reste de la nouvelle, quelles sont les réflexions dans lesquelles le maire se perd?

13. Pourquoi la mère de la petite Roque se met-elle à hurler dès qu'elle voit Renardet?

14. Quelle réaction la mère a-t-elle en voyant sa fille?

15. Que ressent le médecin à la vue de la douleur de la mère? En quoi cela contraste-t-il avec son comportement depuis le début de l'extrait?

16. Comment le maire réagit-il devant la mère désemparée ?
17. Qui s'avance peu à peu jusqu'à toucher le corps de la petite Roque ? Par qui sont-ils violemment repoussés ?
18. Pourquoi Renardet recouvre-t-il le corps de la jeune fille ?
19. Comment la mère de la petite Roque a-t-elle perdu son mari ?
20. Pourquoi la mère se remet-elle à hurler ?

ÉCRITURE

1. Qu'évoque la description de la lumière sur le corps dénudé de la petite Roque ? (lignes 182 à 188)
2. Quelle comparaison renforce le statut de victime de la petite Roque ?
3. De quels noms Renardet traite-t-il le coupable tout au long de l'extrait ? Que signifient ces injures dans sa propre bouche ?
4. En quoi la réponse du médecin à la question de Renardet (ligne 221) est-elle en accord avec la pensée naturaliste ?
5. Que veut dénoncer le narrateur par son affirmation à la ligne 225 ?
6. Quelle figure de style trouve-t-on à la ligne 260 ? Pourquoi l'image ainsi créée est-elle naturaliste ?
7. En quoi la réflexion du narrateur, à la ligne 285, a-t-elle un double sens ?
8. Opposez la réaction de la mère à celle des magistrats.
9. Montrez comment la description du comportement de la mère évoque celui d'un animal blessé.
10. Quel mot souligne la curiosité malsaine de la foule entre aux lignes 330 et 331 ?

DISSERTATION

1. Montrez comment Maupassant oppose les mœurs bourgeoises aux mœurs paysannes.
2. Montrez comment le comportement de Renardet est à la fois celui d'un bourgeois hypocrite, d'un homme sincèrement touché par la détresse d'une mère et d'un criminel horrifié par ce qu'il a fait.
3. Cet extrait représente bien l'école naturaliste. Justifiez cette affirmation.

Zola – *La Mort d'Olivier Bécaille* (p. 201-206)

COMPRÉHENSION

1. À quoi correspond le néant dont il est question à la ligne 587?

2. Montrez comment le rêve d'Olivier Bécaille indique déjà à ce dernier les moyens de s'en sortir.

3. Pourquoi peut-on dire qu'il est logique que la femme d'Olivier Bécaille soit absente de son rêve?

4. Quelle peur traduit la «nature prédisposée aux inventions horribles» dont parle le narrateur aux lignes 592 et 593?

5. Qu'évoque la description de l'incident du train, aux lignes 596 à 606?

6. Que symbolise la locomotive aux lignes 625 à 627? Expliquez en précisant la figure de style utilisée.

7. Comment se fait-il que le train soit intact après cet incident?

8. «[…] la nourriture manquait vite, et sans aller jusqu'à se manger entre eux, les misérables affamés se disputaient férocement le dernier morceau de pain.» (lignes 611 à 613) Trouvez un passage de l'extrait qui établit un parallèle direct avec cette partie du rêve d'Olivier Bécaille.

9. Pour quelle raison le personnage conclut-il que crier le perdra, à la ligne 725?

10. En quoi la capacité d'observation du personnage assure-t-elle sa survie ici?

11. À deux reprises dans cet extrait, il est question de loups. Que symbolise cet animal?

12. Très souvent, on associe la vie à la lumière. Soulignez les passages de cet extrait qui vont dans ce sens.

ÉCRITURE

1. Relevez les éléments du champ lexical du froid et dites à quoi ils sont associés.

2. Une lutte acharnée s'établit entre la conscience et l'inconscience du personnage. Relevez, entre les lignes 657 et 701, les mots rattachés à chaque pôle de cette opposition.

3. Expliquez à quoi correspondrait le train dans le rêve du personnage.

4. À quelle figure de style correspond le rêve du personnage ? Pourquoi ?

5. Que représentent les sons dans cet extrait ? Le silence ?

6. Montrez comment le personnage s'en sort en établissant un plan d'action rationnel et réfléchi.

7. Relevez les passages qui illustrent combien tous les sens du personnage sont mis à profit dans cet extrait.

DISSERTATION

1. Montrez comment cet extrait est en fait une apologie de l'inconscient.

2. Zola raconte dans cette nouvelle l'histoire d'un homme décidé à vivre. Expliquez comment ce récit montre que le personnage adopte une approche scientifique face à sa situation.

MÉDIAGRAPHIE

Ouvrages de référence

ADAM-MAILLET, Maryse. *Réalisme et naturalisme,* Paris, Ellipses, coll. «Réseau», 2001.

ARON, Paul, SAINT-JACQUES, Denis et Alain VIALA. *Le Dictionnaire du littéraire,* Paris, PUF, 2002.

BOURDENET, Xavier. *Le Réalisme,* Paris, Gallimard, coll. «La Bibliothèque Gallimard», 2007.

CAHN, Isabelle et Olivier MOREL. *Réalisme,* Paris, Éditions Courtes et Longues, coll. «Toutes mes histoires de l'art», 2008.

GENGEMBRE, Gérard. *Réalisme et naturalisme,* Paris, Seuil, coll. «Mémo», 1997.

GENGEMBRE, Gérard. *Le Réalisme et le naturalisme en France et en Europe,* Paris, Pocket, coll. «Les Guides Pocket classiques», 2004.

HAMON, Philippe et Denis ROGER-VASSELIN. *Le Robert des grands écrivains de langue française,* Paris, Dictionnaires Le Robert, 2000.

MIQUEL, Pierre. *Histoire de la France,* Paris, Librairie Arthème Fayard, 1976.

Sites Internet recommandés

• MOUGIN, Pascal (dir.). *Dictionnaire mondial des littératures,* [En ligne], www.larousse.fr/archives/litterature (Consulté le 2 août 2013)

• Articles de l'encyclopédie Larousse, [En ligne], www.larousse.fr/encyclopédie (Consultés le 2 août 2013)

— Articles sur les auteurs:
www.larousse.fr/encyclopedie/personnage/Honore_de_Balzac/107350
www.larousse.fr/encyclopedie/litterature/Stendhal/177191
www.larousse.fr/encyclopedie/litterature/Merimee/171509
www.larousse.fr/encyclopedie/personnage/Gustave_Flaubert/119630
www.larousse.fr/encyclopedie/personnage/Guy_de_Maupassant/132339
www.larousse.fr/encyclopedie/personnage/Huysmans/124538
www.larousse.fr/encyclopedie/personnage/Daudet/115749
www.larousse.fr/encyclopedie/personnage/emile_Zola/150676

— Article sur le réalisme:
www.larousse.fr/encyclopedie/litterature/realisme/176382

— Article sur le naturalisme:
www.larousse.fr/encyclopedie/divers/naturalisme/72744

SOURCES DES TEXTES

BALZAC, Honoré. *Les Secrets de la princesse de Cadignan et autres études de femme,* Paris, Gallimard, coll. « Folio classique », 1971.

BALZAC, Honoré. *Nouvelles,* Paris, Garnier-Flammarion, 2005.

DAUDET, Alphonse. *Contes du lundi,* Paris, Livre de poche, coll. « Les Classiques de poche », 1990.

FLAUBERT, Gustave. *Trois Contes,* Paris, Livre de Poche, coll. « Les Classiques de poche », 1999.

FLAUBERT, Gustave. *Trois Contes,* Montréal, Beauchemin, coll. « Parcours d'une œuvre », 2000.

HUYSMANS, Joris-Karl. *Sac au dos,* Paris, Gallimard, coll. « Folio 2 Euros », 2007.

MAUPASSANT, Guy de. *Contes de la bécasse,* Paris, Garnier-Flammarion, 1979.

MAUPASSANT, Guy de. *La Petite Roque,* Paris, Gallimard, coll. « Folio classique », 1987.

MAUPASSANT, Guy de. *Contes du jour et de la nuit,* Paris, Garnier-Flammarion, 1990.

MÉRIMÉE, Prosper. *Romans et nouvelles,* Paris, Garnier, coll. « Classiques Garnier », 1967.

STENDHAL. *Chroniques italiennes,* Paris, Garnier-Flammarion, 1977.

ZOLA, Émile. *L'Inondation et autres nouvelles,* Montréal, Beauchemin/Chenelière, coll. « Parcours d'une œuvre », 2008.

ZOLA, Émile. *La Mort d'Olivier Bécaille,* Paris, Librio, 2012.

SOURCES ICONOGRAPHIQUES

Couverture : Musée de l'école de Nancy - Photo Gilbert Mangin • Musée de l'école de Nancy - Photo Gilbert Mangin • P. 2 : Musée de la ville de Paris, Maison de Balzac, Paris, France/Giraudon/The Bridgeman Art Library • P. 4 : De Agostini Picture Library/G. Dagli Orti/The Bridgeman Art Library • P. 10 : Gallica.bnf.fr/Bibliothèque nationale de France • P. 35 : Tirée du site Web Le Sens de l'État, http://lesensdeletat. fr • P. 50 : Gallica.bnf.fr/Bibliothèque nationale de France • P. 64 : Tirée du site Web Les humanistes post-modernes, http://leshumanistespostmodernes.unblog. fr/2011/02/08/reperes-biographiques-sur-gustave-flaubert-1821-1880 • P. 100 : akg-images • P. 108 : Private Collection/Photo © Christie's Images/The Bridgeman Art Library • P. 146 : Private Collection/Archives Charmet/The Bridgeman Art Library • P. 178 : Gallica.bnf.fr/Bibliothèque nationale de France • P. 183 : Bibliothèque nationale de France/Archives Charmet/The Bridgeman Art Library • P. 210 : Wikipaintings • P. 212 : Private Collection/Roger-Viollet, Paris/The Bridgeman Art Library • P. 224 : Getty Images • P. 236 : Wikimedia Commons • P. 259 : Gallica.bnf. fr/Bibliothèque nationale de France • P. 279 : Private Collection/Archives Charmet/ The Bridgeman Art Library • P. 280 : Gallica.bnf.fr/Bibliothèque nationale de France • P. 285 : Bibliothèque nationale de France.

À la débandade: de façon désordonnée.

Apothicaire: pharmacien.

Asile: refuge.

Âtre: foyer.

Autel: table sacrée, derrière laquelle le prêtre célèbre la messe.

Avoué: juriste.

Bière: cercueil.

Bréviaire: livre de prières.

Broc: récipient servant à porter le vin.

Cabas: panier à provisions.

Capote: long manteau.

Cardinal: conseiller du pape.

Castrat: homme castré dès l'enfance, dans le but d'en faire un chanteur à la voix de jeune garçon.

Chantre: personne en charge des chants pendant la messe.

Chenet: chacun des deux supports de métal d'un foyer qui permettent de surélever les bûches.

Clameur: cris.

Commisération: compassion.

Couche: lit.

Crêpe: étoffe noire marquant le deuil.

Croisée: fenêtre.

Derechef: de nouveau.

Ecclésiastique: religieux.

Effaré: profondément troublé.

Estampe: image imprimée à partir d'une gravure sur bois.

Fat: prétentieux.

Fatuité: arrogance, prétention.

Fête-Dieu: fête catholique célébrée 60 jours après Pâques.

Former la haie: former une file, aligner les soldats ou les spectateurs lors d'un événement.

Futaie: forêt peuplée de grands arbres.

Garde champêtre: employé de la police des campagnes.

Glas: son des cloches à l'occasion d'un décès ou lors d'un enterrement.

Goujat: voyou.

Grabat: civière.

Haletant : à bout de souffle.

Hardes : guenilles, vêtements usés et de piètre qualité.

Houx : arbuste aux feuilles dures et dont le bois est facile à travailler.

Indigence : pauvreté.

Lieue : ancienne unité de mesure, équivalent à environ 4 km.

Louis XV : (1710-1774), roi de France (1715-1774).

Malle-poste : voiture qui transporte le courrier.

Mante : manteau ample et sans manches.

Maquis : territoire rempli d'une végétation très dense, difficile à pénétrer.

Métairie : domaine agricole.

Muraille : mur épais servant de fortification.

Œil-de-bœuf : fenêtre ronde ou ovale.

Office : prière.

Perclus : paralysé.

Piqueur : paysan en charge de l'écurie, d'un chenil ou, ici, de l'étable.

Porche : espace couvert, devant l'entrée d'un édifice.

Préau : cour.

Prélat : religieux ayant reçu la prélature, dignité décernée par le pape.

Puéril : enfantin.

Quartier latin : quartier universitaire de Paris.

Recluse : religieuse cloîtrée.

Relique : partie des restes du corps ou objet ayant appartenu à un saint ou à un martyr.

Reposoir : autel élevé à l'extérieur pour y déposer l'hostie consacrée.

Sacristie : lieu dans l'église où l'on range les objets du culte et les vêtements sacerdotaux, etc.

Saint-Esprit : esprit de Dieu, symbolisé par une colombe.

Sourd : étouffé.

Sous-préfet : fonctionnaire adjoint du préfet dans l'administration d'un arrondissement.

Stylet : petit poignard.

Transport : élan passionné.

Traversin : long oreiller, parfois tubulaire, faisant toute la largeur du lit.

Troupier : soldat.

PARCOURS

UNE COLLECTION QUI SE DISTINGUE

MOYEN ÂGE ET RENAISSANCE

Adaptation de
Joseph Bédier ————— **Tristan et Iseut**
ISBN 978-2-7616-5128-8

Chrétien de Troyes ——— **Yvain ou le chevalier au lion**
ISBN 978-2-7616-5131-8

Recueil de textes ————— **Poètes et prosateurs de la Renaissance**
ISBN 978-2-7616-6083-9

XVIIᵉ SIÈCLE

Corneille ————————— **Le Cid**
ISBN 978-2-7616-5150-9

Molière ————————— **Dom Juan**
ISBN 978-2-7616-5124-0

L'Avare
ISBN 978-2-7616-5118-9

L'École des femmes
ISBN 978-2-7616-1596-9

Le Bourgeois gentilhomme
ISBN 978-2-7616-5119-6

Le Malade imaginaire
ISBN 978-2-7616-5120-2

Le Médecin malgré lui
ISBN 978-2-7616-5381-7

Le Misanthrope
ISBN 978-2-7616-1572-3

Les Fourberies de Scapin
ISBN 978-2-7616-6079-2

Tartuffe
ISBN 978-2-7616-1583-9

Beauchemin
CHENELIÈRE ÉDUCATION

XVIIe SIÈCLE (suite)

Perrault — **Il était une fois Perrault... et autres contes de jadis**
ISBN 978-2-7616-5457-9

Racine — **Phèdre**
ISBN 978-2-7616-5130-1

Shakespeare — **Roméo et Juliette**
ISBN 978-2-7616-6123-2

XVIIIe SIÈCLE

Beaumarchais — **Le Mariage de Figaro**
ISBN 978-2-7616-1194-7

Diderot — **La Religieuse**
ISBN 978-2-7616-1191-6

Choderlos de Laclos — **Les Liaisons dangereuses**
ISBN 978-2-7616-5126-4

Marivaux — **Le Jeu de l'amour et du hasard**
ISBN 978-2-7616-1754-3

Voltaire — **Candide**
ISBN 978-2-7616-5129-5

Zadig et Micromégas
ISBN 978-2-7616-5417-3

Recueil de textes — **Écrivains des Lumières**
ISBN 978-2-7616-2574-6

XIXe SIÈCLE

Balzac — **La Peau de chagrin**
ISBN 978-2-7616-1259-3

Le Colonel Chabert
ISBN 978-2-7616-5121-9

Le Père Goriot
ISBN 978-2-7616-1561-7

Baudelaire — **Les Fleurs du mal et Le Spleen de Paris**
ISBN 978-2-7616-5125-7

Chateaubriand — **Atala et René**
ISBN 978-2-7616-6078-5

Daudet — **Lettres de mon moulin**
ISBN 978-2-7616-1266-1

Flaubert — **Trois contes**
ISBN 978-2-7616-1164-0

XIXᵉ SIÈCLE (suite)

Gautier **Nouvelles fantastiques**
ISBN 978-2-7616-5582-8

Hugo **Le Dernier jour d'un condamné**
ISBN 978-2-7616-5123-3

Maupassant **Contes réalistes et contes
fantastiques**
ISBN 978-2-7616-5122-6

La Maison Tellier et autres contes
ISBN 978-2-7616-1339-2

Pierre et Jean
ISBN 978-2-7616-1215-9

Mérimée **La Vénus d'Ille et Carmen**
ISBN 978-2-7616-1182-4

Musset **Lorenzaccio**
ISBN 978-2-7616-1574-7

Poe **Le Chat noir et autres contes**
ISBN 978-2-7616-5116-5

Rostand **Cyrano de Bergerac**
ISBN 978-2-7616-6080-8

Shelley **Frankenstein ou le Prométhée
moderne**
ISBN 978-2-7616-5448-7

Verne **Le Tour du monde en 80 jours**
ISBN 978-2-7616-6124-9

Zola **L'Inondation et autres nouvelles**
ISBN 978-2-7616-5379-4

La Bête humaine
ISBN 978-2-7616-1976-9

Thérèse Raquin
ISBN 978-2-7616-6082-2

Recueil de textes **Poètes romantiques**
ISBN 978-2-7616-6081-5

Poètes symbolistes
ISBN 978-2-7616-6084-6

Contes et nouvelles romantiques
De Balzac à Vigny
ISBN 978-2-7616-4622-2

Le Vampire
Anthologie des textes fondateurs
ISBN 978-2-7616-6121-8

Nouvelles réalistes et naturalistes
De Balzac à Zola
ISBN 978-2-7616-6122-5

www.cheneliere.ca/parcours

La seule collection qui offre une étude
de l'œuvre complète et **entièrement**
rédigée par des enseignants du collégial !

COLLECTION
PARCOURS

SOUS LA DIRECTION DE MICHEL LAURIN